U0442941

爆款32计

现象级融媒传播案例背后的巧思

倪光辉 编著

人民日报出版社
北京

图书在版编目（CIP）数据

爆款32计：现象级融媒传播案例背后的巧思 / 倪光辉编著. —北京：人民日报出版社，2025.1
ISBN 978-7-5115-8036-8

Ⅰ.①爆… Ⅱ.①倪… Ⅲ.①传播媒介－研究 Ⅳ.①G206.2

中国国家版本馆CIP数据核字（2023）第203588号

书　　　名：	爆款32计：现象级融媒传播案例背后的巧思
	BAOKUAN 32 JI: XIANXIANGJI RONGMEI CHUANBO ANLI BEIHOU DE QIAOSI
著　　　者：	倪光辉
出 版 人：	刘华新
责任编辑：	梁雪云　王奕帆
封面设计：	主语设计
版式设计：	九章文化
出版发行：	人民日报出版社
社　　　址：	北京金台西路2号
邮政编码：	100733
发行热线：	（010）65369509　65369527　65369846　65363528
邮购热线：	（010）65369530　65363527
编辑热线：	（010）65369526
网　　　址：	www.peopledailypress.com
经　　　销：	新华书店
印　　　刷：	大厂回族自治县彩虹印刷有限公司
法律顾问：	北京科宇律师事务所　010-83622312
开　　　本：	710mm×1000mm　1/16
字　　　数：	355千字
印　　　张：	23.75
版次印次：	2025年1月第1版　2025年1月第1次印刷
书　　　号：	ISBN 978-7-5115-8036-8
定　　　价：	56.00元

如有印装质量问题，请与本社调换，电话（010）65369463

自　序

打造"爆款"，你也可以

倪光辉

我不曾想到，在党中央机关报从事国防军事领域报道十多年，传播效果最好的，是一些试水的新媒体作品——

"快看呐，这是我的军装照！"2017年建军90周年前夕，我们推出H5作品《军装照》，仅一个月全球访问量就突破10亿次，一时间似乎身边人人都"穿"上了军装，这款产品成为现象级传播案例。有新闻传播学教授说，主流媒体真正在全社会"刷屏"传播的新媒体作品就是从《军装照》开始的，军装照的广泛传播也使全社会对军人的尊崇氛围越发浓厚。

2018年1月29日、3月29日，我们陆续推出国防短视频《谁是站到最后的人》和《老兵》，国防部记者会大力推介，数百家媒体机构和商业平台转发，不到一周全网播放量均突破1亿次。《谁是站到最后的人》更有幸成为习近平总书记在人民日报社调研期间观看的一部短片。

2018年5月12日，汶川地震十周年纪念日，人民日报"中央厨房"发布短视频《十年了》，军地各大媒体矩阵联合推送。截至5月16日，视频点击量近亿次，仅微博的点赞、评论和转发就超过了50万次。

……

不到一年时间，我亲历了这些"爆款"诞生的台前幕后，见证了它们从酝酿到制作，再到一飞冲天，如烟花般绚烂。

不得不承认，在这些作品的创意、设计和打磨期间，我压根儿没想到它们会成为"爆款"，收获数以亿计的传播量，好几个作品还能获得中国新闻奖。

2017年1月，经人民日报社编委会批准，人民日报社政文部军事采访室跳出"稿格纸"，跨部门、跨媒体、跨地域、跨体制，组建热衷军事报道的兴趣小组，成立了中央厨房"金台点兵"融媒体工作室。工作室的主要任务是贯彻习近平强军思想，围绕新时代中国国防和军队建设，策划创作新闻和泛资讯类音视频等全媒体内容。工作室开办以来，在报社融媒体思维框架下，讲好中国军人故事，传递中国军队声音，正面回应网民关切，及时介入舆论引导，塑造与维护军队和军人形象，体现了鲜明的编辑策划意图，取得了较高的社会关注度。

"金台点兵"工作室的采编人员都很年轻，充满活力。大家一直尝试在融合创新的思维下，接地气、抓情感点，用短视频、手绘漫画、H5动画、海报等多种形式打造出不少融媒体产品，弘扬主旋律、传播正能量。

在策划《谁是站到最后的人》时，我们力图阐述"军人依法优先"的有力逻辑，尝试以情境实验测试的方式，聚焦军人与普通人的区别，以探究勇气含义作为主题，把"让军人依法优先，就像在战场上他们优先一样"作为铿锵有力的结语，避开说教式传播，引导公众理解和尊崇军人。

我们希望每一个产品都能为公众提供表达自己爱国拥军情感的平台。《海军style 跟着节奏燃起来》是我们"脑洞大开"的一个广播操配乐短视频，《我的海军fun》是各行业向海军成立70周年表白的VLOG征集活动……在产品设计上，我们充分考虑用户参与互动，"快来看看你的军装照""你敢参加勇敢测试吗""你知道身边的1/24吗""还记得十年前的自己吗""测测你适合当什么兵""来天安门升国旗吧"……每逢建军节、国庆节等时间点，我们都努力策划互动产品或游戏，满足公众对外展示的愿望，刺激用户转发和分享爱国拥军的情感，让公众在互动体验中感到有趣、轻松、好玩、有意义。

"如果有机会，一定去当兵！"在互联网阵地，我们进行着极具"网感"的爱国主义教育和国防教育，让网民、受众能听得见中国梦、强军梦的清澈召唤：在制作武警部队改革强军短视频的时候，我们用高度凝练的旁白渲染主题——"你不必记住我，你走在美好生活的路上，那就是我；你不必感谢我，你握住希望的双手，那就是我……"2019年春节前夕，《中国武警，永远和您在一起》发布即引燃网络，全网浏览量迅速突破1亿次。2020年八一建军节前夕，为了向在加勒万河谷勇于斗争的卫国戍边英雄致敬，我们联合各军种宣传部门推出一系列创意海报，通过设计"金台小兵"IP形象和简洁有力的文字，将信息直观地传达出去，一张海报透出更多的力量——"万里河山，有你皆安！"海报推出几天，全网下载量近2000万次。

时光流逝，这些"爆款"逐渐远去，成为互联网的记忆。但我仍然清楚地记得：每一次头脑风暴，和小伙伴们披沙拣金的不眠之夜；每一项精益求精，为找到各个产品传播情感所在的大胆尝试；每一个柳暗花明，灵光乍现妙手偶得的喜悦瞬间……

我更愿意将这些归功于生逢伟大时代的无比幸运。有了新时代的恩赐、新思想的指引，有了党中央机关报坚定的政治方向和党性原则，才能推动媒体深度融合发展，创新传播方式，利用新的平台和渠道传播好党的声音，讲好人民的故事，以昂扬的中国自信和崭新的话语表达，推动中华文化更好地走出去，让世界看到一个欣欣向荣的中国。

中国互联网络信息中心发布的第53次《中国互联网络发展状况统计报告》显示：截至2024年6月，我国网民规模近11亿人（10.9967亿人），互联网普及率达到78.0%，其中使用手机上网的比例高达99.7%，全国网民人均每周上网时长达29.1小时。这些数据真实地表明，移动互联网已经成为信息传播主渠道。

"推动媒体融合发展、建设全媒体成为我们面临的一项紧迫课题。"2019年1月25日上午，习近平总书记在主持中共中央政治局集体学习时强调，要运用信息革命成果，推动媒体融合向纵深发展，做大做强主流舆论，巩固全党全国人民团结奋斗的共同思想基础，为实现"两个一百年"奋斗目标、实现中华民族伟大复兴的中国梦提供强大精神力量和舆论支持。

  殷殷嘱托，言犹在耳。"塑造主流舆论新格局"，我们要增强责任感和使命感，抢占互联网这个舆论主战场，坚持内容为王，打造融媒体精品力作，以现象级"爆款"敲响主流声音的"定音鼓"，让正能量更强劲、主旋律更高昂。

  《孙子兵法》云："凡战者，以正合，以奇胜。故善出奇者，无穷如天地，不竭如江海。"全媒体时代，守正创新，巧用战法，必能起到出其不意的传播效果。为此，我们从实战出发，编写了这本《爆款32计——现象级融媒传播案例背后的巧思》，分析总结大量实战技法，旨在抛砖引玉，因为：打造爆款，你也可以！

"金台点兵"多多益善

目录 CONTENTS

爆款宝典之"超文本"H5

理论微课堂 003

第1计 全民换装 007

"军装照"帅出天际，10亿+刷新"顶流" / 007

第2计 无中生有 027

能测你的军人潜质，也邀天安门上升国旗 / 027

爆款宝典之短视频

理论微课堂 039

第3计 情境实验 047

谁是站到最后的人？勇敢测试润物无声 / 047

第4计　引燃话题　064

还记得身边的 1/24 吗？切肤之感才能共鸣共情 / 064

第5计　硬核亮剑　072

深蓝深蓝天空之上，硬核主题胜券在握 / 072

第6计　大题小做　085

四个"你不必"引入，小切口做成大宣传 / 085

第7计　时空交错　093

重温三人记忆，见证十年之变 / 093

第8计　新闻赋能　100

烈士纪念日首发　彰显人民英雄情怀 / 100

第9计　多次传播　104

让"最可爱的人"影响更多的人 / 104

第10计　定义时间　112

"故事化"记录呈现，感染力吸引力增强 / 112

第11计　平实讲述　　117

青春的镜头，真实的力量 / 117

第12计　口述历史　　122

每个名字都是一段《红色记忆》/ 122

第13计　速写剪辑　　129

《有我们在，请放心》，浓缩生命的情感 / 129

第14计　全程跟踪　　135

重塑叙事方式，一起向未来 / 135

第15计　见微知著　　146

"中国一分钟"，浓缩壮美时代 / 146

爆款宝典之网络直播

理论微课堂　　159

第16计　扬长避短　　165

换条赛道"走基层"　直播站岗"火出圈" / 165

第17计 多元呈现   172

"山河锦绣·英雄归来"让国防教育直抵人心 / 172

第18计 平台联动   191

"清明祭英烈",思念"无声"温暖全网 / 191

第19计 系列直播   204

军创英雄汇,请你来参会 / 204

第20计 线上拉歌   215

八一战友云歌会,让军魂永不褪色 / 215

爆款宝典之科技赋能

理论微课堂   227

第21计 身临其境   232

超炫CG大片,带你"一镜十年" / 232

第22计 智能转型   237

AI人工智能,实现"看图说话""诗词成画" / 237

第23计　3D拟人　　　　　　　　　　　　　　　245

IP拟人形象，赋能短视频 / 245

爆款宝典之可视化创意

理论微课堂　　　　　　　　　　　　　　　251

第24计　意境沙画　　　　　　　　　　　　　　　258

注入岁月的情感，呈现隐藏的"秘密" / 258

第25计　"漫"天过海　　　　　　　　　　　　　　　265

军旅《那兔》，科普漫画"火"遍网络 / 265

第26计　家长里短　　　　　　　　　　　　　　　277

动漫卡通形象　在微博讲趣事 / 277

第27计　创意海报　　　　　　　　　　　　　　　287

万里河山，有你皆安 / 287

第28计　亦虚亦实　　　　　　　　　　　　　　　294

丰富表情包，惟妙惟肖传播 / 294

第29计　文学气派　　　　　　　　　　　　　　　301

诗词歌赋　亦可文章 / 301

第30计　以梦为马　　　　　　　　　　　　　　　309

关山冷月　夜读哨所 / 309

第31计　微叙事深表达　　　　　　　　　　　　　322

文艺执念微电影，家国情怀大传播 / 322

第32计　声画亦歌　　　　　　　　　　　　　　　329

音视频MV，寓教于乐 / 329

附录：关于媒体融合的探讨　　　　　　　　　　　336

后记　　　　　　　　　　　　　　　　　　　　　365

爆款宝典

之 "超文本" H5

专业做新闻的，因为一款H5，把自己做成了新闻。

2017年中国人民解放军建军90周年之际，一款H5产品火了，数亿网民把自己或家人不同年代的"军装照"晒到网上。这些"军装照"在手机上刷屏，满满都是"从军"的傲娇和对军人的膜拜。出品方还是以往给人严肃印象的人民日报。

自此，H5新闻产品大行其道。在很多重要节点和活动中，主流媒体和各大社交媒体平台纷纷涌现出不同形式的献礼主题新闻产品，其中H5类新闻产品占据半壁江山，成为刷屏朋友圈的焦点。

H5是什么？从互联网的角度来说，它是页面代码第五代技术HTML5；从新媒体的角度来看，H5就是朋友圈中传播的H5内容形态。相比传统媒介，H5支持所有媒体形式，包括文字、图片、音频、视频、网页、全景、直播、图表、动画，以及同电脑的交互。在融媒体飞速发展的时代，作为移动轻应用，H5在新闻传播领域具有广阔前景，能为融媒体产品创造出无限可能。因其页面设计、互动效果、内容创意有吸引力，所以备受用户喜欢，容易在朋友圈形成传播。

在H5技术的支持下，可视化新闻以其创新性、可视化、交互性等特点，实现了一次新闻传播"质"与"量"的飞跃。

理论微课堂

一、什么是H5？

（一）概念

H5是超文本标记语言（HTML）的第五次修改版。"超文本"是指页面内可以包含图片、链接，甚至音乐、程序等非文字元素。H5为下一代互联网提供了全新的框架和平台，包括提供免插件的音视频、图像动画、本体储存以及更多酷炫且重要的功能，并使这些应用标准化和开放化，从而使互联网能够轻松实现类似桌面的应用体验。H5最显著的优势在于跨平台性，用H5搭建的站点与应用可以兼容PC端与移动端、Windows与Linux、安卓与iOS。此外，H5的本地储存特性也给使用者带来了更多便利。基于H5开发的轻应用比本地APP拥有更短的启动时间、更快的联网速度，而且无须下载，占用的储存空间小，特别适合手机等移动终端。

H5新闻是一种建立在HTML5技术规范基础之上，综合了特定的网页效果、视听效果、感官效果和交互性等因素，以"超媒体"的技术形式呈现的报道形式和样态。H5新闻的出现是融媒体时代新闻报道的一个重要创新，不仅大大提高了新闻报道的可读性，而且推动了新闻报道模式的变革。

（二）传播特征

1. 内容聚合化。H5新闻具有传统专题新闻的聚合性特征。
2. 新闻可视化。得益于H5技术的富文本特征，文字、图片、视频、动画、链接可以集合于同一网页设计，支持触屏、定位、体感、自适应等移动终端功能，这些条件为新闻内容的可视化呈现提供了保障。

3. 共同参与。在H5新闻作品中，用户和传播主体共同完成了作品的内容生产。

4. 社交化传播。H5新闻作品不仅在内容生产层面具有交互性，在传播过程中也十分注重交互性。

二、运用场景

（一）应用于可视性新闻

作为一种新的内容展现形式，H5的运用在一定程度上改变了传统新闻的叙事方式。在H5新闻报道中，图解、数据等表现形式可以使新闻更直观、更形象、更易读。因此，在运用H5技术后，新闻可以实现可视化、形象化的效果，从而使突发事件的进展变成时间轴，新闻发布会变成可视化的问答，年终盘点变成炫酷的视频大片，最终让传统的"文字+图片"模式动起来。H5新闻的可视化优势是传统新闻报道模式所欠缺的。

（二）应用于互动性新闻

新媒体的出现，给媒体与受众、受众与受众之间的互动提供了更多机遇。H5技术因其具有强大的交互性，为新媒体时代新闻报道的互动性提供了广阔空间。从目前来看，将H5的交互性特征与新闻报道结合，实现互动传播，已成为网络与新媒体设计H5新闻的重要方向。

（三）应用于解读性新闻

互联网在带来海量信息的同时，也使得各种信息泥沙俱下。一起新闻事件发生后，网上就会涌现各种信息，海量过剩的信息淹没了真正有价值的信息，虚假信息干扰判断，使网民产生阅读疲劳。这时，新闻工作的一个重要任务就是从庞杂的信息中，选择真实且重要的信息，进行深度解读。当遇到复杂性事件，用文字和语言无法解释时，或需要"软化"以便于阅读时，就需要运用合适的方式予以解读。在运用H5报道新闻时，可以重点使用图片，使静态图片产生"推""拉""摇""移"的视频镜头效果。把图片按照时间顺序排列，展示新闻事件过程，可以形成新闻综述；结合数据、图表等又可以解释事件的前因后果、来龙去脉，形成深度报道；结合相应关系，对数据和图片进行排列，又可变成新闻故事；把有新闻点和有冲击力的图片、视频挑选出来，还可以实现软化新闻的效果。值得注意的是，在运用H5解读新闻时，需要建立逻辑框架，设计构思脉络，提炼核心内容，再辅之以图文、动效等手段。换言之，图片的使用必须是有逻辑、有规律的，而非无序的。

三、传播作用

H5推动了新闻报道的多元化，成为一种重要的模式，也是媒体融合战略中的一种创新举措，在提高新闻报道的可读性和吸引力方面表现不俗。

（一）推动新闻报道模式的多元化

传统新闻报道从其形态来看，一般由文字、图片、视频等元素构成，并通过报刊、广播、电视和网络页面呈现。随着移动互联网和传播新技术的发展，传统报道模式有时与新兴媒体平台之间存在间隔，受众在新媒体环境下逐渐形成了新的阅读习惯，而传统报道已无法完全适应新媒体环境下的受众阅读习惯。H5的出现，给新闻报道提供了一种新的模式，它是新媒体时代新闻报道模式多元化的一种重要表现形式。

（二）推动融合新闻的深入发展

新兴媒体的发展给传统媒体带来了巨大冲击，媒体融合已成为媒体创新与发展的必经之路。作为媒体融合时代的主要产品之一，融合新闻越来越受到关注。H5满足了融媒体时代新闻报道的新需求，其融文字、音乐、图片、视频、动漫等元素于一体的动态表现形式，使新闻报道更加适合新媒体的阅读模式。这种报道模式对推动融合新闻的探索发展起到了示范性作用。

（三）提高新闻报道的可读性

对新闻报道而言，可读性历来是新闻工作者追求的效果之一，也是受众对新闻媒体的内在要求。新闻报道具有可读性，才能更容易被受众接受，进而提高新闻报道的传播力、影响力。H5表现形式多样、内容简明扼要等特征，使新闻报道的可读性大大提高，这也是融媒体时代新闻报道模式创新的内在要求和必然趋势。

第1计
全民换装

"军装照"帅出天际，10亿+刷新"顶流"

每个人的眼睛，都认真地盯着镜头；咔嚓一声，定格，手机"愣"了一两秒；"唰"，一个英姿飒爽的军人形象跳进你的手机——你可以选择，是穿越到井冈山时的红军，还是赶着去参加南昌起义，或是把陆海空最新军服都试一遍……手机上的军人，像你且比你更年轻更帅气更美丽，英姿飒爽到你不敢认，又无比自豪，赶紧"炫"到朋友圈，圆一圆此生没有实现的从军梦。

2017年"八一"前夕，为庆祝中国人民解放军建军90周年，人民日报客户端联合"金台点兵"工作室借助人脸识别、融合成像等技术，制作互动H5《快看呐！这是我的军装照》，帮助网民生成自己的虚拟"军装照"，共同表达对人民子弟兵的喜爱之情。《军装照》H5于2017年7月29日推出后，在全球亿万网民的手机上成功"刷屏"。不同年龄、地域、职业的人，纷纷通过这个新媒体产品生成、展示自己的虚拟"军装照"，表达对中国人民解放军的向往、崇敬和热爱。

上线不到10天，H5的浏览次数（PV）超过10亿，独立访客（UV）累计1.55亿，一分钟访问人数峰值高达117万。创纪录的10亿多浏览量使其成为一款现象级新媒体产品。

爆款32计
—— 现象级融媒传播案例背后的巧思

爆款小档案

《快看呐！这是我的军装照》H5

首发时间： 2017年7月29日
发布平台： 人民日报客户端
所获荣誉： 第28届中国新闻奖首次设立媒体融合奖项，《快看呐！这是我的军装照》H5参评"新媒体创意互动"项目，荣获一等奖。

社会效果： 《军装照》H5于2017年7月29日晚发布后，立即呈现"裂变式"传播，不同年龄、区域、行业的网民都踊跃生成、分享自己的"军装照"。建军节前后，晒"军装照"在网络上形成刷屏效应，营造了浓烈的爱国爱军氛围。截至2017年8月7日，H5的浏览次数（PV）超过10亿，独立访客（UV）累计1.55亿。其中，仅8月1日建军节当天的浏览次数（PV）就达到3.94亿，独立访客（UV）超过5700万。业界人士评价，这个传播数量级创下业界单个H5产品访问量新高。众多媒体发表评论，认为这一H5既是一次把爱国主义植入现象级融媒体产品的创新尝试,也是融合报道的经典成功案例。

爆款炼成记

亲历者说

强化用户意识,满足用户需求

一个H5产品浏览次数能超过500万次就不错了,浏览次数超10亿次,很有可能创下全球单条H5浏览量的纪录。

调整好角度、按下快门键、定格。伴随着打印机的打印声,穿上军装的你便出现在手机上。"红军时期""抗日战争时期""解放战争时期"等,共计22款军装样式,让你过足当军人的"瘾"……

《快看呐！这是我的军装照》H5产品由人民日报编辑负责创意策划，腾讯天天P图提供图像处理支持，将国内首创的人脸融合技术与时事热点结合。

不少网民热赞《军装照》H5圆了自己的"从军梦"，纷纷发图配文，"穿上军装，致敬人民解放军""解放军的军装，是最美的服装""这辈子最遗憾的事就是没有当成兵，弄个照片过过干瘾，用这种方式祝福祖国繁荣昌盛"。

制作推出这一现象级H5产品，我们最深的体会是：好的融媒体产品，往往是绝佳创意、精准内容、强大技术的结合体，缺一不可，而其核心是强化用户意识，满足用户的信息需求、观点需求、情感需求，让用户参与互动，成为传播链条中的一环。

创意：考虑周全

对我们来说，任何一个新闻产品的创意，都要从导向是否正确、传播是否广泛、技术是否可行等方面进行分析和判断。

《军装照》H5一定能火，是我们的基本判断。但有人提出，让普通人穿军装是否会有娱乐化倾向，我们仔细分析后认为，恶搞军装肯定不行，但其实也有"既有高度，又接地气"的做法。我们将解放军建军90年来不同时代的军装整理出来，保证准确，页面设计庄重大方，让用户"穿上军装"英姿飒爽，不但不是娱乐化，反而是在帮大家抒发对解放军的崇敬、热爱之情。事实证明，H5推出后，实现了这个效果。不同地域、不同行业的网民都在制作自己的军装照，并配上对解放军的各种褒奖广泛转发，网民评论最多的话就是"穿上军装，致敬人民解放军""解放军的军装，是最美的服装"。

关于技术可行性的问题，要让生成的照片既自然又保留用户的面貌，在过去是不可想象的，但我们也了解到最近一年来"换脸换装"技术日益成熟，并且迅速联系到一支非常强大的技术支持合作团队。

内容：保证精准

好的产品传播基础，是必须保证事实准确。我们必须保证H5中所使用的"军装照"原始素材的准确。人民日报社政治文化部军事采访室共同参与了H5制作，联系到国防大学联合勤务学院研究人民军队后勤装备包括军服演变等的专家，为我们提供了军史知识指导，帮助审核素材。最后，根据军服演变历史，创作团队历经为期一周的图片搜集，确保每个年代至少有一套男女士兵军装素材照片通过专家审核。我们对军装制式的要求也很严格、细微，如领子的形状、袖标的位置都不能有差错。内容上的精准，保证了传播过程的顺利、平稳。

技术：先进稳定

《军装照》H5中，最关键的一环就是将用户照片合成军人形象，提供技术支持的是腾讯旗下的天天P图团队。天天P图的人脸融合技术能够将用户上传的照片与特定形象进行脸部层面融合，生成的人脸图片既有用户的五官特点，也呈现出对应形象的外貌特征。实现这一效果需要人工智能技术的支持。例如，人脸关键点定位技术，利用神经网络对图片进行学习分析，找到人脸图像的关键点。在提取关键点后，天天P图的技术团队还要运用一些针对性的算法，对用户图片进行再次分析修正，达到面部颜色均匀的效果。此外，还需要充足的服务器资源保障。

传播：激发共鸣

具体到传播对象即用户身上，我们认为，《军装照》H5的火爆，以及最后能获得中国新闻奖评委的厚爱，还在于高度契合庆祝中国人民解放军建军90周年的"大势"，满足广大网民的情感诉求。

与其他火爆的新媒体产品相比，《军装照》H5的一大特点是突破了性别、年龄、地域、行业等社群壁垒，在全国范围内的不同网络社交圈内不断扩散、激荡。能够实现这个效果，时机、创意、技术都很重要，但归根结底，是缘于全体中国人对人民解放军的崇敬和向往，以及普通民众日益浓烈的爱国热情和向心力、凝聚力。《军装照》H5恰逢其时，提供了一个表达的载体和渠道，与全国亿万网民心中共同的情感形成了共鸣和互动。

在此基础上，这一产品设计高度重视参与感和互动性，让用户成为主动的传播者。

以往的新闻作品，读者往往只是一个被动的信息接收者。在新媒体时代，新技术、新应用、新形式的诞生，使读者成为用户，可以和新闻产品进行即时互动，参与到产品的生产、传播过程中。在传统媒体时代，新闻信息传递给受众，其效果就达成了，传播也基本结束，二次传播、三次传播的概率存在，但很低。在新媒体时代，新闻信息传递给受众时，传播才刚刚开始。真正成功的传播会在受众间不断扩散，实现"裂变式传播"。

《军装照》H5在设计上从一开始就激励用户成为主动传播者，让用户自主、自愿分享"军装照"，获得参与感、认同感和归属感。虽然有初始发布途径，但《军装照》H5最后的传播奇迹完全依赖于产品本身，依赖于人与人之间的传播。

随着新技术的发展，传播载体和表达方式会日新月异，但对正确导向、客观叙述和理性分析的追求不会变。

（作者：人民日报社新媒体中心　余荣华）

深度解析

10亿+浏览量！《军装照》H5是如何炼成的

2017年建军90周年前夕，一向严肃的人民日报打造的H5产品《快看呐！这是我的军装照》刷屏了，一个月全球访问量突破10亿次，截至当年访问量已达到11.7亿次，成为现象级传播案例。

这款产品是由"金台点兵"工作室和人民日报客户端联合创意推出的。

爆款宝典之"超文本"H5

创意从何而来？

为什么想到做"穿上军装"的H5策划？

2017年是中国人民解放军建军90周年，由负责国防军事领域报道的人民日报政治文化部军事室，牵头筹划报社的建军90周年整体报道方案。依托军事室年初组建的"金台点兵"融媒体工作室，一直在琢磨推出一款涉军的融媒体产品，"军装照"的创意在那个时候开始酝酿。

什么能作为人民军队90年发展历程的一个缩影？"选择军装照这一形式，是因为通过军装的变化，可以很直观地体现出中国人民解放军90年的历史变迁。""金台点兵"工作室了解到，国防大学联合勤务学院的张磊老师对人民军队的后勤装备包括军服演变等方面很有研究。定下这一创意后，"金台点兵"工作室邀请张老师为人民日报社新媒体中心技术人员讲解关于解放军军服发展的不同阶段，提供了大约200张照片。大家在一起一张张挑选、比较，最终选定了11个阶段的22张照片。专业人士的参与，保证了这款产品的准确性，为刷屏传播奠定了坚实基础。

按传统做法就是把一张张照片呈现出来，显然这种方式的传播力不强。"如果让大家上传图片，生成各自的军装照，就可以让大家在互动中展现情感、传播知识。"一个新点子就此萌发。

在建军90年的大背景下，军装本身是饱含情感的代表物，再借助新

013

媒体平台传播的强互动性，"军装照"戳中了每个人内心的"从军梦"。军装是神圣和令人向往的，人人都有军旅梦，但大多数人没有机会当兵，没有机会穿上军装，借助"军装照"可以让大家体验穿军装，而且是穿越时光穿上不同年代的军装。对一些老战士来说，"军装照"是对过去的追忆。参军的时候，他们留下的军装照并不多，这个易操作的H5产品能够帮助他们再一次回到军旅岁月。对一些老兵的孩子而言，"穿上"父亲当年的军装，感受父亲的军旅时光更是一种情感的传承和教育。在建军90周年的特殊节点，通过充满新奇趣味，网民易于接受、乐于分享的方式，拉近了普通人与解放军将士的距离，增进网民对解放军发展历史的了解。

从确定创意、挑选合作对象、正式开工，到建军节前夕的7月29日20时作品正式上线。《军装照》H5发布的最初4个小时（29日20时至24时）浏览量近30万。30日开始，H5的访问量迅速攀升，全民晒"军装照"的情景在微信上出现。据腾讯相关负责人介绍，为了应对巨大的访问量，H5的前端页面服务器增加到30台，后端的图片处理服务器从一开始的400台，增加到800台，后来又不断扩容，最终在最高峰动态部署了4000台腾讯云服务器。

产品亮点在哪？

2017年建军节前后，通过H5晒自己的"军装照"在网络上形成刷屏效应，营造了浓烈的爱国爱军氛围。众多媒体发表评论，认为这一H5既是一次把爱国主义植入现象级融媒体产品的创新尝试，也是融合报道的经典成功案例。

在立意上，《军装照》H5借助建军节契机，采用普通人喜闻乐见的方式，展示了广大网民对党和国家、人民军队的拥护和热爱。在制作上，严谨细致，创作团队向军史专家认真请教，保证了页面素材和"军装照"模板的正确性。在设计上，页面庄重大方，流程方便简单，互动性强。

在技术上，借助先进互联网企业的最新技术，实现了技术与创意的结合。在效果上，实现了"沉浸式传播"，同时获得海量传播和广泛好评的双重效果，在互联网上奏响主旋律，形成爱军拥军的热潮，产生良好的社会效益。

这一H5流行的根本原因是传递了网民对解放军官兵的热爱，也体现了日益浓烈的爱国氛围和公众凝聚力、向心力。从网民们在各社交媒体分享的照片可以看到，不同年龄、地域、行业的人都在积极参与，《军装照》H5与全国亿万网民心中共同的情感形成了良性互动。

创意背后的故事和难点

众所周知，军装代表了军队和军人的形象。除了御寒暑、利征战等实用价值，军装还有肃军容、壮军威的观瞻功效，因而军人的着装有着严格统一的规定。

2010年6月15日起施行的《中国人民解放军内务条令》规定："军人必须按规定着装，并保持军容严整。"这是对中国人民解放军军人着军服的总要求。《内务条令》还要求："军人非因公外出应当着便服""不得着仿制军服"。后来为彰显对军人的尊崇，《内务条令》进行了修订，自2018年5月1日起，军人非因公外出可着军服。

也就是说在2017年建军节前，军人在军营和任务之外的场合一般不允许穿军装，更不允许在网络上出现穿军装的样子。

但我们认为，在建军90周年的时刻，有必要搭建一个爱国拥军的平台。无疑穿军装是最直接的体验方式，让大家感受穿上军装的自豪和责任。参与用户绝大多数是普通人，普通人穿军装是否会有娱乐化倾向，开发团队认为，将解放军90年来不同时代的军装整理出来，通过技术手段进行互动，页面设计庄重大方，让用户"穿上军装"感受军人的英姿飒爽和使命责任，不但不是"娱乐化"，反而是让大家抒发对解放军的崇敬、热爱之情。

传播为什么能成功？

这款H5得到了前所未有的广泛传播，我们分析主要有这样几个方面：

首先，好风凭借力，送我上青云。时值中国人民解放军建军90周年，朱日和阅兵仪式展示出中国军队的钢铁雄师，全国媒体和人们的关注焦点都在军队和国家的强盛上，极高的关注度是《军装照》H5火爆的基础。此外，那段时间有关军队、军人的社会热点的氛围渲染也至关重要。前有印度与中国的边境问题，后有《建军大业》《战狼2》等主流影片在文化市场引起的话题讨论，人们心中的民族热情、民族自豪感不断攀升，除这些宣传外，大众迫切需要一个能够亲自深度参与的、释放和展现自身爱国情怀与民族自豪感的方式。"军装照"无疑抓住了人们的情感点。一次好的传播不仅在于内容的优质，而且要结合关键的时间节点，乘风而起，方可扶摇直上。而对时间节点的把握需要长时间的敏锐观察，同时制作重大事项日历，提早做准备。

其次，情不知所起，一往而深。能够影响情绪与情感是新媒体时代传播的重要因素。新媒体时代除了内容传播，还要能够与用户的情绪与情感产生联系，能够带动用户的情绪与情感，适应用户的情绪与情感需求。此次《军装照》H5就充分体现了这一点。基于展现大国强军的节点上，实现了社群共振，引起了人们心中爱国心、民族自豪感的共鸣，而这也是人们主动传播的内在原因。此外，通过军装照的分享，每个人都产生了强烈的参与感、认同感、归属感和美感，这一点也说明，在新媒体时代让用户产生参与感和认同感，会对传播产生强大的推动作用。

我们认为，要提高军事报道的传播力、引导力、影响力、公信力，就要实现军事报道话语创新。军人也是有血有肉的人，对他们的言行举止的描述离老百姓越近，老百姓的心才会离军人越近。《军装照》H5能够刷屏，创意、技术、时机都很重要，但归根结底，是缘于全体中国人对人民解放军的崇敬和向往，以及日益浓烈的爱国氛围和强军强国的中国梦的召唤。军装照的制作，为公众提供了表达自己爱国拥军情感的平台，把代表国家概念和国家形象的元素——军装加以提炼、设计，以用户喜欢和习惯的形式呈现。实际上，我们做的是一种形式的爱国主义教育，体现了中国梦、强军梦的召唤，起到了凝聚社会共识、弘扬核心价值观的作用。

最后，锋从磨砺出，香自苦寒来。此次空前的传播也是基于技术支持和多方合作，精益求精的技术支持确保了良好的用户体验。

单向传播时代已经一去不复返，互动式传播要求媒体将用户的需求与体验放在第一位。好玩、有趣，关注用户需求与体验，增强用户对主流媒体的认可度和黏性，并要借助新技术、新形式，增加用户对主流媒体信息、服务等的全方位体验。《军装照》H5在产品设计上，充分考虑用户参与互动，通过满足用户对外展示的愿望，刺激用户进行转发和分享，从而形成裂变式传播，提高了传播的到达率和实效性，最终使得这款产品迅速刷屏朋友圈。

人民日报客户端提供了一个表达的载体和渠道。移动互联时代的新闻传播，除了满足受众的信息需求、观点需求、情感需求，也应充分考虑参与互动，这样才能提高传播的到达率和实效性，赢得受众特别是年轻人的认可。

（作者：人民日报"金台点兵"融媒体工作室）

> **延伸阅读**

对话主创大神："我的军装照"为何这么火？

人民日报客户端开发的H5产品《快看呐！这是我的军装照》火了！截至8月1日12时，H5浏览次数（PV）累计4.67亿。打开微信朋友圈，《军装照》H5已经刷屏。这款产品背后的大神是谁？真是那个在大家眼里一向"不苟言笑"的人民日报？

解放日报·上观新闻在人民日报大院采访了H5《快看呐！这是我的军装照》的两位主创人员——人民日报中央厨房"金台点兵"工作室负责人倪光辉和人民日报社新媒体中心统筹策划室副主编余荣华。

两人在人民日报工作均已10多年，称得上是传统报人。一边是中央党报"老"报人，一边是让千万男女老少着迷的H5，怎么就和谐统一了呢？

两周内生产出的爆款

上观： 先说说上线后产生的影响吧。

余荣华： 截至8月1日12时，H5浏览次数（PV）累计4.67亿，独立访客（UV）累计7971万。而上一次统计时（31日18时），浏览次数（PV）累计2.09亿。也就是说，在过去的18个小时，增加了2.58亿次浏览！《军装照》H5发布的最初4个小时，也就是7月29日20时到24时，浏览量近30万，虽然对于一个新媒体产品来说，是个不错的数字，但与后来的井喷无法相比。从第二天开始，浏览量不断增加，我们负责处理图片的服务器也在不断增加，现在已经达到4000台。

上观： 制作《军装照》H5的时间周期是多长？

倪光辉： "金台点兵"工作室了解到，国防大学联合勤务学院的张磊老师对人民军队的后勤装备包括军服演变等方面很有研究。在与他的交流中，觉得军服这个点很有意思，能够反映解放军90年来的变化。7月初，我们和新媒体中心余荣华他们在编辑楼碰头，大家都比较认同"军装照"

方案。与此同时，我们请国防大学张磊老师着手准备资料。

余荣华：每逢重大新闻节点，新媒体中心都要提前策划产品创意。到了7月，我们正式讨论、决定建军节报道创意，几个方案都从不同角度想到，军装对很多人来说都是神圣和令人向往的，从各方面来看都十分可行。7月中旬，正式确定要做《军装照》H5。从开工到推出，一共两周左右的时间。29日20时上线，选择在阅兵消息公布后。在8月1日建军节两天前推出，主要是考虑到拉长产品传播时间。

上观：用什么方法推广这个产品？

余荣华：投放时，"种子用户"并不是特别多，没有做特别大的宣传。我们用了三种途径来推广：第一个是人民日报客户端；第二个是我们的创作团队在个人朋友圈的转发和分享；第三个是人民日报微信公众号，我们第二天早上在"新闻早班车"末尾加了个二维码。除此之外，传播完全依赖于产品本身，依赖于人与人之间的传播。

四个团队的合作

上观：这个产品背后有哪些团队支持？

余荣华：这个产品的幕后总共有四支团队。第一支团队是人民日报新媒体中心，他们负责创意策划和执行，主导、把控整个开发制作过程，包括从创意设计、脚本撰写、资料搜集到最后的产品测试、部署上线、维护监控。新媒体中心的编辑们夜以继日地工作，与各合作方充分沟通，保证产品顺利生产、上线。

第二支团队是人民日报中央厨房"金台点兵"工作室。在H5资料的获取上，我们有《人民日报》的采访力量做后盾。倪光辉带领的报社"金台点兵"工作室联系到军队院校专门研究军服的张磊老师，张老师讲解了解放军军服发展的不同阶段并提供了一些老照片。我们搜集了大约200张照片。军服专家逐一挑选比较，经过审定，最后选定了11个阶段的22张照片。

第三支团队是腾讯旗下的天天P图，他们提供图像处理支持和后端服务器支持。其雄厚的技术实力和强大的资源调动能力，保障了这个H5海量用户需求的处理。

第四支团队是第三方供应商"未来应用"，他们负责完成H5的前端设计开发和前端服务器维护。

谣言当天即被压制

上观：最初看到网上有人说《军装照》H5是"钓鱼链接"是什么时候？

余荣华：31日早上，谣言出现，形成了一波舆情，我们很快注意到了，领导也很重视。我们立刻对谣言里提到的一些问题进行了核查，证明帖子里的内容都是臆测，也不排除有一些恶意传谣。

12时，我们开始起草声明，14时之前发布。当天下午，谣言就基本消散了。除了声明，另一个有效的手段是我们与全国网络媒体及时沟通、解释，很多大号在发现谣言后也主动向我们询问，并及时转发了我们的声明。

上观：谣言帖上说的"IP显示服务器在加拿大"，现在弄明白是怎么回事了吗？

余荣华：如果你仔细看帖子里的截图，你会看到那是一个叫"站长助手"的网页提供的IP数据库查询服务。我不清楚它的数据来源，至少这个IP地址的资料是不准确的。若用百度搜这个IP，显示的地址则是北京的阿里云。后来，我们联系"站长助手"做了相应更改。

戳中了每个人心中的"从军梦"

上观：你觉得《军装照》H5为啥会火？

倪光辉：我觉得首先是建军90年这个时机选得好，另外就是这个游戏的互动性好。"军装照"戳中了每个人心中的"从军梦"，都想看看自己穿上军装是什么样，关键还能穿越时光穿军装。

余荣华：最关键的是产品契合了大家的情感表达需求——对人民军队的情感。比如有个老战士说，他当年参了军，但是留下的军装照不多，想不到现在还能重新感受一下。还有年轻人"穿上"父亲当年穿的军装，感受父亲的军旅时光。

上观：《军装照》H5的火爆有没有让你进一步思考传统媒体的创新之路？

倪光辉：媒体生态的变革，我们每个从业者都能感受到。既然是大势所趋，我们就要积极迎上、拥抱这个新媒体大环境。现在，我们工作中始终有"融媒体"的观念，不管做什么报道，都会想想除了给报纸写，还能为新媒体做一些什么产品。

余荣华：创新是有价值的，也让我们看到了传统媒体的前景。环境在变、外部有竞争，传统媒体会面临很大的压力，但主流媒体在导向和内容上的中坚地位没有改变。

（原载于解放日报·上观新闻2017年8月1日，作者：宰飞）

《军装照》H5创下"世界之最"

8月18日至19日，在深圳举办的2017媒体融合发展论坛上，一个H5的名字和浏览次数频频被央媒大佬和大咖们提到。这就是7月29日由人民日报客户端推出的《快看呐！这是我的军装照》（以下简称《军装照》H5），由它所引发的全民晒"军装照"现象级事件，连腾讯公司控股董事会主席兼首席执行官马化腾这样拥有庞大用户群的互联网大咖都"不淡定"了。

据统计，截至8月18日，《军装照》H5浏览次数突破10.46亿。独立访客累计1.63亿，一分钟访问人数峰值达117万。

作为互联网时代的新型传播产品，一款H5产品浏览次数超过500万，就已经是"爆款"，超过1亿的更是罕见。而现在已超过10亿次的浏览量，极有可能创下"世界之最"。

一张头像实现帅美"从军梦"

"我穿上军装也非常帅。"网民"天天圈"说。"我从小的梦想就是有一次军旅生活,没想到人民日报帮我实现了。"网民"卡门神曲"表示……

用一张自己的头像就能穿越,从南昌起义、红军时期、抗日战争、解放战争、1950年到1955年、1955年到1965年、1999年到2007年、2007年到2017年等各时期的军装造型,一键变得"帅美帅美哒",满足每个人心中那份保家卫国的"从军梦"。

八一建军节前夕,人民日报推出这款体现政治价值、社会价值的H5产品,凸显了主流媒体在舆论中的"中流砥柱"和"定海神针"作用,可谓媒体融合发展最炙手可热的案例。"主流媒体的内容供给,应该是讲导向、有态度的优质产能,这是主流媒体人对新闻规律的主动把握。"人民日报社副总编辑卢新宁透露,这款H5产品的创意主要来自传统媒体人,参与的客户端编辑原来是报纸编辑。

人民日报社新媒体中心除了校招,还注意内部挖潜,鼓励更多传统媒体从业者试水媒体融合。想出"金点子"的编辑便是其中的试水者。同时,

8月18日《人民日报》用一个整版篇幅向社会公开招募新媒体人才。

记者也了解到，人民日报各媒体方阵依然保留传统媒体在重要节庆前或重大事件前的策划会。在建军90周年策划会上，"军装照"的提议得到了大家的一致赞成。

权威媒体的强大策划能力和媒体资源是这一H5产品成功的基础。论坛上，人民日报社社长杨振武表示，现在，社会公众对主流媒体如何担当发展"推进器"、社会"黏合剂"、道德"风向标"的作用充满期待。无论媒体融合怎样推进，弘扬主旋律、传播正能量的作用都不能削弱；无论媒体形态如何变化，不断巩固和壮大主流思想舆论的责任都不能忘记。主流媒体要始终牢记使命，始终保持定力，承担起应当承担的政治责任和社会责任。

记者获悉，这款H5产品是由人民日报客户端开发，人民日报社政文部军事采访室给予了大力支持，联络专家为H5制作提供指导和帮助。国防大学联合勤务学院的张磊老师为H5制作团队详细讲解人民解放军军服演变历史，并协助对军装照原始图审核把关。

人民日报的权威背景，也让许多网民更能"放心地玩耍"，安心上传自己的头像图片，网民"蝴蝶兰"在朋友圈里表示"确认是人民日报干的才敢发这些"。

浏览最高峰调动4000台腾讯云服务器

《军装照》H5由人民日报客户端策划出品并主导开发。产品制作周期为两周，客户端编辑负责创意策划、脚本设计、资料搜集。

腾讯集团媒体中心深度参与，并在H5上线后和人民日报客户端团队一起全程监控产品运行。腾讯天天P图提供图像处理核心技术与支持。这种"人脸融合"图像处理技术将用户上传的头像与特定形象进行脸部层面融合，生成的图片既有用户的五官特点，也有特定形象的外貌特征。

H5不仅以人民日报客户端和微信公众号为载体，还充分利用开放的社交平台进行传播，以达到传播规模的最大化。有了腾讯云的动态扩容，《军装照》H5能应付最高峰一分钟117万的用户量,据了解,这需要动态部署4000台腾讯云服务器,并采用智能分流、柔性策略等办法,确保应对海量的用户请求。

杨振武表示,推动融合发展的一条基本经验就是与互联网"零距离",尊重互联网规律,把握互联网特点,紧跟互联网前沿,把产品和用户作为融合发展的重中之重。更要坚持创新驱动,坚持推进内容创新,用思想和创意统领互联网的最新技术、新闻传播的最新方式。

"危机"发生后浏览量翻了一倍

人民日报客户端相关负责人表示:"预料到会火,但没想到会这么火。"《军装照》H5的传播过程并非一帆风顺,7月31日出现了一场"小风波"。网上出现了一些帖子称,这个H5是冒充人民日报客户端的网络诈骗新手段,服务器位于加拿大,是为了获取公民个人信息实施的诈骗。

人民日报客户端快速响应,针对疑问发布辟谣声明,谣言很快消散。这场风波是"危"更是"机",翻看人民日报统计的浏览量就能发现,7月31日在声明发布的半天时间,H5浏览量翻了一倍,7月31日上午突破1亿,7月31日17时突破2亿。

人民日报社新媒体中心主任丁伟表示,《军装照》H5是一种沉浸式传播,让用户参与内容生产和传播,实现裂变式传播。移动互联时代的传播,除了满足受众的信息需求、观点需求、情感需求,也应充分考虑参与互动,这样才能提高传播的到达率和实效性,才能赢得受众特别是年轻人的认可。

人民日报社副总编辑卢新宁表示,这样的爆款产品,体现了强国强军"中国梦"的召唤,起到了凝聚社会共识、弘扬核心价值的作用。这是主流媒体社会价值的突出展现,也是推进融合发展目的所在。

(原载于《深圳商报》2017年8月20日A07版,作者:张妍)

沉浸式传播与用户意识，让主流媒体扭转战局

衡量一个微信公众号的影响力需要看它有没有10万+的文章，爆款文章将一个个微信公众号推上"神坛"，自媒体影响力的扩张似乎威胁到了传统媒体尤其是一些主流媒体的号召力。

但在今年八一建军节前后，由人民日报客户端推出的互动型H5产品《快看呐！这是我的军装照》，在亿万网民的手机上成功"刷屏"。人们纷纷通过这个新媒体产品，生成、展示自己的虚拟"军装照"，表达自己对人民解放军的向往、崇敬和热爱。10万+文章算什么，《军装照》H5的10亿浏览量使其真正成为一款"现象级新媒体产品"。

谁说传统媒体无法玩转新媒体，10亿浏览量让人们看到融媒体环境下主流媒体的创新。

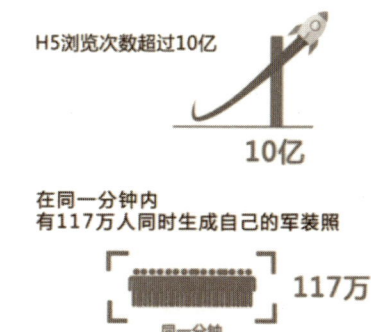

回顾《军装照》H5制作、传播全过程，简单的换脸照片赢得10亿浏览量离不开创意、内容、技术"三位一体"的创造力。

除此以外，资源保障也是"军装照"成功的重要力量，前端页面承担接收用户上传和下载照片功能，后端是天天P图的图像处理功能。用户上传一张图片，不到5秒钟就能轻松生成一张"军装照"，背后是强大的技术和巨大的服务器资源在支撑。

在新媒体时代，用户既是传播对象，又是内容生产和传播的参与者。

重要的是，在事先预设的场景中，给用户留出一定的参与空间，让用户去填补。用户在选择信息、深度参与、持续传播的过程中，通过近距离审视或亲身体验，加入自身的情感元素，实现身心上的满足，产生刺激感、愉悦感。由此来看，《军装照》H5的成功刷屏，正是由于契合了沉浸式传播的模式和机制。国人从心底激发出来的对强国梦、强军梦的渴望，伴随着沙场阅兵的铿锵节奏得到释放。通过《军装照》H5，人们给自己穿上不同年代的军装并分享在朋友圈，从中获得的感官体验通过互联网传递分享，营造了一种超越拟态环境的虚拟真实。在这个虚拟的环境中，人们"沉浸"其中，由此获得的强烈的用户体验和情感共鸣，构成了裂变式转发传播的强大动力，进而实现了传播关系质的变化。

同时，《军装照》H5的成功刷屏也告诉我们，在新媒体传播格局中，要重视人们的情感体验。媒介融合不仅意味着内容产品的融合，更意味着用户关系的融合。新的传播模式，重视和利用人们在分享互动中所建立的情感关联，以融入个人情感因素的内容产品为媒介，建立起广泛的、开放的关系网络。新闻不再仅仅是"客观新闻"，而是融入人们情感认同的"有温度"的新闻。人们自主运用新媒体技术，分享自制的内容，表达自己的观点和情感，用户群体在参与过程中，进行沟通交流，强化彼此的情感体验。

麦克卢汉曾说，媒介是人的延伸。媒介在延伸人感官的同时，也使人们更容易沉浸在自身的体验中。当今时代，媒介正在逐渐成为人们生活的一部分，每个人都很难成为一个离散于媒介场的局外人。当人类的身体与绵延不绝的光电时空融为一体，当智能化装备成为人类感官的延伸，那么，在媒体融合发展的语境中，"客观性新闻"向"浸润式新闻"的转变，也许会成为新闻生产的一个重要趋势和发展方向。

（作者：传媒实验室助理研究员　千千学姐　2017年9月30日）

第 2 计

无中生有

能测你的军人潜质，也邀天安门上升国旗

读书、上班、成家立业，身边太平盛世，我们把这些看作理所当然，却几乎快要忘了，之所以享有这份太平，是因为有他们在默默守护：驻守在清苦的边疆，巡防于漫长的海域，守护祖国的心脏……

八一建军节，铁血铸军魂，向最可爱的他们致敬！致敬90多年前的那声枪响，致敬80多年前的那次长征，致敬70多年前的那场浴血奋战。

你是否想过，如果守护祖国太平的责任落到你的肩上，你知道自己适合当什么样的兵吗？如果让你披星戴月日复一日在祖国的心脏升起国旗，你知道有哪些动作吗？扫描二维码，来测测你的军人潜质，感受天安门升国旗的崇高吧！

"测测你的军人潜质"和"我为祖国升国旗"这两款H5用的是实际的数据测算，构建了虚拟的场景，呈现的是美好的愿望和前景。

"天下万物生于有，有生于无。"老子在《道德经》中揭示了万物有与无相互依存、相互变化的规律。这种辩证思想运用到实践中，就是要掌握好虚无与实有的关系。无中生有，基本意思是虚虚实实。《孙子兵法》说过有则示其无，无则是其有，"无中生有"之计蕴含深刻的哲理，其本意是指发现人们没有注意到的事物或者现象，并不带有褒贬色彩，要巧妙地由假变真，由虚变实，起到出其不意的效果。

爆款 32 计
—— 现象级融媒传播案例背后的巧思

爆款小档案

《测测你的军人潜质》

发布时间：2019年7月28日
发布平台：人民日报客户端
产品简介：如果有机会当兵，你更适合军营中的哪个岗位？百步穿杨的狙击手，纵横驰骋的装甲兵，还是烹炸炒煮全能的炊事员？致敬最可爱的人！2019年建军节前夕，人民日报客户端发布了一款H5小游戏《测测你的军人潜质》，以射击能力、反应速度、性格特质等6个测试模拟征兵体检，测验你适合当什么兵。

进入页面参与测试，第一题是"射击能力测试"，点击"开始射击"就能开始射击人形靶了。只需要点击"人形靶"就可以射击，结束后点击"下一题"就能进行余下的测试。接下来针对你的反应力、性格特质、平衡能力、专业倾向、心理素质以及肺活量分别出一道测试题。完成七道题，系统就会自动根据你的测试成绩生成你的自测结果通知书。

《我为祖国升国旗》

发布时间：2019年9月30日

发布平台：人民日报客户端、全国党媒信息公共平台

上传一张照片，你便可以披装上阵，成为武警国旗护卫队的一员，在天安门升国旗。人民日报客户端、全国党媒信息公共平台于2019年9月30日12时，同步推出H5作品《我为祖国升国旗》。

进入页面后先认识升国旗的重要意义，走多少步，甩出去要多少力道……然后披装上阵，选择国旗兵经典动作，正步、立正、托枪、敬礼，上传个人照片。

爆款炼成记

亲历者说

一键分享，展现"我"英姿

问：《我为祖国升国旗》H5延续了《军装照》H5的哪些特点？

倪光辉：《我为祖国升国旗》H5应该说是《军装照》H5的延伸版，实际上我们还测试了一款如何当好国旗兵的互动公关游戏。

这两款作品都是一种形式很好的国防教育。都是配合重大主题推出的产品，都是要传递正能量的作品。《军装照》H5在建军90周年纪念日"八一"前夕推出，《我为祖国升国旗》H5在国庆68周年前夕推出。人民群众对人民军队的由衷热爱和拥护，激发了广大群众心中爱国爱民爱军的情怀和保家卫国、维护和平的决心。

互动性强，符合互联网传播特点。解放军战士的飒爽英姿是一个很亮眼的因素。网民纷纷感叹"果然长得帅的都上交给国家了"。而"穿上军装"互动设置简单，操作方便，简便的DIY就能植入"我"的元素；软件生成的"军装照"张张颜值爆表、气宇轩昂，很方便展现"我"的风采；一键保存、发送或分享功能，方便网民进行交流和评论，很容易分享"我"的快乐。

问：您认为《军装照》H5和《我为祖国升国旗》H5有哪些共同的经验是值得总结的？

倪光辉：创意、技术、时机都很重要。产品受到欢迎，缘于全体中国人对人民解放军的崇敬和身披戎装的向往，我们提供了一个表达的载体和渠道。

第一，新媒体产品也要顶天立地，也要承担应有的社会责任。这是主流媒体社会价值的突出展现，也是推进融合发展的目的所在。现在的社会公众对主流媒体如何担当发展"推进器"、社会"黏合剂"、道德

"风向标"的作用充满期待。无论媒体融合怎样推进，弘扬主旋律、传播正能量的作用都不能削弱；无论媒体形态如何变化，不断巩固和壮大主流思想舆论的责任都不能忘记。主流媒体要始终牢记使命，始终保持定力，承担起应当承担的政治责任和社会责任。

既要弘扬主旋律，也要接地气，用大家易于接受的形式传播。两款产品主题宏大，体现了强国强军"中国梦"的召唤，起到了凝聚社会共识、弘扬核心价值的作用。国庆节到天安门看升国旗，是很多外地游客来北京的传统项目。与"军装照"一样，"我为祖国升国旗"戳中了每个人心中的"从军梦"、"在天安门升国旗"的梦，都想看看自己穿上军装是什么样，体验一下自己去天安门升国旗是什么感觉。儿时就对天安门充满感情，对歌曲《我爱北京天安门》记忆犹新。

第二，发布时机要选好，利用建军节、国庆节等特殊节点。通过新奇的、充满趣味的，网民易于接受、乐于分享的方式，拉近普通人与解放军官兵的距离。

第三，产品互动性要好。让用户参与内容生产和传播，实现裂变式传播。移动互联时代的传播，除了满足受众的信息需求、观点需求、情感需求，也应充分考虑参与互动，这样才能提高传播的到达率和实效性，赢得受众特别是年轻人的认可。

第四，确保政治安全和舆论导向。《军装照》H5的创作团队"金台点兵"工作室联系到军队院校专门研究军服的专家，为技术人员讲解了军服发展的不同阶段，并提供了大量老照片，让这款产品没有出现差错。同样地，我们一开始就与武警政治工作部联合，随时沟通协调，确保《我为祖国升国旗》H5这款产品的政治安全。天安门、国旗、护卫队都是国家概念和国家形象的代表，必须引起足够的重视，不能出现一丁点的差错。

第五，传播方式有讲究。H5不仅以人民日报客户端和微信公众号、中央厨房为载体，还充分利用开放的社交平台进行传播，以达到传播规模的最大化。

问：这次《我为祖国升国旗》H5的技术支持来自哪里？

倪光辉：中央厨房与腾讯天天P图技术团队联手。

首先，人民日报中央厨房"金台点兵"工作室联合武警政治工作部负责创意策划和执行，主导把控整个开发制作过程，包括从创意设计、脚本撰写、资料搜集到维护监控。中央厨房媒体技术公司的技术人员负责H5产品开发、测试、部署上线、维护监控，夜以继日地工作，与各合作方充分沟通，保证产品顺利生产、上线。

其次，腾讯旗下的天天P图团队提供图像处理支持和后端服务器支持。他们的雄厚技术实力和强大资源调动能力，保障了H5海量用户需求的处理。

问：《我为祖国升国旗》H5将与用户进行哪些互动？

倪光辉：先展示一组威武帅气的国旗兵照片，然后请用户上传个人照片，选择动作，最后生成国旗兵正步照、持枪照、挥旗照、持刀照等形式的留念照，抒发爱国热情，增强用户体验。

（人民日报媒体技术公司数据新闻与可视化实验室）

深度解析

爆款背后的传播策略

上传一张照片，你便可以披装上阵，成为武警国旗护卫队的一员，在天安门升国旗！继创造了10.82亿浏览量的H5作品《快看呐！这是我的军装照》后，人民日报再放大招，于9月30日中午12点推出H5作品《我为祖国升国旗》，再次引爆朋友圈！

新媒体时代，主流媒体作为社会发展的"推进器"、社会的"黏合剂"、道德的"风向标"，该如何打造爆款产品，弘扬主旋律、传播正能量？

我们特邀《快看呐！这是我的军装照》《测测你的军人潜质》《我为祖国升国旗》等H5作品的"操盘手"之一——人民日报"金台点兵"工作室负责人倪光辉为您揭秘互动产品设计传播策略！

抓时机，产品要应景

《我为祖国升国旗》选在国庆68周年前夕推出，《快看呐！这是我的军装照》选在建军90周年前夕推出。两款H5产品都选择在特殊节点上推出，都获得了可喜的传播效果。

"通过新奇有趣、网民易于接受、乐于分享的方式推出产品，不仅能够拉近用户与解放军将士、国家的距离，增强用户对军队和国家的敬仰之情，还能获得极为可观的传播效果。"倪光辉告诉我们。

"截至9月22日，《快看呐！这是我的军装照》浏览次数（PV）10.82亿，独立访客（UV）1.70亿。"人民日报社新媒体中心副主任刘晓鹏告诉我们。

"媒体产品的推出要讲究时机，抓住特殊节点。"倪光辉说，主流媒体往往会配合重大主题推出产品，这些产品要符合特定节点的特点和用户的共同需求。天时地利人和都具备，产品的传播力和影响力才能发挥到理想水平。

接地气，帮用户圆梦

随着自我意识、自主意识与消费意识的快速提升，用户更加重视消费过程中的感官体验与心灵感受。单向传播时代已经一去不复返，互动式传播要求媒体将用户的需求与体验放在第一位。

国庆节到天安门看升国旗，是很多外地游客来北京的传统项目，公众对于国旗护卫队也有着浓厚的崇敬之情。与《快看呐！这是我的军装照》一样，《我为祖国升国旗》戳中了每个人心中的"从军梦"、"在天安门升国旗"的梦。用户只需上传一张正面照片，选择正步、立正、托枪、敬礼四个国旗兵经典动作中的任意一个动作，便可以披装上阵成为武警国旗护卫队的一名战士。

倪光辉告诉我们，主流媒体要想在与新媒体的竞争中立于不败之地，就要关注用户需求与体验，增强用户对主流媒体的认可度和黏性，并要借助新技术、新形式，增加用户对主流媒体信息、服务等的全方位体验。

巧借力，传播讲策略

新媒体时代，传播方式的重要性日益凸显。传播方式和传播策略是否得当，将会决定传播是否成功。

新媒体传播的自主性、即时性、多样性和互动性改变了原有的传播方式，很大程度上打破了现实中的各种界限。因此，选择能够有效调动公众参与积极性的传播方式是成功的一半。

"一方面，《快看呐！这是我的军装照》《我为祖国升国旗》等H5作品借助人民日报客户端、微信公众号和中央厨房等用户基数巨大的渠道进行传播；另一方面，在产品设计上，两款H5产品都充分考虑用户参与互动，通过满足用户对外展示的愿望，刺激用户进行转发和分享，从而形成裂变式传播，提高了传播的到达率和实效性，最终使得这两款H5迅速刷屏朋友圈。"倪光辉告诉我们。

讲政治，娱乐背后是专业

"实际上，我们要做的是一种形式的国防教育。天安门、国旗、护卫队都是国家概念、国家形象的代表，必须引起足够的重视，不能出现一丁点差错。好玩、体验好的背后是严谨的态度和专业化的保障！"倪光辉告诉我们，为了确保政治安全和导向正确，人民日报中央厨房"金台点兵"工作室在策划《快看呐！这是我的军装照》时，联系到国防大学专门研究军服的专家张磊教授，为技术人员讲解了军服发展的不同阶段，并提供了大量老照片。同样，在《我为祖国升国旗》策划初期，人民日报中央厨房"金台点兵"工作室就与武警政治工作部密切沟通协调，确保政治安全积极导向。

2016年11月7日，习近平总书记在会见中国记协第九届理事会全体代表和中国新闻奖、长江韬奋奖获奖者时，勉励广大新闻工作者坚持正确政治方向，做政治坚定的新闻工作者；坚持正确舆论导向，做引领时代的新闻工作者。

"主流媒体要在坚持'政治家办报'的前提下，开展各种新闻活动。同时，要在新闻舆论工作的各个方面、各个环节坚持正确舆论导向，要用严肃且活泼的传播方式将正能量传递给公众。"倪光辉表示。

负责任，高效传递主流价值观

"主流媒体在改革新闻生产体制机制，再造采编发行流程，加速推进深度融合的过程中，也要顶天立地，承担社会责任。这是主流媒体社会价值的突出体现，也是推进融合发展的目的所在。"倪光辉如是说。

人民日报社原社长杨振武曾表示，社会公众对主流媒体如何担当社会发展的"推进器"、社会的"黏合剂"和道德"风向标"作用充满期待。无论媒体融合怎样推进，弘扬主旋律、传播正能量的作用都不能削弱；无论媒体形态如何变化，不断巩固和壮大主流思想舆论的责任都不能忘记。主流媒体要始终牢记使命，始终保持定力，承担起应当承担的政治责任和社会责任。

"两款产品都主题宏大，体现了中国梦、强军梦的召唤，起到了凝聚社会共识、弘扬核心价值的作用。无论是'军装照'还是'升国旗'，我们都希望为公众提供表达自己爱国拥军情感的平台。"倪光辉向我们表示。

（原载于微信公众号"传媒茶话会"，作者：刘娟）

爆款宝典之短视频

视频表达、时长三五分钟……近年来，一种互联网内容传播方式——短视频，扑面而来。

2014年被称为"中国移动短视频元年"，随着4G普及、网速提速、资费下调等一系列政策的发布实施，网络基础设施建设逐渐完善，移动视频用户市场趋于成熟；2016年初，papi酱的爆红推动了短视频的井喷式发展，抖音、梨视频、快手等均飞速发展，短视频成为内容创业、资本投资、内容付费的风口。2017年，在移动互联网用户整体增长乏力的大趋势中，短视频用户实现逆势增长，发展势如破竹。

5G技术研发的推进和商用步伐的加快，对短视频行业发展来说是一个风口。在5G技术的推动下，短视频行业快速发展，使短视频平台成为主流新兴媒体平台，短视频领域成为众多媒体角逐的战场。

借助人工智能、大数据等技术，短视频平台可以为用户提供精准内容推送服务，为用户带来良好的阅读体验。随着5G时代的到来，内容逻辑从传统的用户生产逐渐过渡到专业生产，短视频的内容质量越来越重要。短视频平台在制定提高内容质量的战略时，应将"人情味的表达""弘扬正能量"放在首位，正能量、高质量的短视频内容应该是短视频平台下一步发展的重点。

理论微课堂

一、什么是短视频

(一) 概念

短视频，即短片视频，是一种互联网内容传播方式，一般是指在互联网新媒体上传播的时长在5分钟以内的视频内容。随着移动终端普及和网络提速，短平快的大流量传播内容逐渐获得各大平台、粉丝和资本的青睐。随着移动互联网普及率大大提高，移动智能终端的发展和广泛使用，短视频既满足了用户的表达需要，又符合碎片化的时间要求，成为消费者更加偏好的传播形式。

从短视频本身来看，短视频行业的成功得益于：高质量的源源不断的内容输出；筛选通过算法或人工推荐生成；表现形式多样化，消费门槛低，变现机会大，是优质的广告载体；等等。

(二) 传播特征

1.碎片化：长度短小，自由拼接，内容生成相对容易，符合"碎片化"的阅读习惯。

2.实时化：即时拍摄，即时分享，成为新的社交语言形态。

3.互动化：短视频逐渐成为人与人传递信息的一种载体，其功能类似于图片在传播中起到的作用，并且更加具有画面感，也更加真实可信。用户通过参与短视频话题，突破了时间、空间、人群的限制，让参与线上活动变得简单有趣，使用户更易收获参与感。

4.个性化：技术简化，形式多样，更加丰富的个性化影像表达。

5.工具化：逐渐成为新闻传播、品牌推广、用户学习的新途径。

综合来看，短视频节目短、精、小，一般制作简易便捷，意在满足人们对时效资讯、时评等快速分享的需要，注重信息发布的及时性和网民评论的互动性。

（三）兴起原因

1.媒体和受众之间的信息不对称促成短视频的迅速发展

由于手机等移动端的发展和时间的碎片化，人们更倾向于选择短小、吸引人的信息来阅读，而忽略那些较长的文字，导致在新闻资讯等市场上剩下迎合受众阅读习惯的短小图文。为了让信息的到达率更高，需要把信息中重点、精华的部分剪辑成短视频，短视频应运而生。

信息不对称理论由美国经济学家约瑟夫·斯蒂格利茨、乔治·阿克尔洛夫和迈克尔·斯彭斯共同提出。该理论认为，在市场经济活动中，供需双方对信息的了解是有差异的，这种现象普遍存在于市场经济活动中。在新闻传播过程中也普遍存在，无论是在信息的正向传播过程还是媒体接受反馈信息的过程，都存在着信息不对称现象。

2.短视频丰富的表意空间给受众提供更优质的用户体验

短视频在形式上采用生动、高效的表达方式，通过剪辑、加特效的方式丰富表达的内容，通过对声音加速使得在短时间内可以传达更大的信息量，这种在短时间内对人的视觉和听觉的同时调动，在某种程度上弥补了文字和图片表意的单一性，因此其丰富的表意空间给受众提供了更优质的用户体验。

3.短视频制作成本低使得用户广泛

除了由专业新闻客户端制作的短视频，由个人制作的短视频也越来越受到欢迎。移动短视频降低了技术门槛，激发了个性创造，使得以视频为载体的社交传播成为可能。由个人制作的短视频制作成本低，不需要丰富的专业知识，也不需要专业设备，只需要在手机里记录自己觉得有趣的东西；同时制作的内容简单，更趋向于个性化的表达。

二、运用场景

（一）短视频的应用领域

1. 突发事件及时报道

网民或职业媒体人利用短视频的制作、发布和传播优势，可以在第一时间快速完成对新闻事件的采写加工及发布传播，提高了新闻生产的效率，也丰富了新闻产品的内容。

2. 耗时减压型娱乐

短视频是信息传播进入视频时代后最受欢迎的娱乐方式之一，它通过故事性、趣味性、冲突性的浓缩呈现，为受众利用碎片化时间进行休闲娱乐提供了便利，尽管此类短视频较为消耗用户的时间。

3. 形象宣传及广告片

短视频叙事紧凑，利用社交媒体的覆盖面和传播速度优势可以在较短时间内取得意想不到的效果，故在国家形象、城市形象、产品广告、品牌宣传等方面具有独特的优势。

4. 重大素材的次加工

不少主流媒体也将自身的新闻节目剪辑成独立的小视频，借助社交媒体进行传播，这可看作主流媒体借助自身优势、社交媒体传播优势和短视频形态优势进行的二次生产，有助于扩散特定新闻议题的传播力、影响力、引导力。

（二）严肃新闻报道中的短视频

在较为严肃的新闻话题或新闻事件中，短视频成为传统媒体和主流媒体自身主力传播平台之外的又一重要阵地。短视频采用见微知著、以小见大的方式就某一事件话题的具体视角呈现，通过场景再现、个体叙事、碎片整合、故事讲解等多样化的方式，将新闻本身的严肃性、短视频形式的活泼性和传播方式的便捷性高度整合。

形式特点：以PGC（专业生产内容）为主要报道者，将声音、图像、视频、文字的优点整合于一体，具有主题鲜明、叙事紧凑、内容突出、易于传播、互动性强的特点，能够满足不同场景下的受众信息获取需求。

传播效果：有助于拓展主流话语的传播空间，构筑基于新媒体的主流话语传播矩阵，丰富主流话语的传播形式，进而增强新闻报道主题的传播力、引导力、影响力和公信力。

（三）热点新闻事件中的短视频

应用举例：在一些突发性、争议性的社会热点新闻事件中，短视频是一种常见的由网民自发分享、传播的信息形态。例如，红黄蓝幼儿园"虐童"事件、高铁"霸座""扒门"事件等，都有大量的短视频借助自媒体平台进行传播。

作用机制：热点新闻事件中网民成为自发的信息传播主体，短视频以内容的冲突性、矛盾性激发用户的猎奇心理并激发其主动分享的欲望，使短视频借助人际网络和社交关系实现"病毒式"传播。

形式特点：除短视频的内容、形式和传播特点之外，网民自发的传播、视频内容的冲突性、"视频+字幕"的组合方式、信息原始来源的模糊性等是最为典型的特点，能够满足用户的猎奇心理和围观心态。

传播效果：传播速度极快，在较短时间内迅速覆盖整个互联网空间；因信息来源一般较为模糊且考证出处较有难度，故经常有大量的移花接木、张冠李戴式的网络谣言。

舆情管理：突发事件中的短视频传播往往很难管控，尤其是伴随性谣言不易按照信息扩散的路径进行管控，一旦被不法分子利用就有可能给社会舆论环境带来严峻威胁，如渲染恐慌、放大冲突、散布谣言等。

三、传播作用

(一) 积极

从2016年起,新华社运用短视频直播对新闻现场进行在线采集、在线生产和在线播发。除新华社之外,人民日报社、中央广播电视总台、中国青年报社、新京报社等一大批传统媒体正将这种机制常态化,并运用到各类重大主题、突发事件的报道中,强化了新闻生产的内容建设和产品创新,推动新闻生产链条的重构。

1.新闻短视频的叙事特性

首先,叙事形式方面,突破了"解说+图像"的形式,为了适应互联网的传播习惯,新闻报道精选有代表性的画面配以同期声、字幕,在有限的时间内将主要内容表达清楚、呈现出来,使用明快的节奏和简洁的叙述,通过创造轻松的氛围,满足受众资讯获取的直观体验。

其次,叙事模式方面,对文字稿或画面剪辑的专业要求相对宽松,叙事结构和逻辑框架多元且丰富,很多时候甚至省略了镜头剪辑,只用一个镜头、一个景别来表现一个片段、一个场景、一次观察。

再次,叙事主体方面,PGC(专业生产内容)与UGC(用户原创内容)在新闻短视频上同时呈现,使内容生产的中心主体和边缘相互流动,内容生产权力在流动中相互漂移,一个叫好的新闻短视频有时可能出自一个非媒体人之手。

最后,叙事结构方面,出现了大量"召唤式结构"的新闻短视频。"召唤式结构"是指通过设置"空白点""未定点"来召唤受众,激发受众的观看期待、观赏体验,在确定、填补"空白点"的同时,催生受众的好奇心和想象力,诱引受众对节目内容产生关切与兴趣。这种由媒体和受众共同完成的、平等的对话场景,是对以往新闻传播仪式感的扬弃,是由单向传播走向双向传播或多向传播的转变。

2.新闻短视频对媒介体验的改造

"价值、趣味、感动"作为社交媒体分享新闻的三要素,影响着新闻短视频的内容建设。

（1）"在世存有"的价值追求。由于社交媒体上内容生产者与消费者身份处于转化、漂移状态中，新闻产品的传递是在虚实的场景中通过连续调动实现的，使得新闻短视频的生产范式更强调在社会交往的动态关系中推送重点、赢取关注。特别是在各类公共事件的报道中，新闻短视频的转发推荐，有助于在短时间内收获注意力，放大其中的隐含价值点。

（2）"用户画像"的趣味强调。2020年整个短视频行业的DAU（日活跃用户数）将达到10亿。庞大的用户群吸引大量平台玩家携巨额资本纷至踏入，将新闻短视频的内容制作、再生产分配推向又一个高度。因此，无论是严肃宏大的主题报道还是理念阐释类报道，新闻短视频都是通过建立情感认同和价值层面的磨合，在坚持普惠与真实的同时，增强趣味性。

（3）"智能推送"的意义表达。新闻短视频的表现形式主要有两种：一种是只展示新闻现场的某一片段；另一种则将长视频拆条，即将一条新闻视频分为若干条视频依次播出，使得每一条视频具有独立的意义，并且没有脱离完整的背景。无论哪种形式，新闻短视频都需要通过平台的智能分发匹配到精准的目标用户，以轻量化的长度重构审美感受和审美习惯，以平等的消费情景推动新闻叙事方式的改革和垂直内容的聚合。

3.新闻短视频的情感诉诸方式

从某种意义上说，情感诉诸决定着新闻短视频内容分享的广度、传播的长度和影响的高度。

（1）主体性的碎片情感呈现。对于新闻短视频来说，关注社会普通人，将普通人的情感体验、生活经历融入宏大的社会背景和历史进程中，用同情、愤怒、惋惜、悲情的形式表现不同个体斑斓的生活画面，记录不同个体在历史洪流中的生活侧面，可以呼应舆论热点、重大事件，以共鸣的方式获取流量。

（2）客体性的共情情感体验。新闻短视频的叙事范式要求在新媒体的环境下，用互联网思维打造具有"网感"的内容。所谓"网感"，即通过某些事情，快速地察觉出端倪，从而有针对性地跟进与挖掘。这需要始终保持对社会热点话题的敏感，抓取社会关注点，通过设置议程引导话题流向，实现宣传服务与社会服务的结合。

（3）专业性的公共情感界定。由于新闻短视频的信息量高度浓缩，可以用很短的时间反映一个新闻事件，因此需要对新闻价值进行提炼，去掉价值相对较低的内容，通过创意化的报道实现流量裂变，保证情感诉求与客观公正报道的平衡。

（4）生活性的场景情感交往。新闻短视频的社交属性要求其内容生产必须放置于生活化的场景空间内完成。这种场景空间的表达逻辑与传播范式是在开放、移动、多屏的组织与呈现方式中实现叙事价值的。

4.新闻短视频重构媒介拟态环境

短视频的生产链条相对窄小，不仅兼具自媒体的属性，即采、编、播可以由一人完成，而且兼备社交媒体的特质，这种内容生产与传播的独特性，反映到新闻短视频中则具体表现为意义的再构，这种再构对拟态环境的影响是多元的。

首先，新闻短视频依托大数据，运用算法和人工智能分析个体的信息选择从而进行信息推送，利用内容优势参与人际社交，开展高效的社交互动并拓展出新的社交模式，已成为围绕受众关系图谱或兴趣图谱的新闻短视频的拟态环境形态。

其次，新闻短视频的社交结构是一种介于开放与封闭之间的液态的社交结构，既不同于微博的开放式传播结构，也不同于微信的封闭式传播结构，在持续不断、全程延续的信息输出过程中，生产的信息有时需要经过熟人分享才能被最终用户获取。

再次，主动选择让位于技术选择，主动接触让位于选择推荐。由于新闻短视频的选择、过滤、加工主要基于受众的收看习惯，内容的发布主要依赖于受众对信息碎片的有机整合，受众是依据算法推荐而形成的相同或相似的虚拟社群，因此新闻短视频构建的拟态环境赋予技术和数字手段更多的实质性权力。

最后，新闻短视频构建的拟态环境的体验是一种浸入式的体验，其互动性、真实性和及时性，以及催生的粉丝经济和流量高度细分，不仅改进了个体的新闻关注度，而且改变了新闻的消费需求。这种不是根据内容质量，而是依据个体选择性注意的信息排序机制，不仅会造成新闻与事件的真实性脱节，而且会使内容容易受操纵、被控制，产生"信息茧房"效应。

（二）消极

1.浅表性阅读与深刻性思考之间的矛盾

在当下由短视频构建的视频生态中，以用户创造的散点式、碎片化内容为主，视频内容中充斥着生命个体的生活经验、表达视角与个性体验，具有可供"围观"的性质，能够实现人们的"陌生化"需求与"贴近性"需求的完美融合。但这类内容大多是浅表性接受，缺乏深刻性思考。然而，当今大众的审美层次和诉求绝非停留在浅表性的内容需求上。因此，越是浅表内容泛滥的时代，电视等主流媒体传播的专业化、系统化内容就越有需求空间。在由短视频构筑的传播时代，坚守深刻性内容供给的电视媒体反而具有更强大的生命力。

2.思维与审美在猎奇一笑中退化

短视频占据着用户的大量时间，但在猎奇与浅表内容的传递中，用户难免有生命在无限次的上滑中消失殆尽之感。随着短视频审核成本的无限度提升，其价值安全也在经受着市场的考验。没有高品质内容保驾护航，短视频无法形成规模效应，在优胜劣汰的市场选择中，抗风险能力显然远远弱于靠专业优质内容立足的电视媒体。

以短见长、以小博大是短视频可以期许的未来，然而流量不是恒久的能量，要想让短视频以一厘米的宽度挖掘一千米的深度，除了赋能艺术魅力、人文内涵，还要激发短视频作品释放出强大的社会价值。

随着5G时代的到来，内容逻辑从传统的用户生产逐渐过渡到专业生产，短视频的内容质量越来越重要。短视频平台在制定提高内容质量的战略时，应将"人情味的表达""弘扬正能量"放在首位，正能量、高质量的短视频内容应该是短视频平台下一步发展的重点。

第 3 计
情境实验

谁是站到最后的人？勇敢测试润物无声

从"敢一个人走夜路？""在公共场所看到小偷，敢上前制止？"到"身上有职业带来的伤疤？""你从未质疑过自己的信仰，你对自己所从事的事业从不后悔。"……2018年1月29日，人民日报"金台点兵"工作室发布一条自制公益短视频《谁是站到最后的人》。视频以一组勇气测试游戏切入，问题循序渐进、难度由浅入深，探究勇气的含义的同时凸显了军人职业的特殊性，结尾以"让军人依法优先，就像战场上他们优先一样"点出主旨，内容触动人心。视频发布以来，在社会上持续引起强烈反响。

该视频针对高铁让座风波，把法律赋予军人的优先权益与广大群众喜闻乐见的形式结合，通过实验测试的方式，以小见大、由浅入深，探究勇气的含义，避开"说教式"传播，起到很好的国防教育作用。不到一周，视频全网播放量超过1亿次。该短视频获评2018年度"全国百项网络正能量动漫音视频"优秀作品。

2019年1月25日，中央政治局第十二次集体学习时播放了该视频。习近平总书记还与"金台点兵"工作室人员亲切交谈，习近平总书记肯定并鼓励了这部短片的融合创新方式，并希望工作室多出这样的优秀融媒体产品。

爆款32计
——现象级融媒传播案例背后的巧思

爆款小档案

《谁是站到最后的人》

发布时间：2018年1月29日15时，作品时长：2分35秒

发布账号：人民日报法人微博、人民日报客户端、人民网微博、微信，全国党媒公共平台

所获荣誉：该短视频作为融合创新的样本，获评2018年度"全国百项网络正能量动漫音视频"优秀作品。

社会效果：推出后引起强烈社会反响，有效回应并平息了"高铁让座"舆情风波，在网上引发尊崇军人的讨论。截至2018年2月4日，视频全网播放量超过1亿次，被人民日报、人民网、中央电视台、国防部网站、中国军网、央广、中国日报、地方卫视等上百家媒体机构在网站、官微、客户端等渠道转发，腾讯、新浪、搜狐、网易、今日头条等平台在显著位置推送，受到广泛好评，成为现象级传播作品。

视频文案

什么是勇敢？
四十九个被测试者

谁会是站到最后的人
（现场音：如果你认为你不能做到，就移步到两边的长方形区域中）
（现场音：你敢一个人走夜路吗）
（现场音：如果在公共场所看到小偷，你会上前制止吗）
勇敢是有胆量突破极限
勇敢是有正气挺身而出
但勇敢不只关乎胆量
奉献和牺牲也是另一种注解
（现场音：你曾因工作错过和家人团聚的时刻）
（现场音：你身上有职业带来的伤疤吗）
为了信仰，牺牲时间、亲情甚至生命
这，就是勇敢的全部含义了吗
都道不畏生死是勇敢
可人们常常忽视了勇敢背后的动机
（现场音：你从未质疑过自己的信仰）
（现场音：你对自己所从事的事业从不后悔）
（现场音：请大家猜一猜场上剩下的这五位都是谁）
对很多人来说
勇敢就是有勇气，敢担当
但对有些人来说
勇敢只是生命的底色
不需要你认识
也不渴望你知道
却把保卫你作为勇敢的全部理由
他们奉献在先
他们依法优先
标语：
让军人依法优先
就像战场上他们优先一样

现场提问：

你不害怕一个人走夜路
你敢一个人看恐怖电影
你愿意来一次蹦极体验
如果在公共场所看到小偷，你会上前制止

如果看到有人落水，你会第一时间跳下去营救

你曾因为工作错过和家人做最后告别的时刻

你身上有职业带来的伤疤

你不害怕战争的到来

你从未质疑过自己的信仰

你对自己所从事的事业从不后悔

你愿意为了热爱的事业一直奉献自己

爆款炼成记

亲历者说

现象级公益片是如何诞生的
——勇敢测试，你参与了吗？

军人优先一直备受舆论关注，党的十九大报告指出，让军人成为全社会尊崇的职业。如何引导公众理解和尊崇军人？

2018年1月23日，有网民爆出高铁上一批军校学员将购票的座位让给没有买到坐票的乘客，引发了网民关于"军人该不该让座""军人该不该优先"等话题的讨论。军人依法优先是法律赋予军人的优先权益，但是如何把深奥的法律条文与广大群众喜闻乐见的新媒体形式结合起来是个难点。于是，我们选择用实验测试的形式讲述军人依法优先这样一个宏大主题。

呼吁军人优先，大部分普通人的认同点是军人的奉献优先和牺牲优先。因此，在宣传片制作上，我们重点突出军人身上的牺牲精神，找到军人与普通人的具象的差别——勇敢。我们邀请不同身份的人在同一空间内，通过回答问题的方式展现军人和其他群体的不同。问题设计主要与一个人的勇气、牺牲精神相关，随着问题困难程度的加深，最终剩下的只有军人，以此展现军人身上的牺牲精神。

视频从"你敢一个人走夜路吗"切入，从"在公共场所看到小偷，你会上前制止吗"到"你从未质疑过自己的信仰""你对自己所从事的事业从不后悔"，问题循序渐进、难度由浅入深，随着问题的不断深入，引导观众主动思考。视频在探究勇气的含义的同时凸显了军人职业的特殊性。在高铁让座事件舆论高涨之际，我们推出《谁是站到最后的人》，从侧面回应了这个舆论热点——让军人依法优先，就像在战场上他们优先一样。视频播出后引起强烈反响，播放量超过1亿次，获得网民广泛好评，该视频成为现象级涉军传播作品和公益片。有多位网民评论："这才是真正的征兵宣传片。"

一般来讲，一个视频的创意经常包括这些方面：角度和立意创新、表达方式创新、画面呈现创新。《谁是站到最后的人》这部短片，重点是角度立意和表达方式上的创新。角度立意方面，从关键词"勇敢"切入，以问题思维挖掘勇敢背后的动机；表达方式方面，用实验测试的方式进行拍摄，拍摄对象直到最后一刻才知晓整体用意，充满未知与挑战。

（一）创意是怎么来的？

这部短片的创作背景，源自"军人依法优先"。短片邀请不同身份的人在同一个空间内，通过回答问题的方式展现军人和其他群体的相同与不同。视频以小见大，以探究勇气的含义作为视频的主题，避开了"说教式回应"可能引起的网民的不适感，通过循循善诱的情绪引导增进网民对于军人身份的理解和尊崇。

应该说这是一个命题作文，即围绕"军人依法优先"制作短视频。对于短视频创作来讲，"军人优先"是一个宏大且严肃的主题，要在这种主题上想创意不是件容易的事。

我们一直在问自己——军人优先，优先的是什么？

反复思考的过程，其实是我们理清思路的过程。记得头脑风暴的时候，我们让每个人都发言，说说自己对军人的理解和了解。一位小伙伴特别动情地说："实际上，军人优先是有其优先的客观原因的，一般情况下军人不得外出，凡是军人请假外出必事出有因，外出也有时间限制。探亲休假一两年才回家一次，谁不想早一分钟回家看爹娘、陪妻儿？军人不论是买票还是办理手续都比其他人更需要时间，'军人优先'窗口经常被人围满，军人'优先一步'，不是'素质差'、摆'特权'，而是行使自己的合法权益。"

也有小伙伴说："看了很多网络上对军人的误解，觉得特别气愤。很多人自己做不到的，也不相信别人能做到，对于无私献身、英勇牺牲的英雄，他们用市侩、粗鄙的眼光去质疑，用戏谑、恶搞的方式去解构，用个人的庸常经验、精致的利己主义去嘲讽。理解得不够深，是因为了解得不够多。军人的牺牲与奉献，是彻底而不讲条件的，当国家和人民需要的时候，他们在最危险的时刻、最危险的地方搏命。从这个意义上说，人们日常晒出的'获得感'和'小确幸'，都有赖于这样一群'不理智'的人事事优先。凭什么日常生活中他们不能优先！"

就是在这样反复讨论的几天里，我们确定整个片子就传达一个观点，那就是"让军人依法优先，不是他们有特权，而是牺牲奉献他们一直在优先"。最终这个观点被提炼为一句话，也就是成片最后的标语——让军人依法优先，就像战场上他们优先一样。

（二）为什么用实验方式呈现？

确定了主题之后，我们开始思考：这样一个观点应该用什么样的方式去传达和表现？军事主题的宣传视频不能只展现重型武器和铁汉柔情，应该避开"说教式回应"可能引起的网民的不适感，应该通过循循善诱的情绪引导激起网民对于军人身份的理解和尊崇。所以我们想选一个更巧妙的切入点，让大家看到最后有一种恍然大悟的感觉。

那么这个巧妙的切入点应该是什么，我们要诠释什么？有几个关键词进入了我们的视野：牺牲、奉献、勇敢、信仰、责任、选择、无畏等。

思虑再三，我们认为"让军人依法优先"不只是说给军人听的，更是说给大众的，讲军人牺牲奉献的内容有很多，这次应该用一个大家身上都有但军人身上更突出的特质去体现相同与不同。最终，我们选取"勇敢"作为关键词。

什么是勇敢？一个人走夜路是勇敢，在公共场所看到小偷上前制止也是勇敢。对很多人来说，勇敢就是有勇气、敢担当；但对军人来说，勇敢只是生命的底色，不需要你认识，也不渴望你知道，却把保卫你作为勇敢的全部理由。从简单的勇敢开始，通过层层挖掘，由浅入深、由表及里，探讨军人的"勇敢"有更重、更深的含义。

用什么样的拍摄方式去呈现这样一种"勇敢"呢，怎么样才能让大家看到最后且发出"原来是这样啊"的感叹呢？思考了很多种形式后，我们认为通过实验测试的形式，或许能够达到预期效果。

我们的设想是邀请49位不同身份的人在同一空间内，其中混入5位军人，通过回答12个问题，淘汰44位被测试者，问题设计主要与一个人的勇气、牺牲精神相关，力求随着困难程度的加深，展现军人身上纯粹的牺牲精神。最后，我们让这5位军人换上军装，一起上场向大家敬礼。

（三）49位被测试者和文案推敲

至此，我们想清楚应该表达什么以及怎样表达了，接下来要考虑的问题有几个：

一是人员方面。发出招募信息，除了报名的人，我们还动员身边的同事、朋友参与拍摄。我们的目标群体有军人、军属、医生、教师、普通白领、学生、程序员、设计师、自由职业者等。设计的开场是所有人站在舞台中央，主持人每问一个问题，不符合相关表述的人出列。最终找到的49位拍摄对象，分布在30多个不同行业，让人喜出望外。

二是场地问题。找一个能在地上画49个格子且容得下摇臂和十几位工作人员的场地着实不易，最终我们租了一个剧场用来拍摄。

三是拍摄事宜。按照设想，这些被测试者只知道自己要参与一个实验，但是不知道具体要干什么，而且我们希望最终场上剩下的5位都是军人，万一出现其他状况，最终剩下的不是5位军人怎么办？结果还是圆满的。历经实验，最终场上剩下的就是5位军人。当他们换上军装，迈着整齐的步伐走到舞台中央向大家敬礼的时候，大家终于明白了，现场响起了雷鸣般的掌声，持续了好几分钟。能感受得到，这是发自内心的、毫无预设的感动。那一刻，我们明白，这个视频成功了。

发布之时，视频标题叫《谁是站到最后的人》，一语双关，是"站"也是"战"，一方面指视频里谁是站到最后的人；另一方面，无论是灭火、抗洪、抗雪、抗震等抢险救灾，还是站岗放哨、戍守边疆等牺牲奉献，他们都豁出性命，勇于优先，都是站（战）到最后的人。

视频推出后，引起强烈的舆论反响。有网民评论道："这则短视频成功抓住了战场上军人优先的情感点。此前，网络对于军人优先话题的讨论往往从军人与民众两个立场的利益博弈角度出发，忽视了对军人职业特殊性的情感认同。这则短视频则直指军人在战场上优先、在守土卫疆中优先、在奉献中优先的职业特性，抓住了网民的情感痛点，引导网民从情感上主动接受军人依法优先，大大提高了舆论的共识度。"

（作者：人民日报媒体技术公司数据新闻与可视化实验室）

深度解析

从热点看门道
——《谁是站到最后的人》的传播舆情分析和传播启示

在波谲云诡的网络舆论生态下，只有抓住受众痛点、把准事态脉搏、运用网络技巧，舆论引导才能直抵受众，取得效果。认真研究分析新媒体时代网络舆情规律，探索相应引导策略与引导技巧，可以为我军打赢舆论宣传攻坚战提供参考和依据。

1月29日，人民日报中央厨房"金台点兵"工作室和"学习大国"工作室联合发布一条自制公益短视频《谁是站到最后的人》。视频以一组勇气测试游戏切入，结尾以"让军人依法优先，就像战场上他们优先一样"点出主旨，内容触动人心。

视频发出以来，在舆论方面引起强烈反响。数据显示，该视频相关舆情传播量达5021篇，其中新闻媒体转载334篇，论坛博客63篇，微博702条（其中热门微博"转评赞"互动超20万人次），微信公众号文章4754篇，各类新闻客户端消息168篇。事件走势及渠道分布如图1、图2所示。

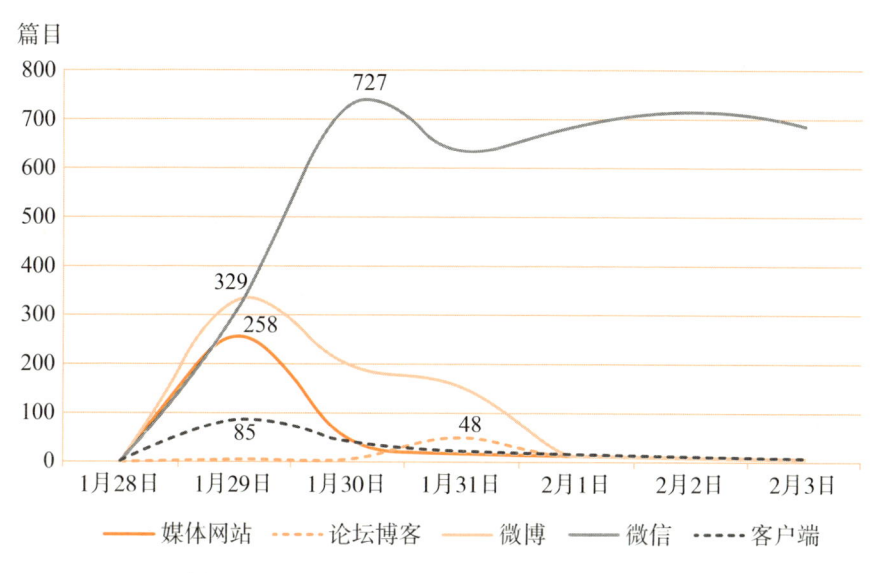

图1　各渠道视频传播量走势图（标注数据为各渠道当日峰值传播量）

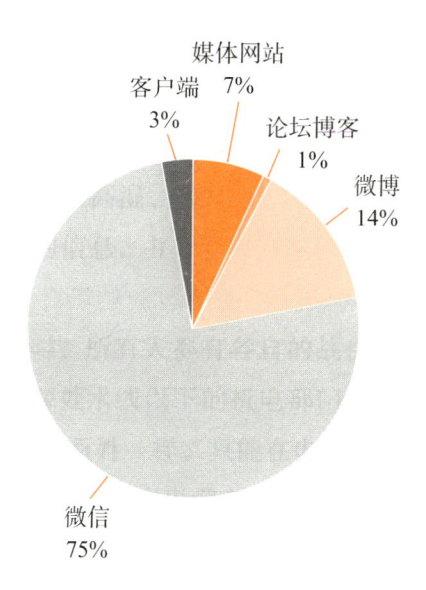

图2　各渠道视频传播量占比

截至当前，视频全网播放量接近1亿次，被人民日报、人民网、中央电视台、国防部网站、中国军网、中央人民广播电台、中国日报等百余家媒体机构在网站、官微、客户端等新媒体渠道踊跃转发，获得网民广泛好评，成为人民日报中央厨房"金台点兵"工作室制作的继"军装照"系列作品后，又一款现象级涉军传播作品。

舆论引导需从策略与技巧上转变思路、提升战法

"金台点兵"工作室负责人倪光辉认为，震撼人心的"军人优先"视频引发舆论强烈认同，是我军转变舆论引导策略、提升引导方法的有力见证。近年来，随着互联网空间的不断延伸，舆论生态的网络化越发明显，尤其是微博、微信、资讯APP的普及，使舆论传播越发呈现"圈层化"现象，只有将好的作品立意与互联网传播特点结合起来，找到大众的"痛点""趣点"，才能引发舆论的共鸣。

在当前网络舆论环境下，如何优化舆论引导策略、提升引导手段，这则"军人依法优先"的短视频给我们一定的启发。

舆论引导策略上遵守传播规律，抓住舆论痛点，并借助KOL（关键意见领袖）进行覆盖式传播

一是紧跟热点，侧面回应。 根据经验，现象级传播事件绝非横空出世，而是契合了此前舆论背景的铺垫。人民日报中央厨房发布的短视频即切中了"军校学员列车让座"这一热点事件。1月23日，有网民爆出高铁上一批军校学员将购票的座位让给没有买到坐票的乘客，从而引发了网民对于"军人该不该让座""军人该不该优先"等话题的讨论。

舆论高涨之际，人民日报中央厨房以这样一则充满感情的短视频从侧面做了回答："让军人依法优先，就像战场上他们优先一样。"不仅避开了"说教式回应"可能引起的网民的不适感，还通过循循善诱的情绪引导激发网民对于军人身份的理解和尊崇，让"军人依法优先"成为无须辩驳、合情合理的社会常识，大幅提升了舆论引导的效果。

二是抓住受众情感点，提高舆论共识度。 "军人依法优先"的短视频

抓住了"战场上军人优先"的情感点。此前，网络对于"军人优先"话题的讨论往往从军人与民众两个立场的利益博弈角度出发，忽视了对军人职业特殊性的情感认同。这则短视频则直指军人在战场上优先、在守土卫疆中优先、在奉献中优先的职业特性，抓住了网民情感痛点，引导网民从情感上主动接受"军人依法优先"，大大提高了舆论的共识度。

三是借助KOL，通过二级传播、口碑传播延展广度。根据拉扎斯菲尔德"二级传播"理论，受众往往不是从信息源头直接接收信息，而是从各自群体的意见领袖中接收信息。在互联网时代，流量巨大的微博、微信、客户端等资讯平台以及粉丝量庞大的自媒体人，扮演着意见领袖的角色。从图2中传播量的渠道分布可以看出，微博、微信成为《谁是站到最后的人》传播链中的主阵地，这则短视频之所以能成为现象级传播事件，除了优质的内容，自然也离不开这些平台的粉丝群的支持。

短视频由人民电视发布后，人民日报、人民网、环球时报等媒体机构的官方微博、微信均予以转载，其中微博渠道上，"@人民日报"播放量3058万次，"@央视新闻秒拍"播放量306万次；微信渠道上，人民日报、人民网、环球时报、观察者网等官方微信阅读量均在"10万+"。这些关键平台的流量加持，保证了内容能够传递到网民当中，网民自发参与建立起的"口碑传播"实现信息的进一步扩散。

舆论引导技巧上以受众为中心，创新表达方式及形式，追求与受众的共情、共鸣

一是涉军宣传呈现形式要富有新意、贴合网民兴趣。在互联网时代，短视频、手绘漫画、H5动画等新形式更受网民欢迎，理应成为我军舆论引导的重要手段。除此以外，在如今信息高速更替的环境下，舆论引导更需"抓住受众眼球"。纵观以往我军的宣传视频，大多数内容都是镜头片段的堆砌与拼接，"宣传片"痕迹明显，故事性、趣味性不足。

《谁是站到最后的人》以测试游戏这类深受年轻网民群体喜爱的形式作为切入点，视频开场即抓住观众的眼球，随着游戏的不断深入，引导观众主动思考，视频仅在末尾处以"让军人依法优先，就像战场上他们优先一样"作点睛之笔，在观众情绪高涨之时点出宣传主题，从而达到了最佳的传播效果。

二是表达主题可弱化身份，强调共性。长期以来，"军人优先"备受舆论关注，但由于少数群众国防意识淡化，缺乏"军人依法优先"观念，舆论表达较为偏激，某种程度上造成了军人"搞特权"的舆论观感。另外，军迷群体仍属小众，大部分网民对军事主题的宣传视频不感兴趣。基于此，中央厨房巧妙弱化军人身份，以探究勇气的含义作为视频的主题，从共性出发吸引观众，最后才亮出军人的特殊性，消解了个体偏见与刻板印象带来的先入为主的影响。

"金台点兵"工作室负责人倪光辉认为，涉军舆论引导是我军政治工作的一项重要任务，是塑造与维护军队舆论形象的重要手段。社会思潮多元碰撞，互联网新技术新媒介日新月异，涉军网络新闻舆论工作唯有创新话语表达和传播方式，方能增强权威话语的传播力、影响力，做到"因势而谋、应势而动、顺势而为"，营造出良好的网络舆论环境。

"传媒茶话会"点评：

《谁是站到最后的人》成为点击量近亿次的爆款产品，火爆得有那么点意外，却全在情理之中。

一个东西火了总有火的理由，正文中的分析已较为全面和充分。人民日报中央厨房自制的这个公益短视频成为爆款产品，对传统媒体做好互联网传播的借鉴意义还在于以下三方面：

首先，良好的选题判断能力，有助于爆款产品的产生。在网民热议"军人该不该让座""军人该不该优先"等话题期间，蹭热点制作充满正能量的短视频，正面回应网民关切，及时介入舆论引导，体现出了出色的编辑策划意图。

其次，真正的受众思维，有益于爆款产品的制作。短视频用49人测试勇气开篇，场景化故事化的情景演绎，形式奇巧，不说教、少做作，易为受众所接受。加之文本表达简洁走心，如"不需要你认识，也不渴望你知道，却把保卫你作为勇敢的全部理由！"等，引发受众强烈的情感共鸣，水到渠成。

最后，理解并拥抱新媒体内容分发渠道，有利于传播的广泛到达。传统媒体需要充分意识到，今天再好的内容如果不能及时送达受众，传播效果也会打折扣。新媒体资讯平台不是洪水猛兽，而是传统媒体需要真正理解，认真考量，并加以合理利用的对象。

（原载于微信公众号"传媒茶话会""金台新声"2018年2月9日，作者：人民网舆情数据中心分析师 邓睿）

延伸阅读

说说这个短视频背后的故事

1月25日，北京阳光明媚，晴空万里。上午，在习近平带领下，中共中央政治局同志来到人民日报社举行第十二次集体学习。报道是这样说的："这次中央政治局集体学习把'课堂'设在了媒体融合发展的第一线，采取调研、讲解、讨论相结合的形式进行。"

金台小兵帮各位朋友划重点：这是2019年中央政治局的第一次集体学习，也是党的十九大以来中央政治局集体学习第一次把"课堂"设在现场。

党的十八大以来，习近平总书记多次谈到媒体融合、指导媒体融合。在这次集体学习中，习近平总书记提出"推动媒体融合向纵深发展"。

金台小兵的"东家"就是人民日报政治文化部军事采访室。在报社编委会的批准下，2017年1月以军事室为依托，跳出"稿格纸"，跨部门、跨媒体、跨地域、跨体制，按热衷军事报道的兴趣，进入"中央厨房"，组合成立了"金台点兵"工作室。此举就是为了响应总书记的号召，为媒体融合贡献一份力量！

1月26日《人民日报》头版刊登了此次中央政治局集体学习的报道，报道中提到：习近平等来到人民日报"中央厨房"，结合视频短片了解打通"报、网、端、微、屏"各种资源、实现全媒体传播情况。习近平同"麻辣财经""一本政经""侠客岛""学习大国""金台点兵"等工作室采编人员亲切交谈。习近平指出，党报、党刊、党台、党网等主流媒体必须紧跟时代，大胆运用新技术、新机制、新模式，加快融合发展步伐，实现宣传效果的最大化和最优化。

报道篇幅有限，只提到了习近平总书记和人民日报融媒体工作室的一部分互动。1月26日报道中提到的"结合视频短片"，指的正是"金台点兵"工作室推出的作品《谁是站到最后的人》！

1月27日《人民日报》头版文章中提到，"金台点兵"等45个融媒体工作室推出了《谁是站到最后的人》等一批融媒体产品，广受好评。

说到这儿，金台小兵再告诉大家一个秘密，那就是习近平总书记来到人民日报"中央厨房"，我们当时也在现场！代表"金台点兵"工作室接受总书记的检阅，还握到了总书记的手，金台小兵们别提有多骄傲了！更难能可贵的是，总书记还和我们进行了亲切交流，并点赞了当时在"中央厨房"播放的唯一的短视频作品《谁是站到最后的人》！

得到了总书记的肯定和鼓励，工作室负责人、人民日报军事采访室主编倪光辉备受鼓舞、倍感振奋："我们一定按照总书记的要求，大胆运用新技术、新机制、新模式，加快融合发展步伐，努力生产更多具有传播力和影响力的融媒体产品，进一步讲好新时代强军故事。"

让军人成为全社会尊崇的职业

"金台点兵"工作室以人民日报军事采访室记者为基础，吸收了数位报系里热爱国防军事的新闻人，开启了媒体融合的艰难跋涉和探索。

2018年1月29日，"金台点兵"工作室牵头制作推出短视频《谁是站到最后的人》，2018年3月29日再度发布国防短片《老兵》。两个视频都引爆了舆论话题，一周全网播放量均突破1亿次，被人民日报、央视、国防部网站、中国军网、央广、腾讯、一点资讯等数百家媒体机构转发、客户端首页推荐，在多家地方电视台播出，不少机场车站流动公众平台循环播发次数未统计在内。

除了《谁是站到最后的人》和《老兵》，我们还创作了《致敬！人民英雄》《十年了》等视频作品，广受好评；2017年"八一"前夕，"金台点兵"工作室联合人民日报客户端，共同推出的H5互动产品《快看呐！这是我的军装照》刷爆朋友圈，点击量突破10亿，还斩获了2018年中国新闻奖一等奖！

《军装照》之外，还有《五大军种官兵拜年了》《厉害了！word武警官兵》《燃！祖国四极官兵八一宣言》《我为祖国升国旗》等音视频动漫产品。H5作品《我为祖国升国旗》，国庆期间曝光访问量达4312万次！

……

金台小兵创作的作品很多都成为刷屏爆款，其实有内在原因。

我们的作品都有一个精神内核，就是习近平总书记在党的十九大报告中提出的——让军人成为全社会尊崇的职业。为了这个目标，工作室一直在路上。讲好中国军人的故事，传递中国军队的声音，是"金台点兵"工作室的职责和使命。

"让军人依法优先，就像战场上他们优先一样"

相信对于《谁是站到最后的人》，很多粉丝都比较好奇——

世界上有那么多短视频的拍摄主题，为啥就选了"军人依法优先"？

世界上有那么多短视频的拍摄创意，为啥就选了"勇敢挑战"？

先说说第一个，为啥选择"军人依法优先"作为拍摄的主题。

这还得从2018年1月23日说起——有网民爆出高铁上一批军校学员将购票的座位让给没有买到坐票的乘客，引发了对于"军人该不该让座""军人该不该优先"等话题的讨论。

军人优先自然是有道理的，因为这是《中华人民共和国国防法》中规定的。显然，列举法律条文，难免让观众产生"太长不看"之感。拥军优属，就要让群众自发维护法律赋予军人的优先权益，军人依法优先，于法有据，于理应当。

再谈谈第二个，为啥选择"勇敢挑战"作为拍摄的创意。

于是，金台小兵开始思考，怎么把深奥的法律条文与广大群众喜闻乐见的新媒体形式结合起来。舆论高涨之际，《谁是站到最后的人》应运而生，我们从侧面回应了这个舆论热点——让军人依法优先，就像在战场上他们优先一样。

以一组勇气测试游戏切入，从"你敢一个人走夜路吗""如果在公共场所看到小偷，你敢上前制止吗"到"你从未质疑过自己的信仰""你对自己所从事的事业从不后悔"，问题循序渐进、难度由浅入深，随着游戏的不断深入，引导观众主动思考，视频探究勇气的含义的同时凸显了军人职业的特殊性。

如此一来，既避开了"说教式回应"可能引起的网民不适感，还通过巧妙的情绪引导激起网民对于军人身份的理解和尊崇，让"军人依法优先"成为无须辩驳、合情合理的社会常识，大幅提升了舆论引导的效果。

讲好中国军人故事，传递中国军人声音

"推动媒体融合发展、建设全媒体成为我们面临的一项紧迫课题"——1月25日，习近平总书记在中共中央政治局第十二次集体学习时的重要讲话，鲜明指出了我国媒体融合发展的紧迫性和重要性。

金台小兵认为，新媒体时代，以前的"受众"变成了现在的"用户"，全网有海量的内容可供筛选，用户掌握了更多、更大的自主权；传播模式不再是"我说你听"的线性传播模式，用户可以选择聆听，也可以选择忽略。

在新媒体平台上，还按照原来的话语方式搞宣传，很难再触动用户的

心灵。没有共鸣，就没有效果。

作为人民日报媒体融合的探索者之一，"金台点兵"工作室一开始就意识到了这一点，努力争取与用户的共鸣，《谁是站到最后的人》就是一部与用户产生共鸣的短视频作品。这也是总书记点赞《谁是站到最后的人》的主要原因。

近两年来，除了《谁是站到最后的人》，我们还创作了《人民英雄》《十年了》《老兵》等视频作品，都是入脑入心的匠心之作。一句话，我们不追求大片，我们只追求发自内心的认同。讲好中国军人故事，传递中国军人声音。

（原载于微信公众号"人民日报政文"，作者：李龙伊）

第4计

引燃话题

还记得身边的1/24吗？切肤之感才能共鸣共情

全媒体时代，如何引燃舆论场？需要有话题感。什么样的话题能够让人产生共鸣？从身边的视角切入，才让人有切肤之感，才能更好地传播。

据统计，全国目前共有5700万名退役军人，意味着每24个人当中，就有一位退役军人。短片采访了五名退役军人，分别是保安队长、大学生、飞行员、记者以及抗战老兵，讲述了他们脱下军装后在不同的岗位上继续奋斗、不忘初心的感悟，就像短片中所说，"脱下军装，脱不下担当，他们依然是最可爱的人"。没有华丽的辞藻、震撼的场面，《致老兵，我们的二十四分之一》这部短片却引燃了网民对"老兵"话题的热切关注，成为又一个现象级传播事件。

该作品聚焦退役军人，通过拍摄不同职业的退役军人的工作状态，使观众了解身边的1/24是什么样的群体。创作团队从不同岗位、不同身份、不同年龄段选取了从陆军、海军、空军、火箭军及武警部队退役的五名老兵，讲述他们的故事，使全社会尊崇军人的氛围更加浓厚。不到一周，全网访问量突破1亿次，《致老兵，我们的二十四分之一》荣获2018年度全国优秀网络视听作品奖。

爆款小档案

《致老兵，我们的二十四分之一》

发布时间：2018年3月29日16时，作品时长：3分钟

发布平台：中国军网，人民日报客户端、微博，人民网微博，全国党媒信息公共平台，国防部官网

全网阅读量：1亿次

　　党的十八大以来，国家强调重视退役军人的权益和荣誉，组建退役军人保障机构，让军人成为全社会尊崇的职业。在此背景下，通过拍摄不同职业的退役军人的工作状态，展现退役军人的荣誉感和感动人心之处是本片的创作目的。创作过程中，摄制组选取的五位被采访者有着不同岗位、不同身份、不同年龄，但都是有"退役老兵"身份的人，呼应了视频片尾的"舞台虽不同，本色永不改"，唤起了更广泛群体的共情。

　　短片上线不到一周，全网播放量突破1亿次。被人民日报、国防部网站、中国军网、腾讯视频等多个媒体网站、客户端首页推荐，多家地方电视台播出。相关话题的新闻报道量达687篇，微博442条，微信文章253篇。此外，百度指数显示，"老兵"关键词的搜索量明显上升，反映了较高的网民关注度。在2018年3月的国防部例行记者会上，新闻发言人在回答记者关于退役军人事务部相关问题时播放了该短片,将舆情热度推向高峰。在@人民日报、@军报记者相关微博的网民评论中,"若有战,召必回""短片很感人""舞台虽不同,本色永不改"等代表性观点较多,网民们以各种方式表达了对老兵群体的敬意与关心。退役军人事务部将其作为公益宣传片推广。该作品获得第二十九届中国新闻奖短视频新闻三等奖,在2018年度全国优秀网络视听作品推选活动中荣获"年度优秀短视频"奖。

视频文案

你知道他(她)吗
在中国,每二十四个人中,就有一个他(她)
他离家远行,只为青春不悔
累累伤痕,记录着他十六年来保卫人民的初心
她曾于千里之外
用所有赤诚与勇气,接同胞回家
八十六岁的他,坚信自己还能奉献更多
他相信,飞翔更需要一颗执着的心
他们在不同的岗位
却有着共同的身份
每一天 每一分 每一秒
每一个呼吸 每一个转身
或许默默无闻
却又默默坚守
他们的名字叫"老兵"
他们来自人民 服务人民
(宋玺:部队生活让我有更好的心理素质,处变不惊,然后也无所畏惧)
(桂从路:从军让我更有担当,它会时刻提醒我,自己应该像一名战士一样去奋斗)
(尚飞:让我每一次飞行中,严谨细致地检查每一个细节,不把任何问题带上天)
回归人民 回报人民
(陈荣超:军民团结如一人,试看天下谁能敌,只要我不闭眼睛就还能做下去)
(李国勇:尽管我脱下了军装,如果祖国需要我,我义无反顾,如有战,召必回)

这就是共和国老兵
脱下军装　他们依然是最可爱的人
（习近平：不能让英雄流血又流泪，让军人成为全社会尊崇的职业）
舞台虽不同，本色永不改
"不能让英雄流血又流泪，让军人成为全社会尊崇的职业。"——习近平

爆款炼成记

亲历者说

从身边入手，小切口叙事

习近平总书记说，不能让英雄流血又流泪，让军人成为全社会尊崇的职业。党的十九大报告明确提出，要组建退役军人管理保障机构，维护军人军属合法权益，让军人成为全社会尊崇的职业。2018年全国两会审议通过设立退役军人事务部，引起全社会广泛关注。

退役军人管理保障是一项利军利民的大事，不仅与退役军人的切身利益紧密挂钩，同时也是稳军心、顺民意，有效激发适龄青年从军报国热情的实际举措。新组建退役军人事务部，体现了党中央、中央军委和习近平主席对广大退役军人的关心厚爱，对现役军人安心服役、建功军营也具有重要意义。

军人来自社会，绝大多数还要回归社会，他们是"最可爱的人"。据不完全统计，目前全国有5700万名退役军人。也就是说，在中国，每24个人中，就有一名退役军人。多给退役军人一些关爱，有力维护他们的合法权益，对于消除现役官兵后顾之忧、凝聚军心士气、建设强大国防具有重要作用。在全社会形成尊崇军人、退役军人的浓厚氛围，在今天推进新时代练兵备战之际具有特别的时代意义。

针对这一新闻事件，"金台点兵"工作室和人民日报媒体技术公司可视化实验室决定创新报道思路和手法，小切口叙事，聚焦新成立部门服务

的对象——退役军人。通过拍摄不同职业的退役军人的工作状态，使观众了解身边的 1/24 是什么样的群体。退役军人虽然离开了部队，却依然在为社会创造价值，仍旧是社会的中流砥柱。团队希望通过该视频让尊崇军人成为全社会的风尚。

在军委政治工作部宣传局和国防部新闻局的支持下，团队从不同岗位、不同身份、不同年龄段选取了从陆军、海军、空军、火箭军及武警部队退役的五名老兵，拍摄和讲述他们的故事。选择曾经同是军人，退役后在不同行业奋斗的几位代表来拍摄和采访，其中有北大才女宋玺，曾是解放军海军陆战队队员；桂从路，曾是中国人民解放军第二炮兵某部的战士，现在是人民日报社评论员；李国勇，原武警"雪豹突击队"特战一队副队长，现在是一家安保公司的总教官；尚飞，原空军航空兵旅机械员，现在航空公司进行飞行培训，他一直有飞上蓝天的梦，现在他要去追梦；86 岁的退伍老兵陈荣超，原装甲兵学院政委，退休后几十年一直在做慈善，先后捐资 60 万元，建起 2 所希望小学、28 个图书馆，采访中他说："只要不闭眼，这件事要一直做下去。"

只许江山更壮美，不求衣锦功名册。"脱下军装、脱不下担当，他们依然是最可爱的人。这就是共和国老兵，舞台虽不同，本色永不改。"这部短片推出后播放量突破 1 亿次，在国防部例行记者会上也被发言人推荐。创作过程中，摄制组被采访对象的精神感染，发扬战斗精神加班加点，视频从策划、拍摄到制作，仅用了一周时间。摄制组成员说，那几天像打仗一样，联系拍摄对象、了解他们的故事、踩点、拍摄、制作、上线，"虽然拍摄已经过去好久了，但忘不掉陈老坚定的眼神，忘不掉直升机的轰鸣，忘不掉教练的拳头打在沙袋上的声音"。

经相关部门审定后，短视频趁着新闻热度及时推出，有效呼应了社会上对退役军人的关注。片尾以"舞台虽不同，本色永不改"点题，唤起了更广泛群体的共情，使全社会对军人尊崇的氛围更加浓厚。

（作者：人民日报社　朱虹）

> 深度解析

《老兵》播放量破亿了！舆论回声源自共同记忆

  2018年3月29日，人民日报发布国防短片《老兵》，引燃了舆论场上的"老兵"话题。同日，国防部例行记者会上，新闻发言人任国强大校在回答记者关于退役军人事务部相关问题时播放了该短片，将舆情热度推向高峰。

  截至4月5日，该视频播放量已破亿次，被人民日报、国防部网站、中国军网、腾讯视频、腾讯新闻、一点资讯等多个媒体网站、客户端首页推荐，多家地方电视台播出。相关话题的新闻报道量达687篇，微博442条，微信文章253篇。此外，百度指数显示，"老兵"关键词的搜索量上升明显，反映了较高的网民关注度。

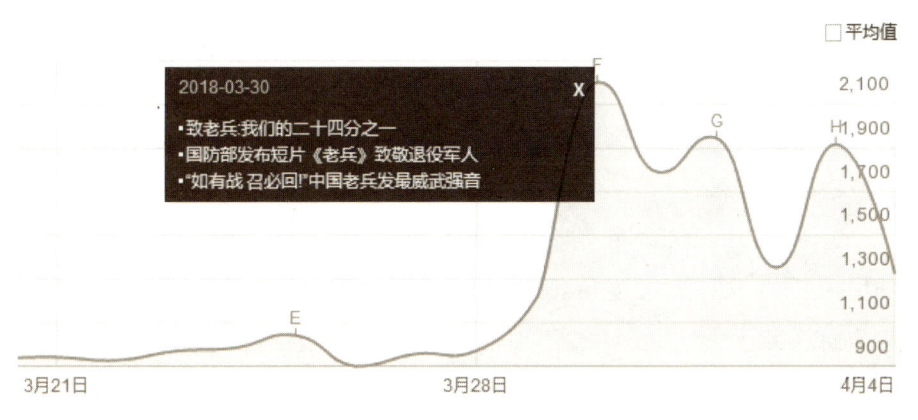

百度指数显示"老兵"关键词的搜索情况

  短片采访了五名退役军人，分别是保安队长、大学生、飞行员、记者以及抗战老兵，讲述了他们脱下军装后在不同的岗位上继续奋斗、不忘初心的感悟，就像短片中所说，"脱下军装，脱不下担当，他们依然是最可爱的人"。没有华丽的辞藻、震撼的场面，这部短片却引燃了网民对"老兵"话题的热切关注，成为又一个现象级传播事件。

短片如何引燃"老兵"话题

一是舆论背景的铺垫。党的十九大报告指出，组建退役军人管理保障机构，维护军人军属合法权益，让军人成为全社会尊崇的职业，是该短片受到高度关注的舆论背景。二是舆论节点的推动。3月29日的国防部例行记者会上，新闻发言人在回答组建退役军人事务部时，通过播放《老兵》短片向退役军人致敬，吸引了媒体的聚焦。三是传播对象的选取。摄制组选取的五位被采访者有不同的岗位、不同的身份、不同的年龄，但他们都有"退役老兵"的共同身份，呼应了片尾的"人生的舞台可能会不断转换，但为人民服务的本色永远不改"，唤起了更广泛群体的共情。

"老兵"话题的热度从未消退

2015年9月3日的大阅兵上，由300余名抗战老兵、英烈子女组成的"老兵方队"就曾引发舆论的高度关注。《人民日报》发表文章《以国家的名义，致敬英雄》高度赞扬了抗战老兵的牺牲与奉献精神，新浪微博"#老兵方队#"话题的阅读量更是突破千万，举国上下纷纷对抗战老兵们致以崇高的敬意。

近年来，民政部不断完善退役军人的安置工作、加强老兵及优抚对象的优抚工作，切实改善老兵群体的社会待遇，受到舆论的好评。2018年初，为全面落实退役士兵安置政策，民政部启动的"清零行动"再次受到舆论支持。此次行动将对1978年以来符合政府安排工作条件的退役士兵信息全部进行重新梳理，将解决一大批老兵的安置与补助问题，国家层面的行动再度牵动了社会各界对退役军人群体的关注。

"老兵"群体始终为社会舆论所牵挂

我们不难看到，有关爱抗战老兵团志愿者发起的征集抗战老兵心愿的活动，帮助失明远征军老兵钱建民实现了摸摸国产新坦克的心愿；有慈善基金会为347具中国远征军遗骸的归国路奔走呼号；有中华社会救助基金会发起的"慰问抗战老兵网络献花义捐行动",超过15万人网络献花,募捐百万余元;还有各地网民发起的书画、藏品义卖捐助抗战老兵活动;等等。

此次国防部发布《老兵》短片也在微博、微信等自媒体渠道上引发了网民热议,@人民日报、@军报记者相关微博的网民评论中,"若有战,召必回""短片很感人""舞台虽不同,本色永不改""推广老兵精神""应加强老兵待遇"等代表性观点较多,网民们以各种方式表达了对老兵群体的敬意与关心。

不少微信公众号也纷纷发文予以支持。微信公众号"军报记者"在文章中披露了摄制组对短片中抗战老兵陈荣超的采访经历,陈荣超参军入伍38年,年轻时曾决杀疆场,退伍后曾捐资100余万元助学帮困,"他把牺牲奉献作为人生信条,只因身上布满军人底色"。

微信公众号"荣军网"发文《国防部发布致敬老兵视频有何意义?》称,"这对全国退役军人来说意义重大,因为这种正面引导作用对全国各地不重视退役军人的现状是一种明确的警示和纠正,是对退役军人未来提升社会地位充满曙光充满遐想的一个良好开端"。

《老兵》短片的现象级传播并非偶然现象,而是和平年代国人对做出牺牲与奉献的老兵们的情感呼吁,是一次融合了不同社会群体的情感共鸣。正如任国强大校所说,退役军人是党和国家的宝贵财富,他们是新时代的见证者、开创者、建设者,他们来自人民、服务人民、回归人民、回报人民,脱下军装,他们依然是最可爱的人,永远是我们可亲可敬的战友。

(原载于全国党媒信息公共平台、微信公众号"金台点兵",作者:人民网舆情数据中心分析师 邓睿)

第 5 计

硬核亮剑

深蓝深蓝天空之上,硬核主题胜券在握

孙子曰:"凡用兵之法,驰车千驷,革车千乘,带甲十万,千里馈粮……然后十万之师举矣。"倘若有足够的实力,硬核的表现,必将胜券在握。

在新闻宣传上,硬核则体现为:主题够鲜明,素材够硬气,元素够齐备,场面够宏大,则宣传效果容易"出圈"爆火。近年来,中国军号为人民海军、人民空军拍摄多部军种主题宣传片,分别在海军、空军成立纪念日期间发布,均迅速刷屏朋友圈,占据微博热搜、抖音热榜和哔哩哔哩热门,有的还荣获中国新闻奖一等奖,成为硬核军事报道名副其实的破圈之作。

爆款小档案

《大海向党旗报告》

人民海军成立72周年官方宣传片

发布时间：2021年4月22日，作品时长：5分31秒

发布平台：新华社客户端

该产品一经发布迅速引爆网络：发布48小时内全网点击量超6.2亿次，视频播放量3.59亿次，相关话题3次登上微博热搜，占据抖音热榜Top2，刷屏微信朋友圈，带动大量用户自发进行二次创作、二次传播，实现破圈刷屏，成为现象级产品。值得一提的是，在年轻人聚集的哔哩哔哩平台，视频单条播放量破500万次，互动量破100万次，收获3.5万条弹幕，冲上全站视频排行榜第一并霸榜3天，诞生了"胜算（剩蒜）在握""统一（同意）"等风靡一时的细节梗。

《天空之上》

人民空军成立72周年官方宣传片

发布时间：2021年11月10日，作品时长：6分06秒

发布平台：新华社客户端

该产品发布48小时内，全网浏览量突破4.7亿，转载采用超过1000家（次），先后被今日头条、腾讯、新浪、网易、凤凰、百度等平台重点采用，并全网置顶推送，3条话题登顶抖音热榜，2条话题冲上微博热搜。同时，立体开展了开屏广告、弹窗推送、线下合拍等推广，吸引年轻受众，"五点钟方向""31秒位置""想看水分子"等成为新的热门梗。

《深蓝深蓝》

人民海军首部航母主题宣传片

发布时间：2022年4月22日，作品时长：6分18秒

发布账号：中国军号微博

该产品以"预告＋正片"的形式推出，主视频以及由此诞

生的"第三艘航母""航母三胎"等话题全网点击量超12亿次，创军事题材传播新纪录，相关话题同时登上微博、抖音、哔哩哔哩、知乎的热搜榜。特别是片尾设计的"三胎"彩蛋，一直延续到几个月后的福建舰下水仪式，依旧是全网热点，在所有军迷乃至全国民众心里，为"三胎"这个词赋予了一种全新的、硬核又浪漫的含义。《深蓝深蓝》荣获第33届中国新闻奖一等奖。

《蛟龙行动》

海军陆战队主题宣传片

发布时间：2023年4月22日，作品时长：6分10秒

发布平台：中国军号客户端

该产品在中国军号客户端推出后，被新华社、央视新闻、人民网、腾讯、今日头条等多家媒体平台转载，被中央网信办全网置顶推送，全网播放量超10亿次。同时，在国防部例行记者会上，英文版《蛟龙行动》向海内外各媒体发布，有效提升了人民海军的国际影响力。

《隐入深海》

人民海军首部潜艇主题宣传片

发布时间：2024年4月22日，作品时长：7分40秒

发布平台：中国军号客户端

短片展现了大体系支撑下的实战化演练，三个人物分别为艇长、机电长和声呐兵，这三类人物在潜艇战位中极具代表性，展示出潜艇官兵随时为了完成任务的义无反顾。短片中许多画面都是首次公开，体现出潜艇隐蔽性好、突击力强的特点。该片发布后迅速占据了各大互联网平台的热搜头条，很多军迷看了之后大呼过瘾，被网友评价"潜艇题材难得一见的宣传片"。

中国军号客户端

"中国军号"移动旗舰平台是解放军新闻传播中心贯彻移动优先策略，聚力建设的自主可控、传播力强的新型军事网络传播平台。该平台利用文字、图片、广播、电视、短视频、直播等全媒体手段，在移动端面向国内外全天候提

供军事信息产品；聚合军队媒体和地方优质军事内容资源，构建军事内容生态圈，为广大网友提供权威、全面、及时、专业的军事资讯服务。

爆款炼成记

亲历者说

硬核军事报道怎么"硬"亮啥"核"？

2021年开始，中国军号为人民海军、人民空军拍摄了5部军种主题宣传片，分别在海军、空军成立纪念日期间发布，均迅速刷屏朋友圈，占据微博热搜、抖音热榜和哔哩哔哩热门榜首，有的还荣获中国新闻奖一等奖，成为硬核军事报道名副其实的破圈之作。

众所周知，军事报道很硬核，但在当下的新媒体时代到底该怎么"硬"，又该亮哪个"核"？结合这5部片子制作的背后故事，谈几点感受。

1. 有思想才会有内核

《大海向党旗报告》成功的首要原因，是它承载了深刻的思想。

在建党百年这一重要时间点，人民海军官方宣传片该怎么定位，怎么体现横向的成就感、纵向的历史感，又该怎样向建党百年致敬？这些问题如果不思考清楚，那这个项目就没法启动。

很多人都对片尾那场超时空对话印象深刻：让当下最先进的海军各型装备呼叫各个时期的对应事件，然后以时间倒流的方式回到100年前，形成强烈反差。比如，让永暑礁机场塔台呼叫海空卫士王伟驾驶的81192，让055南昌舰呼叫海军成立地点江苏白马庙，让国产航母山东舰呼叫嘉兴南湖那艘小小的红船，最后以"你好100年，这里是人民海军，正在走向深蓝"结束。

其实这一设计在整个项目策划的初期就已经形成，它是思想的体现，是片子的内核。这里没有一句提炼的话，却切切实实把人民海军的建设成就是因为党的引领这个主题呈现给了观众。无数网民通过留言和弹幕表达感动与自豪："看着看着，突然就止不住地哭。""历史是什么，历史就是现在和过去无休无止的对话。"虽然这一设计在时长上占比不到五分之一，但却是点睛之笔。如果没有这一部分，看了整部片子可能会觉得"爽"，但绝对不会"意味深长"。

《大海向党旗报告》播发以后，对于"一场实兵演习＋一段时空对话"的简单结构，有人称赞它切口小、角度巧。但是我们认为，"小而巧"不是此片的特点，建党百年可选择的报道角度太多了，本片恰恰选了最大、最正的一个视角。

为什么这么说呢？建党100年，建军72年，中国能够实现从站起来、富起来到强起来的伟大飞跃，人民军队能够不断实现跨越式发展，最重要的经验是什么？说一千道一万，最核心的一条就是中国共产党的领导。正如前面说的，那就用一场最有战斗力的演习来体现横向的成就感，用一段跨时空对话来体现纵向的历史感。

"总以为天空生来安宁，但你是否想过，云层之上，视线之外，有人刚经历了硝烟，有人在习惯着离别，有人正迎着风险……守护不懈怠，承诺不打折，这就是人民空军，生于11月11日。"

这是《天空之上》中唯一的一段旁白，也是全片的思想内核：对于普通人来说，早已习惯了天空的宁静，但他们不知道的是，在他们看不见的天空之上，一直有人在警惕着，战斗着，牺牲着……

《天空之上》是人民空军成立72周年官方宣传片，于2021年11月10日推出。该片全程按照电影级标准制作，遴选三个与普通人息息相关的真实故事，以柔性叙事讲述人民空军捍卫祖国空天、守护幸福生活的职责使命。在这个内核的引领下，该片以小切口展开叙事：一个孩子寄不出去的礼物，背后是父亲的"执行任务没有地址"，是"快递无死角"的当下罕见的"快递空白区"；一组没人理解的数字，是人民空军对志愿军烈士遗骸回国的致敬，是对抗美援朝精神的传承；一次不为人知的抉择，天上是撞鸟后的飞行员为避开村庄错过最佳跳伞高度，地上是下棋的耳背村民自始至终都不知道有人为了他们，差点付出了生命。三个不同时空、不同情节的故事，在思想的引领下，形成了一个整体，呈现出人民空军的牺牲奉献和精神传承。

2. 有创意才有竞争力

全媒体时代，传播力的核心是什么？是创意！

每逢重大节点，每个军种都会不定期推出相关的宣传片：有的是微电影，有的偏纪录片，也有的像政论片；有的讲历史脉络，有的讲装备发展，也有的讲政治工作……但如果没有创意，不管画面多么精美，故事多么动人，最终是不能长久留在受众记忆中的。

在裂变式传播的当下，新媒体作品在基本内容相当的情况下，要区分档次高低，有时候看的就是有没有创意，以及创意水平如何。有创意，产品一下子就点亮了；没有创意，就是个一般性的东西。大家也常用这个比喻："100"这个数字，创意就是最前边那个"1"，有了"1"，就是"100"；没了"1"，就只剩"0"。

在《深蓝深蓝》的策划阶段，小伙伴们不断进行各种形式的头脑风暴。大家一致认为，即将下水的第三艘航母是我国首艘弹射型航母，绝对是最大的热点与关注点，作为首部航母主题宣传片，怎样才能既不直接讲、不提前披露信息，又能让大家看完有所联想，扩大影响力？这时有小伙伴想起国家刚刚颁布不久的三孩政策——第三艘航母不就是航母的"三胎"嘛！

我们立即抓住这个创意的火花，很快就确定了把"三胎"作为一个梗引入片子，在片尾以彩蛋的形式呈现。最后，这个创意的效果令人惊喜，发稿不到10分钟，话题"#航母宣传片彩蛋透露要安排三胎#"就登上了微博热搜。事后复盘时，我们研判"三胎"这个创意为全片贡献了一半以上的流量和影响力。

关于《大海向党旗报告》的主体结构，最初有多种方案，常见的有按海军72年的历史发展展开，也可以按兵种讲舰艇、航空兵、陆战队、岸防部队和雷达部队，但总觉得太传统，中规中矩、缺乏创意。

如何跳出固有思维？我们的最终方案，就讲一件事——联合演习，这在当时的军种宣传片里还是比较少见的。我们从水面航母编队、水下潜艇部队和多栖作战的海军陆战队各选择了一名典型人物，用三个具体人、具体事串联这一场演习，进而展现人民海军联合作战的能力和发展成就。这样做最大的好处是可以把所有元素进行时空压缩，节奏很快，看起来特别流畅。

一名中学生网民留言："在学校餐厅的大屏上看到这个片子，开始并没有太注意，但很快整个餐厅都安静了下来。5分钟的时间，同学们不自觉地集体鼓掌了3次。没想到，看着看着竟然流泪了，猝不及防！"

没错，真正的好创意就一定会有意想不到的效果！如果效果不如预期，那就要反思，是不是创意还不够好。

3.好看了才会有人看

这里说的"好看"，指的是短视频必须具备优异的视听语言。

视听语言是影像表意的核心，指应用一切视觉和听觉的手段来展现人物和故事，目的是服务短视频主题，为受众带来一场军队独有的美学盛宴。

《天空之上》拍摄期间，我们带摄制组抵达某机场拍摄战机训练时，夕阳正在下落，天边的火烧云已经初具雏形。得知训练飞机即将返航归巢，我们立即拐进机场一角开始准备，摄影师和摄影助理扛起机器就往前跑。机器刚架好，第一架歼-16飞机就从火烧云的中间缓缓飞来，越飞越低，直至降落在我们面前，巨大的引擎轰鸣声震耳欲聋。紧接着，歼-10、歼-20、苏-30以及预警机相继划过夕阳，数十架飞机迅速把整个机场填满了……

那次拍摄我们采用的是电影级设备，但面对这种可遇不可求的场景，硕大的专业摄像机被我们像单反一样使用，左摇右晃、前推后拉地拍起了新闻镜头。片中歼-20飞行员"神级凝视"的镜头，就是这个时候抓拍到的。

在随后的拍摄中，为模拟空中战机大机动场景，追求视觉上的精益求精，我们还为歼-10飞机搭建了一个几百平方米的绿幕用于后期抠图，再配合十几米长的摇臂进行拍摄，这在短视频拍摄中还是极为罕见的。

《隐入深海》是人民海军首部潜艇主题宣传片，而潜艇又是最难拍的军事装备，难就难在水下拍摄。在策划阶段，我们先是考虑在水池中拍摄潜艇模型，希望体现出实拍的电影节质感。但在实际推进过程中，我们发现要在水池里实现电影级效果，势必需要匹配电影级的设备和工艺，而这是我们小剧组所承受不了的。

考虑到这一情况，我们在项目进行过程中临时调整计划，将所有水下镜头用三维动画的形式来呈现。这一过程其实非常曲折，特别是前面几个版本的三维效果让所有人备受打击，完全达不到期望中的美感与质感。但我们并没有放弃，从动效、视角、光影、水波、色调等不同侧面反复修改调整，最终达到了预期效果，使潜艇内外的镜头在剪辑转场中有效互动，极大强化了短视频的情绪点。

很多看了《蛟龙行动》的观众，都对片头穿越机飞越拍摄两栖攻击舰海南舰的镜头印象深刻，这是第一次使用穿越机拍摄海军舰艇，为此我们做了非常充分的准备，包括并不限于飞手挑选、多型穿越机准备、抗风力测试、飞行线路设计、电磁信号干扰备案等等，从而确保了镜头的独创性和冲击力。

其实"好看"的另一面，还有"好听"，因为视觉和听觉是相辅相成、不可分割的。有时候，一个片子的质感，音乐和音效可能会做出更大的贡献。

每一次拍摄，我们都把音效作为最重要的一个环节来对待，哪怕少一个摄影师，也不能没有录音师。战机的轰鸣、海浪的声音、声呐的音效、舰艇的汽笛、官兵的口令……无数的声音都是我们在拍摄现场录的，这样剪辑在一起就特别和谐，也就增强了质感。

4. 感人是因为内容的真实

尽管我们始终都非常重视视听语言，追求优质的视听美学，但是无论呈现形式多么绚丽，都是为思想内容服务的，不能喧宾夺主。对于新闻产品来说，真实的力量永远是最震撼的。

在《深蓝深蓝》制作过程中，我们始终把纪实风格作为第一要务。主体部分选取舰载机飞行员、辽宁舰甲板系留女兵、辽宁舰机电士官长、航母编队指挥官四人的四个故事，全部都是真人真事，看起来是宣传片，本质上却是纪录片。

作为"刀尖舞者"的舰载机飞行员，无数媒体都有过详细的报道，所以我们把重点放在了默默无闻的机电部门士官长崔荣德身上，他常年工作在甲板以下20多米的深舱。辽宁舰入列10年，崔荣德也在机舱工作10年，早已习惯那高温、高湿、多噪声、空气混浊的恶劣环境。但这些都是我们之前就了解的信息，并不能令人眼前一亮，直到挖掘出这个故事——

航母舰载机起降时，所有人都有各自的战位，能在飞行甲板上工作的人只有极少数，而深处水线以下的机电部门是绝无机会亲眼观看舰载机起降的。"我们也跟老百姓一样，只能在电视节目里看舰载机起降，有的人在航母干了五六年，却一次也没亲眼看过。"

于是我们知道了，对于绝大部分航母舰员来说，能站在甲板上亲眼看一下舰载机起降，就是最大的幸福。这个故事感动了我们，最终也感动了所有观众。

2020年9月4日，空军飞行员王建东驾驶战机训练时突遇低空鸟击，导致发动机空中停车的重大特情。在飞行高度低、处置时间短、飞机状态急剧变化情况下，22个操控动作零失误，37秒内3次转变航向避开翼下居民区，直至高度75.9米时极限跳伞，最大限度保护了人民生命和财产安全。

这个故事被我们用在了《天空之上》里面，用小切口展开叙事：天上是撞鸟后的飞行员为了避开村庄，错过最佳跳伞高度，差点牺牲生命；地面是有些耳背的老人，正陶醉于棋局之中，自始至终都不知道天空中有人为了他们，差点付出了生命……。在这个世界上，很多事物之间存在着神奇的联系，而这种联系，甚至神奇到连本人都不知道。

《隐入深海》里面有一个场景，是潜艇出海执行一个实战化任务前的送行场景，支队领导在战斗动员后，拉住一旁拍摄的部队报道员，要求他要拍仔细，确保拍到每一个人，要"一个都不能少"。为什么支队领导在这个时候会提出这样一个要求？是因为潜艇执行这样的任务非常危险，是真正的生死考验。我们在前期采访中听到这个故事后都深受感动，很多部队在执行实战化任务前，都会写遗书、发裹尸袋，但总感觉有点太悲情，且没有潜艇特色，所以听到这句"一个都不能少"后，我们便决定要把这个场景作为重要篇章，放在《隐入深海》的关键位置。事实证明，也就是在这个位置，收获了全片最多的"泪目"相关的弹幕。

在拍摄之前做充足的采访，是制作新闻产品与其他产品最大的区别。

这些片子里面的主要人物，有航母编队指挥员、歼-20飞行员、舰载机飞行员、运-20飞行员、歼-10飞行员、潜艇技师、机电军士长、舰载机女系留员、海军陆战队员……他们每个人都有独特的故事，这些故事被时间沉淀之后，永远不会消失。因为它们都是真实的事件，观众的感动，也正因为如此。

5. 新闻都是跑出来的

近年来的媒体融合发展实践证明，无论是采写传统稿件，还是摄制融媒体产品，都必须不惜"脚力"去"跑新闻"。

在《天空之上》的集中拍摄阶段，我们在10天时间内先后奔赴北京、上海、河南、湖北、广东等五省六市，不分昼夜拍摄了五场，行程数千公里，甚至整个剧组登上运-20，在真实飞行中抓拍，捕捉到了一批珍贵的独家素材，为最后的成功打下了坚实的基础。

《深蓝深蓝》采访时，虽然全部集中在辽宁舰，但却更加困难。大家都知道，辽宁舰有3000多个舱室，就像一个海上城市，且舰艇舱室普遍狭窄，据说新兵上舰3个月还有可能会迷路。可以想象我们一群舰艇"小白"扛着笨重的摄像机和灯光设备，在迷宫一样的辽宁舰内部穿梭会有多艰难。

《隐入深海》拍摄时，最难的是在潜艇内部。大家都知道潜艇内部的空间是真正的寸土寸金，连水密门都是需要弯腰才能进出的。我们把设备通过垂直舷梯运进舰艇内部后，发现有些拍摄点位根本无法展开，只能摄影师一个人挤在里面，连导演都得"退避三舍"。

最催人泪下的几个情节，都是在这样艰难的过程中完成的。这些真实而生动的故事细节，以及当事人真情流露的现场讲述，不亲自到现场是抓不到的。

在潜艇里，我们了解到下潜时间长了以后，在钢铁内部长时间见不到阳光的官兵，会对绿色有一种极度的渴望。有时一株倔强的绿芽，给官兵们带来的不仅是一抹清新，更承载了他们对家人、对阳光的渴望，凸显了他们保家卫国的执着。这种情感对于我们这些普通人来说也许永远体会不到。也正因为如此，我们把镜头对准了那棵发芽的大蒜——年轻的官兵会把它作为一个"景点"，每天看它是不是又长高了；年纪大点的官兵则能通过蒜苗的高度推算出潜艇已经下潜多少天了。

这个故事也成了《大海向党旗报告》中最感人的细节，在广泛传播之后又被网民挖出新梗——老班长握着蒜苗的镜头被网民凝练成"胜算（剩蒜）在握"，进而又取得了非常好的二次传播效果。

《环球时报》在《深蓝深蓝》发布当晚发表了一篇评论文章——《感动！今天释放"大彩蛋"的宣传片，没有忘记他》。文章里说，宣传片中的画外音"从一个飞行员的角度来看，见证了舰载机从无到有，一些成功的喜悦和一些悲伤的挫折"对应的画面上出现了张超年轻的面孔。2016年4月27日，海军某舰载机训练基地，张超驾驶歼-15舰载战斗机准备执行陆基模拟着舰训练时英勇牺牲。我国航母舰载机事业的开创史上，留下了第一位英烈的名字。

张超虽然离开了，但他的战友们继续在海天之间翱翔，如同刀尖上的舞者，向海图强，奋勇前行。舰载战斗机飞行员王勇是张超的亲密战友，他在采访中自豪地说，"起降再危险只是开始，进攻才是我们的使命"。

通过几次摄制实践，我们再次体会到，不管融媒体产品表现为什么样的形态，都始终遵循着新闻报道的基本规律，那就是到一线去，到现场去，到火热的生活中去。

（作者：中国军号　颜军、琚振华）

第 6 计

大题小做

四个"你不必"引入，小切口做成大宣传

"你不必认识我""你不必寻找我""你不必记住我""你不必感谢我"；从繁华都市到岛屿边疆，从故土家园到异国他乡，从炎炎烈日到雨雪冰霜；在波涛间、在沙场上、在无人区、在天空中，中国武警无处不在！

赓续血脉铸忠诚，奋楫强军新时代。首部强军网络宣传片《中国武警，永远和您在一起》，由武警部队政治工作部宣传局与"金台点兵"工作室联合出品，于2019年1月29日春节前夕在全网正式推出。这部宣传片大力宣传武警部队坚定拥护、积极投身和忠诚守卫改革开放40年来的突出贡献，全面展示武警部队重新组建以来的非凡实践历程，特别是在习近平强军思想指引下，部队全面建设取得的丰硕成果和历史性跨越，以及调整改革后展现的新成就新风貌。

重大主题宣传片，往往用小切口进入，更容易做大宣传。武警部队转隶军委宣传片，主题重大，但因为小的切口，依然取得了很好的传播效果。

爆款 32 计
——现象级融媒传播案例背后的巧思

爆款小档案

《中国武警，永远和您在一起》

发布时间：2019年1月29日，作品时长：3分44秒
发布账号：人民网、"金台点兵"公众号、全国党媒信息平台
传播效果：被誉为首部强军网络宣传片。全网观看量突破1亿次。

视频文案

你不必认识我
你看到祥和的炊烟
那就是我

你不必记住我
你走在美好生活的路上
那就是我

你不必寻找我
你听到急切的脚步声
那就是我

你不必记住我
你走在美好生活的路上
那就是我

你不必感谢我
你握住希望的双手
那就是我

我不只存在于照片里
也不只流传于故事中
你能感受到
我的存在

从繁华都市,到岛屿边疆
从故土家园,到异国他乡
从炎炎烈日,到雨雪冰霜

当我开始在沉默中守候
当我被泪水、汗水、雨水浸染

当我经历了离别

也见证了誓言

在波涛间、在沙场上
在无人区、在天空中
无处不在，永不停歇
武警部队是党领导的
人民武装力量的重要组成部分
在维护国家安全和社会稳定
保卫人民美好生活中
肩负着重大职责
提高警惕　保卫祖国

新时代　新体制　新任务
当我们担起备战打仗的如山重任
当我们履行"两个维护"的神圣使命
你不必知道
我来自何方
又在何处安息
你只需知道
我是中国武警
我为谁而战

爆款炼成记

亲历者说

增强代入感，了解身边的保护神

哪有什么岁月静好，只不过是有人在替你负重前行。到底是什么样的人在为我们负重前行？

在安全保卫一线、在抗洪抢险中，在各种灾难面前、各类急难险重任务中，又有谁会比这群人冲锋得更靠前？中国人民武装警察部队，这支近卫劲旅步履铿锵、一路前行，奋战在维护国家安全的各个战场上，构筑起钢铁长城。这群橄榄绿，就在你我的身边！

中国人民武装警察部队，成立于1983年4月5日，前身是中国人民公安中央纵队，始建于1949年8月。人民武装警察部队是中华人民共和国武装力量的重要组成部分，由党中央、中央军事委员会集中统一领导。自2018年1月1日零时起，中国人民武装警察部队由党中央、中央军委集中统一领导，实行"中央军委—武警部队—部队领导"指挥体制。

转隶为中央军委集中统一领导的"战狼"，在这一轮国防和军队改革中焕发出怎样的风采？新体制实行一年来，武警部队实现了什么样的变化？身上那种战无不胜的本领、那种勇猛顽强的品格、那种血性阳刚之美，又是怎样锻造培塑的？人民卫士如何用热血生命谱写忠诚壮歌？

在武警部队政治工作部宣传局的大力支持下，我们改变了以往主题宣传片的讲述方式，把"他们从战火硝烟中走来"等句式全部摒弃，从百姓视角切入，连续四个"你不必"句式层层递进，增强可读性和代入感，让读者跟着节奏，逐步感受到人民忠诚卫士的风采，也让转隶后的武警部队新面孔一一登场，立体地呈现在大家面前。从小切口的深情讲述，累积情绪，渐渐转换到排山倒海的节奏，以精彩镜头力求强烈的视觉冲击力，传播稳稳的正能量。

创作的过程是艰辛的。选取大量的镜头，要做大量的工作，力求完整体现。维稳安保，抢险救灾，反劫机战斗……宣传片中八成以上的场景，是记者经历过的"战场"，与战士们一起流过艰辛的汗水，更留下大量的图片视频资料。创作过程中，我们和武警部门保持沟通，确保政治安全和正确的舆论导向。作为武警部队首部强军网络宣传片，于2019年1月29日春节前夕正式推出，全网观看量突破1亿次，产生了非常好的传播效果。

（作者：人民日报"金台点兵"工作室　战旻玥）

深度解析

讲好中国武警故事

"你不必记住我,你走在美好生活的路上,那就是我;你不必感谢我,你握住希望的双手,那就是我……"春节前夕,一部反映武警部队改革强军的短视频《中国武警,永远和您在一起》引燃网络,发布当天全网浏览量即突破1亿次。这一"爆款"的主要创意源自人民日报"金台点兵"工作室,其牵头人则是报社长期负责军事报道的"爬格子"记者。

这段话出自《人民日报》2019年2月19日头版稿件《让党心和民心贴得更紧——写在习近平总书记"2·19"重要讲话发表3周年之际》,这部短视频是作为守正创新的融媒体产品被推介的。

这部武警部队强军网络宣传片由人民日报"金台点兵"工作室联合武警部队宣传部门制作,以短视频的形式体现,按照"适合网络特点、契合网民需要、符合传播规律"的思路进行摄制。

此短视频在风格上,采取沉浸式铺垫和触动式叙述为主,引导受众主动体悟和感受,力求在潜移默化中诠释主题、抒发情感、触动人心,讲好中国武警故事;在内容上,通过拍摄、剪辑影音素材配以旁白和文字说明,真情描摹武警官兵履行执勤、处突、反恐、海上维权、抢险救援等平凡壮举和突出贡献,多维展示新时代武警部队恢宏磅礴的强军力量;在脉络上,全片以四个"你不必"为旁白,引导受众逐步了解武警官兵的使命担当与忠诚奉献。全片以"我不只存在于"切入,展示武警部队新型作战力量,回顾武警部队英模和烈士光荣事迹,既点燃热血激情又触动内心深情,以"我为谁而战"收题,重点呈现习近平主席向武警部队授旗训词、"9·3"阅兵武警方阵等画面,立体地展示武警官兵勇于担当、奋发有为、牺牲奉献的新时代风采。

什么是武警?首部强军网络宣传片发布《中国武警,永远和您在一起》，回答了这个问题。

当你打开浏览器，在搜索框输入"武警"两字，你可能会看到这些问题，几乎每一个武警战士都回答过这样的问题——武警是干什么的、武警是不是军人、武警是不是警察、武警是不是解放军……

这是对中国武警的了解太少！作为国内一支规模庞大的武装力量，作为一支养兵千日用兵千日的常备武装力量，它的公众认知度和影响力，与其本身的规模、作用还不匹配。

在每一个省、每一个市、每一个县，都有武警战士。每年春节当你满载收获回家团聚时，他们在火车站、在机场、在高速路口风餐露宿，为你保驾护航。在人流最密集处背对繁华，为你遮风避雨。

武警部队拥有规模庞大的特战力量，总部直属特警学院、各省总队下属机动支队，各支队下属特战大队、特勤中队，各中队配备应急班。从上到下的特战体系，淬炼出一大批反恐利刃尖兵。

即便是平时担负执勤任务的官兵，每年也会被抽调参加勤训轮换，尤其是近年来武警加大实战化训练，各单位"魔鬼周"极限训练，规模之大、强度之猛，前所未有。这，是中国武警！

无论是国内重大灾害救援和反恐，还是执行海外使馆警卫任务，但凡不安全之处都活跃着中国武警无畏的身影。这，还是中国武警！

武警部队来自解放军，在维护社会治安、保卫祖国建设中作出了巨大的历史贡献。现在，武警部队重新归属中央军委统一领导，加快融入全军联合作战体系，努力完成执勤、处突、反恐、海上维权执法、抢险救援以及防卫作战等任务，建设成为一支党领导下的重要武装力量。

背对繁华，直面孤单甚至面对牺牲，在宣传片中有两位牺牲的武警战士都来自武警山东总队。一位是张楠，2015年7月26日，他在索马里执行大使馆警卫任务时遭到自杀式袭击，英勇牺牲。另一位是王成龙，2018年9月12日，他随队参加"魔鬼周"极限训练时，面对失控的地方车辆，生死瞬间，他舍身救战友被撞成重伤，经抢救无效壮烈牺牲。这，也是中国武警！

武警的身份很复杂，因为他们关系到人们安居乐业的方方面面；武警的身份又很简单，上面的那些分不清没关系，只需要知道他们为谁而战。

（原载于微信公众号"一号哨位"，作者："金台点兵"工作室）

第 7 计

时空交错

重温三人记忆，见证十年之变

2018年5月12日，汶川地震十年之际，中央网信办和中央军委政治工作部联合举办的"相约强军新时代"网络名人进军营活动举行纪念仪式。仪式发布短视频《十年了》，向参加"5·12"汶川特大地震抗震救灾的人民子弟兵致敬。

《十年了》由人民日报首发，该短视频在中央网信办和中央军委政治工作部监制下，由"金台点兵"工作室摄制完成。一周视频点击量超亿次。

爆款小档案

《十年了》

发布时间：2018年5月12日，作品时长：3分钟

发布账号：人民日报、"金台点兵"公众号、全国党媒信息平台、中国军网

社会反响：截至5月16日，视频点击量近亿次，仅微博的点赞评论和转发就超过50万次。相关话题新闻报道量达1538篇，客户端766篇，微博593条，微信文章303篇。

爆款炼成记

亲历者说

"变"的是时间，"不变"的是忠诚

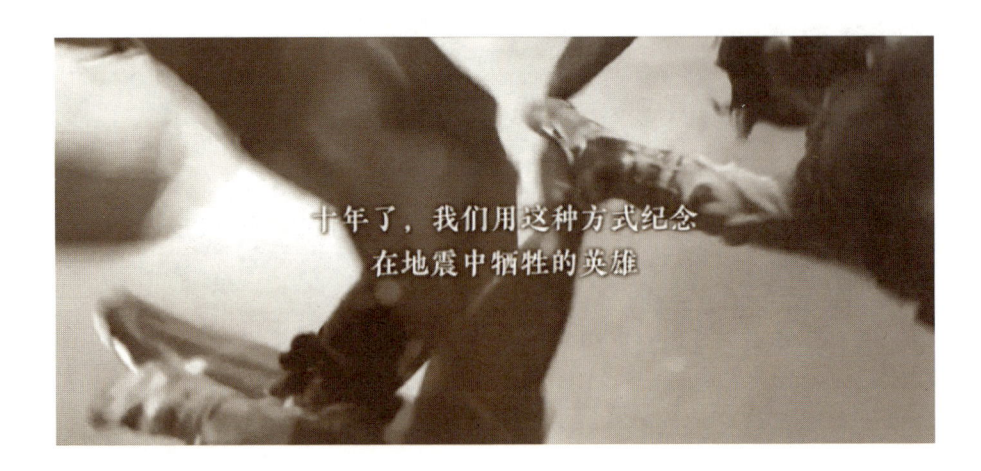

"5·12"汶川特大地震十周年是当时舆论关注焦点，媒体以各种形式纪念汶川地震十年间的发展。在中央网信办和军委政治工作部监制下，

"金台点兵"工作室制作发布短视频《十年了》,向参加抗震救灾的人民子弟兵致敬。在纪念汶川地震十年的舆论环境下,短视频《十年了》依托"十年"进行设问,通过三位军人的自述,讲述了他们在这十年间的"变"与"不变"。从三位主人公身份的描述到他们一个眼神、一句方言的运用,短片中的讲述者以故事化、细节化的讲述方式,以自身经历推进的讲述语气,拉开了汶川地震十年发展的序幕,也拉近了与网民的距离,"润物细无声"地感动着网民,引发舆论共鸣。运用视频的传播形式,可以在丰富信息量的同时给网民带来全方位的感官体验,是一般图文信息传播难以比拟的。

视频《十年了》中传达的"为国为民,生死不变",是对军人精神的承诺,从被救者到施救者、始终如一保卫人民。军人精神的传承契合舆论的期待,凝聚社会共识,这也是微视频传播的情感所在。视频作品充满了情感,包括对遇难者的哀悼、对幸存者和救援者的敬意。

随着用户自我意识、自主意识的快速提升,用户更加重视消费过程中的感官体验与心灵感受。单向传播时代已经一去不复返,互动式传播要求媒体将用户的需求与体验放在第一位。视频使用地震当时的影像和照片,与重建后的汶川对比,来展示这场灾难的破坏和重建的成就。这种视觉冲击能够让人更深刻地理解这场灾难的影响和意义。

因此,在内容和形式的共同推动下,借助网络媒体和网络名人广泛推送,短视频《十年了》的舆论关注度于5月12日当天达到高峰。

(作者:人民日报"金台点兵"工作室)

深度解析

舆论回声源自共同记忆

军人精神契合舆论关注焦点

在短视频《十年了》中,强调"变"的是时间,"不变"的是作为军人为国为民的忠诚与军人精神的传承。以个人生命为誓,担起一个军人的责任,并将这种精神传承下去。正如视频中所说,"为国为民,生死不变",而舆论场上有关军人精神的讨论也未曾停息过。

习近平主席在全军政治工作会议上明确提出,要"培养有灵魂、有本事、有血性、有品德的新一代革命军人",为和平年代军人精神的建立画出了"标准像"。有媒体评论,我军在抗震救灾、抗洪抢险等一系列重大非战争军事行动中的表现,都生动体现了中国军人强烈的使命担当,国家和人民利益至上的坚定意念,忠勇果敢、不怕牺牲的精神和扶危济困、救民水火的情怀。《解放军报》曾发文称,军人最具锋芒的不是武器,而是不惧生死的血性胆气。

短视频《十年了》传达了军人以生命的名义做出的担当,是对军人精神的承诺,而从被救者到施救者、始终如一保卫人民就是对这种精神的发扬。军人精神的传承契合舆论的期待,凝聚社会共识,这也是短视频传播的情感所在。

为国为民增强舆论信心

《十年了》的发布,在微博、微信等自媒体平台上引发网民热议。在相关微博的网民评论中,致敬、感谢"最可爱的人"成为网民朴素的情感表达中最常用的语句。尽管网民提起这场灾难仍是"泪目",但"致敬人民解放军""感动常在""祝愿国泰民安""加油我的国"等祝福留言成为舆论主流声音。

网民观点词频

有网民评论表示，"每当看到这些图片，还是会忍不住为当时的场景流泪、悲痛。看到解放军和武警官兵在抗震救灾中不畏艰险、不怕牺牲、为国为民的视频影像，仍然为之热泪盈眶"。也有网民跟评称，"他们是在灾难面前冲在最前面的人，因为有了他们，国家才能强大，我们才会过上好生活""一个能出动十万军队救援的国家，永远不会被打垮"。可见，公众在肯定人民解放军不负党和人民重托的同时，也对国家充满信心，体现了我国强军梦与强国梦的内在统一。网民相信，在以习近平同志为核心的党中央坚强领导下，在解放军及武警官兵为国为民生死不变精神的弘扬和传承下，灾区的明天一定会更加繁荣，灾区人民的生活一定会更加美好，中华民族伟大复兴的中国梦也一定能够实现。

（原载于全国党媒信息平台、微信公众号"金台点兵"，作者：人民网舆情数据中心　杨悦）

延伸阅读

汶川十年，感谢你！人民子弟兵

十年前，5月12日。
你是参与救援的武警官兵，还是转播灾情的新闻记者？
你是抚慰哀伤的心理医生，还是手术台前的白衣天使？

你是驱车前往的志愿之士，还是关注实况的热心群众？

无论你是谁，一定都无法忘记那场地震带来的满目疮痍！

无论你是谁，一定都无法忘记那场地震带走的无数生命！

无论你是谁，一定都无法忘记那场地震冲在一线的"橄榄绿"！

十年前，2008年5月12日14时28分，一场突如其来的特大地震，瞬间让山川变色，房倒屋塌，数百万群众痛失家园，深重的灾难让世界记住了汶川。

十年后，映秀的新街，游人如织；汉旺的校园，生机盎然；羌寨的农家乐，生意兴旺；北川的工业园，机声隆隆……。在这片曾经山河破碎的土地上，岁月风干了泪水，阳光消融着悲伤，生命在奋斗中重新出发。

在汶川特大地震十周年之际，"金台点兵"工作室推出新媒体短视频《汶川十年》，带您见证汶川走过的风雨十年——

《汶川·十年：铭记》

十年前，一场巨大的灾难，让汶川这个小县城成为全世界瞩目的焦点。地震发生后，14.6万名中国军人抵达灾区抗震救灾，涉及地域之广、动用力量之多、投入速度之快，都创下了我国军队抗灾救灾的历史纪录。十年间，在这片曾经满目疮痍的土地上，解放军和武警部队官兵在全力参与灾后重建的同时，也始终惦记、牵挂着这里的群众。其中，映秀的一位小姑娘，成为武警军官韩中轩常常想起却无法联系上的人。

《汶川·十年：见证》

武警四川总队阿坝支队汶川中队中队长杨志，2008年5月12日在军校上大四时，随部队一起进入汶川映秀参加抗震救灾，毕业分配时，又来到汶川中队任职。从2008年到2018年，他在汶川工作了十年，与这个曾经满目疮痍的小县城结下了不解之缘，更见证了抗震救灾和灾后重建的点点滴滴。如今，他即将走上新的工作岗位，告别汶川。

《汶川·十年：重生》

  平坦的马路、敞亮的学校、整洁的园区、真诚的笑脸……汶川特大地震十年来，灾区实现了历史性巨变，曾经山河破碎、满目疮痍的汶川地震灾区，如今面貌一新，焕发着勃勃生机。这里不仅写着缅怀，写着伤痛和泪水，也写着希望与大爱。十年后的汶川，最漂亮的是民居、最安全的是学校、最现代的是医院、最满意的是群众，整个社会的开放意识、创业意识、文明意识得到增强，展现出自立自强、奋发有为的良好精神风貌。

  "汶川十年"，辙痕深深。我们看到，强大的军事力量是国家安全的支柱，也是人民利益的保障。抗震救灾的重大胜利，得益于这种力量，也检验了这种力量，更凸显了锻造这种力量的极端重要性。每名官兵手中都有一把强军火炬，只要我们同心协力、锐意进取，面对使命敢担当，面对困难勇突破，就一定能让光明洒满强军的伟大征途。

（原载于微信公众号"侠客岛"，作者："金台点兵"工作室）

第 8 计

新闻赋能

烈士纪念日首发　彰显人民英雄情怀

2018年9月30日是我国第五个烈士纪念日,也是《中华人民共和国英雄烈士保护法》实施以来的首个烈士纪念日。

以烈士纪念为主题,短视频《人民英雄》于2018年9月27日在人民日报客户端和全国党媒信息公共平台首发,并在当天的国防部例行记者会上被国防部发言人现场推荐。《人民英雄》这部短片紧扣主题,通过老红军和守墓人的视角讲述英雄精神的传承,最终落在"继承是最好的纪念,开创是真正的永存"。作品通过小切口展现大格局,是烈士纪念日宣传报道中视角独特的一个融媒体产品。视频上线后,在PC端、移动端展开矩阵式传播,在不同的圈层中形成了口碑传播。百度指数显示,"人民英雄"关键词搜索量在9月30日达到峰值。

🖊 爆款小档案

《人民英雄》

创作单位："金台点兵"工作室
发布时间：2018年9月27日
发布平台：全国党媒信息公共平台、人民日报客户端、人民网微博、人民视频客户端等
全网阅读量：6000万次

视频文案

出发
每一天，每一个角落
都在上演着，一次又一次出发

那一刻
他们，扛起钢枪，整装待发
（姜国茂：我就是为了国家，为了咱们全国老百姓）
（吕品：我们无所畏惧，是一定能够战胜敌人的）
有人说他们
为理想而战、为信仰而战、为荣誉而战……

国家人民危难关头
他们无暇思量
仅凭借一名中国军人的本能
便发起一次又一次冲锋
（程茂友：我们的战士都是勇往直前的，和平年代就是把这种精神发扬出来，使我们的国家更上一层楼）

守护
以赤子的丹心，以泰山的分量
身躯铸路，热血筑墙
平定那硝烟，驻守这盛世

（王建刚：今天的幸福生活是来之不易的，是先烈们用生命和鲜血给我们换来的）
我们不知道他们是谁，生在哪里
但从不曾忘记他们为谁拼杀，为谁倒下

继承是最好的纪念
开创是真正的永存
（习近平：理想之光不灭，信念之光不灭。我们一定要铭记烈士们的遗愿，永志不忘他们为之流血牺牲的伟大理想）
标语：国家的荣誉　人民的荣光

爆款炼成记

亲历者说

紧扣新闻事件　讲好英雄故事

纪念，是一张时间的考卷，英雄烈士要在历史中铭记。2014年8月31日，第十二届全国人民代表大会常务委员会第十次会议通过的《全国人民代表大会常务委员会关于设立烈士纪念日的决定》规定，将9月30日设立为烈士纪念日。每年9月30日国家举行纪念烈士活动。

然而，近年来屡次出现的"亵渎英烈""侮辱英雄"的新闻事件不断刺痛着公众的神经，"保护英雄"的舆论呼声不断高涨。2018年5月1日，我国正式出台《中华人民共和国英雄烈士保护法》，以法律形式对英雄烈士进行保护。在中华民族从苦难走向辉煌的伟大历程中，无数英烈为了国家利益和人民幸福，用生命写下可歌可泣的壮丽诗篇，留下弥足珍贵的精神遗产，他们不该被历史遗忘，更不应该被亵渎。

《英雄烈士保护法》明确指出，文化、新闻出版、广播电视、电影、网信等部门应当鼓励和支持以英雄烈士事迹为题材、弘扬英雄烈士精神的优秀文学艺术作品、广播电视节目以及出版物的创作生产和宣传推广。广播电台、电视台、报刊出版单位、互联网信息服务提供者，应当通过播放或者刊登英雄烈士题材作品、发布公益广告、开设专栏等方式，广泛宣传英雄烈士事迹和精神。在对烈士纪念日的报道中，融媒体产品的应用还不是很多。

为此，在2018年烈士纪念日到来之际，我们选择了川陕革命根据地红军烈士陵园和沈阳抗美援朝志愿军烈士陵园，组建两组拍摄团队分别赶赴四川省巴中市通江县和辽宁省沈阳市，拍摄烈士陵园和守墓人，通过姜国茂、吕品、程茂友、王建刚等老红军、守墓人的视角去阐释今天来之不易的安宁与和平，并呼吁大家纪念英烈、传承精神不仅仅是烈士纪念日这一天的事情，需要我们持之以恒。

在紧扣烈士纪念日这一新闻事件来挖掘和讲述这些英雄人物的故事时，我们注意以下几点：首先，深入挖掘细节。前期，我们进行充分的调研和采访，收集尽可能多的信息和细节，了解老红军、抗美援朝英雄、守墓人等英雄人物的生活背景、特点、经历等，以及他们在烈士纪念中的具体行动和表现。其次，拍摄时我们通过生动的语言和情境描述，尽力将英雄人物和他们的故事与烈士纪念日的意义紧密结合，让受众感受到这些人物在事件中的重要性和纪念烈士的价值。用故事和细节来描述他们的行动和体现他们的精神，让受众产生共鸣和敬意。最后，我们用短视频的形式将这些英雄的故事传播给更多的人，让更多的人了解和学习他们的精神。

"每一天，每一个角落，一次又一次出发，一次又一次冲锋""继承是最好的纪念"……视频于2018年9月27日上线后，在PC端、移动端展开矩阵式传播，在不同的圈层中形成了口碑传播。截至2018年10月3日，该短视频的全网播放量突破6000万，人民网微博、人民日报客户端、人民视频客户端、国防部网站、国防部发布微博、军报记者、人民武警、学习小组等微信公众号纷纷转发。百度指数显示，"人民英雄"关键词的搜索量在9月30日达到峰值。

（作者：人民日报媒体技术公司数据新闻与可视化实验室）

第9计

多次传播

让"最可爱的人"影响更多的人

全息媒体、全程媒体、全员媒体、全效媒体的出现,标志着媒体融合已经由简单叠加走向深度融合的新阶段。随着移动客户端及微博、微信等种类繁多的官方账号和自媒体账号的大量涌现,新闻传播已经由一次传播演化为各种媒体相互联动而进行的"二次传播",甚至是多次传播;新闻事件的关注度,也呈现出"重大新闻事件抢占第一落点进行首次传播产生'轰动'效应,与普通新闻事件经过'二次传播'发酵后呈现'爆款'"现象并举的格局。移动互联网时代的新闻"二次传播",已不再是简单意义上的转载、转发、转播,而是对新闻内容纵深挖掘和多维切割后的多元呈现。运用以用户思维、简约思维、极致思维、迭代思维等为主要内容的互联网思维,深刻把握网络媒体即时性、交互性、开放性以及低成本等特点,已成为媒体人必须解答的一道命题。

纪念中国人民志愿军抗美援朝出国作战70周年主题报道中,新华社解放军分社策划完成了系列报道《致敬最可爱的人》,实现了传统通稿线路"首次传播"、线上新媒体报道"二次传播"和线下实体影像展"多次传播"的多维度传播格局,提升军事新闻媒体的传播力、引导力、影响力、公信力。

爆款宝典之短视频

制图：张启蒙

爆款小档案

《致敬最可爱的人》

发布时间：2020年10月24日
发布平台：新华社客户端
传播效果：共播发图片通稿372张、海报70张和重点短视频1部，媒体采用量累计超过2万家（次），网络浏览量超过1亿。

105

视频文案

70年前，只有一二十岁的他们
雄赳赳，气昂昂
跨过鸭绿江，抗美援朝，保家卫国
70年后，已是耄耋之年的他们
见证了祖国日益繁荣昌盛

为了铭记那段气吞山河的壮烈历史
在过去2个月里
新华社记者在全国
寻访到很多志愿军老战士
记录下他们70年后的样子

爆款炼成记

亲历者说

一次线上线下的传播实践

采访对象的故事普遍发生在70年前，所以很容易出现记忆偏差。在采访编辑过程中，我们严格核校每一个细节，坚持通过本人核实、退役军人事务部门审核、往年新华社通稿比对等手段，确保所有稿件没有一个差错。准确性带来了很高的通稿采用量，切实抓住了媒体用户的"第一落点"，实现了准确高效的"首次传播"，仅中文图片累计采用超2万家（次）。

紧随通稿线路之后，我们在通稿照片的基础上加工形成海报组图，在新华网、新华社客户端、新华社微信公众号等新媒体平台发布，很快在朋友圈实现了"刷屏"转发，揭开了"二次传播"的序幕，实现了一波又一波的转发高潮，获得了过亿浏览量。

随后，《我在现场：致敬最可爱的人采访手记》系列作品陆续上线，数十位记者用文字、照片和视频等形式带观众回到那些采访现场，进入老英雄们的内心世界，仅新华社客户端的平均阅读量就在百万以上，有效地为线上传播提质增效。

本次报道的创新之处在于，我们将线上展示的内容在中国人民革命军事博物馆落地，既保证了传统媒体手段对B端供应链的必要性，又实现了新媒体对C端"需求侧"的覆盖，还将这两者所带来的增益流量转接到线下，形成双向导流，实现指数倍增长的传播效益，8万多人在现场参观。很多志愿军老战士闻讯从吉林、青海、湖北等地赶来现场观看，6本留言本被写得满满当当，留言亭采集的语音和视频留言近千条。

（作者：琚振华）

深度解析

融媒体环境下的"二次传播"路径

纪念中国人民志愿军抗美援朝出国作战70周年主题报道中，新华社解放军分社联合新华社摄影部、新媒体中心和30个省级分社200多名记者，用时2个多月，行程数万公里，完成了系列报道《致敬最可爱的人——抗美援朝志愿军老战士影像专辑》，在全国范围内遴选了70名事迹过硬的在世志愿军老战士，包括黄继光的战友、"奇袭白虎团"亲历者、《上甘岭》电影角色原型等典型人物。

在线上报道的同时，还联合中国人民革命军事博物馆在军博兵器馆举办了同名主题影像展，日均观众近1万人，实现了传统通稿线路"首次传播"、线上新媒体报道"二次传播"和线下实体影像展"多次传播"的多维度传播格局。

一、多方位发力，打造军事新闻"二次传播"新格局

（一）依托通稿线路抓住媒体用户"第一落点"，实现准确高效的"首次传播"

在纪念中国人民志愿军抗美援朝出国作战70周年主题报道中，新华社利用记者遍布全国的优势，发挥"摄影国家队"的特长，为70名志愿军老战士拍摄了70组高质量的肖像照。在当前的传播生态下，越来越多的受众倾向于使用手机等移动终端获取新闻，传统媒介的生存空间被不断压缩。但即使在这种不利的环境下，新华社通稿线路的准确性和唯一性依旧发挥着无可替代的作用。采访对象的故事普遍发生在70年前，所以很容易出现记忆偏差。在采访编辑过程中，我们严格核校每一个细节，坚持通过本人核实、退役军人事务部门审核、与往年新华社通稿比对等手段，确保了所有稿件没有一个差错。准确性带来了很高的通稿采用量，达到2万家（次），切实抓住了媒体用户的"第一落点"，实现了准确高效的"首次传播"。

（二）线上融媒体报道确保"二次传播"提质增效

紧随通稿线路之后，我们在通稿照片的基础上加工形成海报组图，在新华网、新华社客户端、新华社微信公众号等新媒体平台账号发布，很快在朋友圈实现了"刷屏"转发，揭开了"二次传播"的序幕。不少志愿军老战士的子女纷纷在新华社微信公众号留言，实现了一波又一波的转发高潮。志愿军老战士王清珍的孙子刘航留言："小时候就知道奶奶是英雄，看着这么多从枪林弹雨中活下来的爷爷奶奶的照片，直到凝视他们的眼睛不停地落泪时，才真正明白他们，明白那个不平凡的时代！"这组冲击力很强的海报配合当下人们最易接受的短视频形式，使第一波发稿的传播效果得到延续。随后，《我在现场：致敬最可爱的人采访手记》系列作品陆续上线，真正实现了"二次传播"的提质增效。

（三）线下举办主题影像展，实现"网上网下"多次传播

为了进一步做好报道的"二次传播"，甚至是多次传播、反复传播，

我们开创性地将新闻策划从线上搬到线下，从稿件中精选70幅志愿军老战士肖像照，与中国人民革命军事博物馆联合在军博兵器馆举办"致敬最可爱的人——中国人民志愿军老战士主题影像展"。这70名老战士来自中国人民志愿军百万将士，他们中有被称为"活烈士"的庞兴海，有全身大面积烧伤的涂伯毅，有"活着的罗盛教"黄治富，也有电影《上甘岭》中卫生员王兰的原型王清珍……70张照片，凝结了70个瞬间，讲述了70个故事，让人铭记那段气吞山河的壮烈历史，永远记住英雄的模样。很多志愿军老战士闻讯从吉林、青海、湖北等地赶来观看，6本留言本被写得满满当当。志愿军战士王仁山的女儿王建华，在她的朋友圈里感慨："这些英雄儿女书写了伟大的抗美援朝精神，这是我们这个时代的精神高地，祖国终将选择那些忠诚的战士，终将记住这些奉献青春的人！"线下展览每天吸引近万人参观，很多人又通过个人自媒体账号将参观感受发布出去，并吸引了中国日报、人民摄影报等媒体前来报道，进一步强化了"网上网下"多次传播的效果。

二、融媒体环境下军事新闻"二次传播"的主要特点

什么是"二次传播"？"二次传播"即继续传播，是指新闻媒体传播的信息，在被受众接受后，又以其他舆论形态继续传播下去。传统意义上的"二次传播"往往是口口相传的模式。而在移动互联网时代，"二次传播"的媒介呈现多元化，形态更为丰富多样，力量更为强大，对传统媒体影响力的拓展有着几何式倍增的传播功效。

互联网技术与通信技术的革新，使微博、微信等媒介的"二次传播"手段变得多样化，具有即时性、交互性、开放性以及低成本等特点。移动互联网时代的信息传播，不再是简单意义上的转载、转发、转播，而是几何式的传播格局。新闻信息会在"二次传播""三次传播"甚至多次传播中，得以延伸拓展并日趋深化，产生更为广泛和深刻的影响。新华社解放军分社所属的新华军网和新华社客户端军事频道就借助"二次传播"实现了其影响力的有效提升。我们将图、文、短视频通稿和原创新媒体稿件在

这两个平台播发之后，被新浪、网易、腾讯等各大门户网站大量转载，进而再被其他中小网站转发，逐渐形成枝干不断延伸的"传播网"。以《致敬最可爱的人》系列报道为例，在首波通稿线路取得2万家（次）采用之后，这些媒体用户也都会将稿件挂到各自的网络平台和媒体账号上，快速形成了"通讯社—媒体用户—媒体用户网站"三级传播网。紧随其后的是投放到新华社新媒体平台上经过加工的海报和短视频产品，再次被各大门户网站和个人自媒体账号转载，形成第二波次的"二次传播"。与此同时，在军事博物馆为期1个月的同名主题影像展，通过观众现场参观的形式再次实现线上线下互动传播，形成第三波次的"二次传播"。

对军事新闻而言，新华社和解放军新闻传播中心等军事报道主流平台具备权威性和公信力，是其实现"二次传播"的理想平台。在当前的融媒体环境下，军事新闻因其特殊性一直备受媒体追捧，一方面国内各大媒体和商业网站普遍都设有军事新闻发布平台或者军事新闻频道，另一方面很多军事爱好者也在微博、微信、抖音、哔哩哔哩等自媒体平台开设军事账号，用新奇的角度、抓眼球的形式吸引受众。这一新情况对军事报道主流平台既是机遇也是挑战，应充分重视并利用好"二次传播"的作用，将军事新闻报道得更快、传播得更远、持续得更久，将其作为拓展自身影响力的重要途径。

三、军事新闻"二次传播"的探索思考

在融媒体环境下，传统媒体发布信息的格局被打破，受众接受信息渠道多样化，在这一全新的新闻传播生态格局里，军事新闻报道也必须摒弃过去"被传播"的做法，应主动与新媒体融合，重构"二次传播"，拓展影响力，确保自身的主流地位。

首先是以内容为王。没有抓住受众需求，产品就没有值得传播的价值，更谈不上"二次传播"。对于军事新闻而言，要在融媒体环境下"二次传播"，必须有能抓住受众需求的内容产品，要在"内容为王"的意识指引下，提供可以"为王"的内容，确立自身的核心竞争力。在《致敬最

可爱的人》系列报道中，最大的亮点就是全国范围内筛选出来的70名事迹过硬的老兵，他们的平均年龄是90岁，将他们经过时光雕刻后的模样展示给全国人民，将伟大的抗美援朝精神凝固在一张张照片里，这就是最硬核的"内容"。

其次是针对性编辑加工。"二次传播"其实也是新闻事件个性化传播的代名词，必须在传统讲述模式的基础上进行编辑加工，以更好地在融媒体环境下传播。一条军事新闻播发之后，紧接着进行海报、长图、短视频等形式加工，就能抓住不同年龄段、不同兴趣和不同文化程度的受众，就能更加立体、有效地进行"二次传播"，增强军事新闻传播效益。

最后是缩短"二次传播"与首次传播的间隔时间。"二次传播"同样具有时效性，把两者的时间间隔缩至最短，就能把传播效果提到最高。众所周知，时效性是决定新闻价值的重要因素，是媒体特别是通讯社的生命线。新华社对于时效的要求是以秒为单位计算的，这就确保了每条新闻的"二次传播"都能获得良好效果。

当前，各种全新的媒体和传播手段不断涌现，面对新的传播环境，新时代的军事新闻人要不断创新、锐意进取，借助新媒体"二次传播"的火种，继续以权威、及时的报道，发挥其引领舆论的作用。

（原载于《军事记者》2020年第12期，作者：田源、琚振华）

第 10 计
定义时间

"故事化"记录呈现，感染力吸引力增强

从人民海军走向深蓝后涌现出众多的新特点中，抽取24小时这个概念作为切入点，以海军官兵的一天"不是24小时""也是24小时""超越24小时"三个层次层层递进，有效展示了海军官兵与普通人完全不同的一天。

重大主题，要真正发挥主旋律的作用，必须增强吸引力。《5-4-3-2-1，现在开始执行人民海军时间》全网总浏览量达到1.6亿次，在第25届中国纪录片学术盛典评选中被评为"优秀微记录作品"。

爆款小档案

《5-4-3-2-1，现在开始执行人民海军时间》

发布时间： 2019年4月21日，作品时长：5分钟
发布平台： 新华社客户端
传播效果： 全网总浏览量达1.6亿次，被评为"优秀微记录作品"。

视频文案

谁的一天不是昼夜更替24小时

在幽暗的大洋深处
却有这样一群人
看不到日月星辰 云卷云舒
（旁白：我的生物钟是12小时，每隔8小时我就要在声呐室监听4个小时的水中噪声）
（旁白：一次，潜艇与水面舰艇对抗演练，我们很多艇员5天6夜没有脱过衣服）
潜行数十天
航程千海里
幽闭的艇舱中
没有24小时
是值更的班次
调节出水兵不同的生物钟

他们的一天还是24小时

日出深蓝的壮丽
夕阳彩霞的辉煌

远海大洋也有起床的军号
就餐的铃声
锻炼的广播
虽然
时刻都有可能被尖锐的战斗警报打断
（旁白：第一次战斗警报，我的头上磕了一道3厘米的口子，但现在，闭着眼睛都能摸到战位，因为战位就是我的战场）

他们的一天超越24小时

舰艇在大洋上航行
不断穿越时区
他们的一天
超越24小时
在他们身上
时间可以倒流
度量时间的
是海上补给几点开始
是武器试验持续多久
是能不能幸运地轮到凌晨值班
下更的时候
正是家中女儿放学后的欢乐时光
（旁白：爸爸，为什么我是白天你是黑夜啊？为什么大海这么重要，比我和妈妈还要重要吗？你都欠着我两个生日礼物了！）

70年
每一天、每一分、每一秒
人民海军奋力追赶
向海图强的征途上
人民海军，向着深蓝，破浪前行
70岁，正年轻
70岁，再出发

爆款炼成记

亲历者说

让24小时概念故事化

融媒体报道的发展，改变了以往人们对于信息的渴望与获得途径，使信息在今天已经变得触手可及。受众对于信息的选择也不再像以往那样只要求快速、准确，还要求好看、生动。新闻报道故事化已经普遍存在于当今的媒体报道中，原因在于故事化叙述能在很大程度上决定新闻的传播效果，既能满足读者的心理需求，又能使新闻报道更具可读性和趣味性，实现受众的"注意力经济"。

在报道中，最值得关注的同样是新闻故事的讲述：如何将新闻故事讲好、讲清楚，是军事记者必须重点提升的核心能力，也是军事报道吸引力与感染力的源泉。写好新闻事实，用故事进行驱动点缀新闻事实的同时，要时刻注意不能冲淡事实的真实性以及报道的主题。特别是在军事报道中，事实的真实性、故事的驱动性以及故事背后所蕴含的思想性和价值观，尤其需要我们时刻关注、反复核实。

在《5-4-3-2-1，现在开始执行人民海军时间》短视频制作过程中，我们从人民海军走向深蓝后涌现出众多的新特点中，抽取24小时这个概念作为切入点，以海军官兵的一天"不是24小时""也是24小时""超越24小时"三个层次层层递进，有效展示了海军官兵与普通人完全不同的一天。

如何讲好人民海军故事？我们采取"VLOG+新闻"的方式重塑叙事方式，取得良好的传播效果，对新闻报道叙事的创新是机遇，也是挑战。VLOG的全称是 Video Blog 或 Video Log，意思是视频记录、视频网络日志。以第一人称叙事、前后台结合场景、个性化表达等特性促生其互动感、沉浸感，在这些基础上创新内容表达形式。新闻采用"第一人称视角"，新闻生产者通过个人的主观视角展现人格化的新闻场景，用生动平实的主观镜头取代传统单一的新闻叙事，无形中提升了受众的参与度和情感互动。

  在采访拍摄期间，我们始终把挖掘官兵故事作为第一要务，登军舰、下潜艇的第一时间不是拍摄，而是采访。在潜艇、驱逐舰和综合补给舰三个单位总共3天的拍摄中，仅座谈采访的时间就占了一半。潜艇声呐兵在水下每天12小时的生物钟、驱逐舰雷达班长战斗警报跑位时脑袋磕出3厘米的口子、远航官兵争抢凌晨值班的背后是对家人对儿女的亏欠……全片所有的故事和细节都是现场采访得到的，是与众不同的，也是独一无二的。VLOG播出后全网总浏览量达到1.6亿次，先后获新华社总编室表扬稿、2019年社级好稿，并在第25届中国纪录片学术盛典评选中被评为"优秀微记录作品"。

（作者：琚振华、端倪）

第 11 计

平实讲述

青春的镜头,真实的力量

1步,1步,1步……不断攀登,1次,10次,100次……反复巡逻,只为界碑上红色的"中国"更加艳丽。短视频《他们的青春,以每天48小时的速度远去》,告诉大家"青春是什么",跟踪采访、巡逻拍摄、同期录音,制作完成的短视频,用战士们巡逻边防的镜头和讲述,获得3000多万的播放量,成为边防部队官兵的刷屏之作,有效鼓舞了边防部队官兵卫国戍边的信念与士气。

爆款小档案

《他们的青春，以每天48小时的速度远去》

发布时间：2018年9月28日，作品时长：3分59秒
发布平台：新华社客户端
传播反响：24小时在新华社客户端的总浏览量超过230万人次，在新华社微信公众号上的浏览量达10万+，获得11000多个点赞。

视频文案

青春是什么？
青春，是吃一个馒头只要两三口
青春，是巡一趟界碑需要一整天
青春，是穿一身迷彩无悔一辈子

北京向西4500公里，向上4300米
有一个地方叫作瓦罕走廊
有一座哨所叫作克克吐鲁克

这里
没有风和日丽花果香
没有快递抖音4G网
这里有的
只是平原地区一半的氧气
一年八个月的大雪封山
快走几步就会大口喘气
睡觉总会伴着脉搏跳动带来的隐隐作痛

但他们
用青春做出了选择
前赴后继
扎根边疆

就像国家的神经末梢
无时无刻，不在感知边境线上的任何变化

他那只脚，战士们轮流用雪搓了2个小时，才避免冻伤截肢的危险
他那双手，一次巡逻之后就剩下了8个指甲
他那张脸，战友戏说正以每天48小时的速度老去

1步，1步，1步……
不断攀登
1次，10次，100次……
反复巡逻
只为界碑上红色的"中国"更加艳丽

这些最可爱的人
让青春之花绽放在祖国最需要的地方

爆款炼成记

亲历者说

"机动化"配置"模块化"组合

"青春是什么？"我们从可感知的具体生活入手，边防战士的青春是怎样度过的？他们每一天的边防生活是什么模样？巡逻、攀登，我们用平实的镜头记录，力求真实，找到一条主线，让大家可感可触，直击心灵。

在拍摄中，我们也从实际出发。融媒体环境下，平板电脑、智能手机等设备的普及，使一种设备能够同时完成多种沟通任务，如果记者只喜欢用一种工具进行新闻信息的采集和传播，就会限制新闻报道的方式，同时也无法满足受众的多样化需求。在融媒体环境下，报道的新实践还应该拓

宽新闻报道的领域，采用多种工具，有效拓宽军事记者的报道思路。

媒体工作者需要适应自身由记者到融媒体视频记录者的叙事者角色转变，在全程、全息、全员、全效的"四全媒体"格局中解决好"本领恐慌"问题，提升数据素质。VLOG的个性化表达和视觉传播对记者的言语传播和非言语传播能力提出了更高要求，在内容生产中，记者可能集策划、拍摄、出镜、口播、采访、后期等系列工作于一身，融专业媒体背景与新媒体思维于一体，向全能型视频记录者人才转变。

在瓦罕走廊克克吐鲁克边防连采访报道任务中，我们去了3个人，分别负责策划、文字和摄影。采访期间，3个人各司其职、相互协作、有机结合，采访、拍摄、撰写脚本多线并举，仅用2天时间便完成了故事采访、巡逻拍摄、同期录音等大量工作，随后制作完成的短视频报道《他们的青春，以每天48小时的速度远去》获得3000多万的播放量，成为边防部队官兵的"刷屏之作"，有效鼓舞了边防部队官兵卫国戍边的信念与士气。

在这个短视频中，记者和边防战士是感同身受的。VLOG新闻是以视频记录的方式展开，镜头表现的大多都是记者真实的即时感受。短视频以第一人称的视角，使用亲近的、非严肃的语气进行如同面对面、平等的陈述和交谈，从而展现边防战士看似平凡实则非凡的奉献精神。

那么，如何做到"权威声音、主流价值、清新表达"？叙事者素养愈显重要。针对当前社会上有些流水账式、"碎碎念"式叙事，我们认为既要转变叙事角色、提升综合素养，还要探索个性表达、坚守客观原则，需要挖掘特色，深耕内容风格，构建自身品牌。可以从这几方面着手：

一是第一人称视角消解新闻距离感。VLOG新闻采用"第一人称视角"，新闻生产者通过个人的主观视角展现人格化的新闻场景，用生动平实的主观镜头取代传统单一的新闻叙事，无形中提升了受众的参与度和情感互动。

二是沉浸式体验增强现场代入感。在VLOG新闻的生产模式中，记者"我"视角的拍摄方式合并了自己和受众之间不同的时空，弱化了不同情景之间的界限，让观众能通过镜头实现与记者和新闻现场的近距离接触，增强代入感。

三是个性化报道突出艺术化呈现。VLOG新闻把记者从固有的新闻框架中剥离出来。创作者不必再严格遵循"5W"式报道模板，而是从更生活化、个人化的角度，通过镜头把新闻事实呈现给观众。

当然，VLOG新闻一方面要求记者在"我"的叙事视角下，遵循新闻原则，保持真实真诚；另一方面提醒记者注意表达的"度"，在个性化表达下坚持客观原则，秉持新闻真实，以探索VLOG新闻更好的传播效果。

（作者：琚振华、端倪）

第 12 计

口述历史

每个名字都是一段《红色记忆》

军队离退休干部移交政府安置管理，是党中央、国务院、中央军委作出的重大战略决策。广大军队离退休干部为党领导的革命、建设、改革事业作出了重要贡献，是党、国家、军队的宝贵财富。虽然时光流逝，但是老同志们的功勋人民不会忘记；虽然年华老去，但是老同志们的记忆依然鲜活、澎湃。为重温光荣历史，传承红色基因，退役军人事务部组织创作了军队离退休干部口述历史专题片——《红色记忆》。

✏️ 爆款小档案

《红色记忆》

发布时间： 2023年7月1日

发布平台： 退役军人事务部官网、官微，"中国退役军人"全媒体矩阵，"学习强国"学习平台，新华网，人民日报全国党媒，央视网、央视频等

发布效果： 全网播放量突破2000万次。专题片相关内容登上新华网、央视网头版，并获得今日头条、快手、腾讯、网易等平台全网置顶推荐。

✏️ 爆款炼成记

亲历者说

口述历史的破局与新塑

"为谁当兵？为谁打仗？我们来就是保卫祖国！"

"冲锋号一吹，你只有往前，没有退后。"

"我们的娃娃都在成长，我们的生活一天比一天好，可惜那么多战友，全都不在了，就留我一个。"

2023年7月1日至7月3日，退役军人事务部军休服务管理司与宣传中心联合拍摄制作的军队离退休干部口述历史专题片《红色记忆》在全网正式发布。该片遍寻全国1730个军休所，抢救性地记录了数位老同志的故事。退役军人事务部官网、官微以及"中国退役军人"全媒体矩阵首发，"学习强国"学习平台、新华网、人民日报全国党媒、央视网、央视频等媒体平台同步置顶推荐播出，截至7月3日，该片全网播放量突破2000万次。

专题片相关内容被今日头条、快手、腾讯、网易等全网平台置顶推荐。

"拍摄的时候，我们想着要快点、再快点。但最遗憾的事还是发生了。2023年5月22日，郭正荣老人与世长辞，这部专题片成为他生前为我们留下的最后影像与战斗记忆。"

如何以军队离退休干部的个体记忆呈现各个历史时期人民军队的精神图谱，传承无上光荣的红色基因？如何在人物讲述加史料画面的传统口述历史形式中找到更有感染力、传播力的表达路径？如何在没有传统传播路径时，突出互联网传播优势？《红色记忆》给出新的"解题"思路。

大主题小切口 时代与个人互相观照

广大军队离退休干部为党领导的革命、建设、改革事业作出了重要贡献，是党、国家、军队的宝贵财富。挖掘、记录、传播他们的历史记忆，不仅是人民解放和国家发展伟大事业解读视角的丰富，而且对于传承人民军队的精神谱系具有"抢救性"的意义。

本片在全国1730个军休所中，重点梳理出9位年事已高且表达思路清晰的老同志，他们参加过不同阶段的重要战役，如何以老同志们的战斗记忆为主视角，同时让这些故事观照现实，令这些故事生动可感？导演组走访广东、山东、上海、辽宁等数十个关联地寻找线索，还走访了他们的家人、邻居、战友，以及军休所、纪念馆馆员等，从多方面的讲述中找到宏大叙事的"朴素"落脚点：有的老同志曾没费一枪一弹，让敌军2700余人全部缴械投降；有的小小年纪就怀揣"光荣弹"，独自穿越火线传递命令，"落到敌人手里，把手榴弹拉响，和敌人同归于尽"；有的最大的愿望是有生之年能再见见70年前同生共死的战友；还有的老同志经历的战役在网上早已没有痕迹，家人也不知道是否真正存在过……

走入历史，三集片子分别选择以抗日战争、解放战争、抗美援朝战争为背景，打破了口述历史冗长、口语化、叙述无核心的形式。片中的每个故事短小精悍、直切主题，从小切口重回历史，从历史回归生活，以个人视角上升至时代视角，共同构成了使命任务的苦辣酸甜、人生的百转千回、信念的历久弥坚。

寻找时空之钥　与历史重逢打开情感通道

"石榴花，石榴花，石榴顶上开着石榴花，它红过珊瑚，红过琥珀，红过血，也红过朱砂。"一曲《石榴花》，是年过九旬的王国华最常哼唱的歌，也是他印象最深的战友生前最爱唱的歌。战友永远留在了战场上，回国后的每年清明时节，王老的窗台上总要摆上一盆石榴花。

漂亮的花摇曳在春光里，成为《红色记忆》第一集《为民族而战》中触动人心的瞬间。在《红色记忆》中，这样的物件串联几乎贯穿每个人物。

一封时隔70年的书信往来，记录着当年的排长张文涛和警卫员张殿文出生入死的故事——

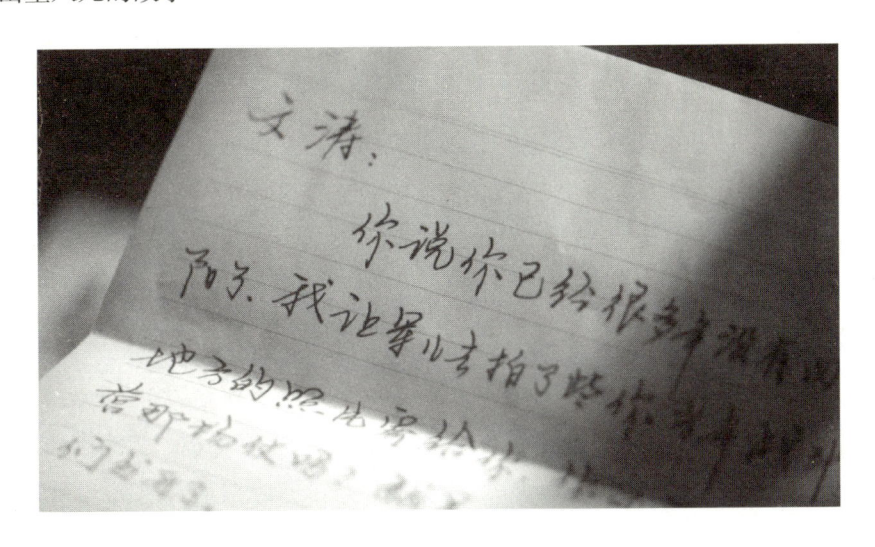

"殿文，最近身体还好吗？那时候我们才15岁，我现在还记得你小时候打完仗害怕、想家、流泪。当时部队的人基本不在了，以为我们这辈子再也见不到面了。"

"文涛：你说已经很多年没有回来沈阳了，我让军儿去拍了些你当年战斗过的地方的照片寄给你。你还记得在东大营那场仗吗？从那之后你就跟我们分开了……"

这些物件背后，隐藏着许多不为大众所知的感人故事与时代记忆，它们立体、真实，让浩瀚如海的军旅记忆，以更可感的方式呈现人民军队在薪火征途中逐步累积形成的信仰源泉和制胜法宝。

本片以这些老物件作为时空之钥，使其承担表达情感、传递信念的功能，与当年的亲历者"重逢"，打开观众与现实人物之间的情感通道，造就了片中一个又一个感人至深的催泪瞬间。老同志们的故事是宏大历史与个人命运的交织混响，一枚小子弹、一张老照片、一个冲锋号，都是一条条穿越时间、情系家国的纽带，时代与个人、历史与现实在这里互相关照、紧密相连。

丰富口述场景　视觉美学拓展话语空间

《红色记忆》是一部口述历史专题片，但从视觉上却打破了传统的纪实手法，全片充溢着美学思考。

老同志们的采访场景在片中占据重要比例，本片致力于打造与内容契合度高的采访空间，充分利用采访场景中的环境道具作为视觉语言讲述故事：老照片、药箱、军功章、旧军装……，这些道具在场景下精准传达着片中的故事内容、主题情绪、视觉美学，通过这些特殊物件，"软性"转换着历史与今朝。

传统的口述历史，多以口述场景辅以老资料还原，《红色记忆》探索了一种全新的视觉呈现手法，它通过后人走进展览馆、曾作为旧根据地的学校、档案馆、市井老巷、陵园……和老同志的青春隔空链接，将叙述场景一再拓展丰富，也让个人和时代的链接感变得越发自然强烈。

在《红色记忆》第二集《为了创立新中国》中，小朋友嬉笑着凑近郭正荣老同志，小肉手轻轻摸着挂在郭老胸前的军功章，安静祥和的当下配着片尾郭老的照片逐渐变为黑白色，本片以极克制的方式表达浓郁的情绪。走进历史的他们，却让我们拥抱未来；献出生命的他们，却让我们生生不息；他们的红色基因，早已深植于我们的血脉，世代流传。

强化主题情绪　解锁历史情感的互联网共鸣

"战友们，同志们，请为老英雄们停留一分钟，听听他们的故事！"这是《红色记忆》在全网宣发时的一段文案。与此类似的还有——

"今天无论你在哪，都请在评论区认真留下你的心里话。告诉先辈们，你当兵是为了什么。让先辈们看到，曾经他们拼命想保护的人，也都在用青春守护着我们的祖国。"

"历史书上的寥寥几笔，却是他们波澜壮阔的一生，每个名字都是一段红色记忆。评论区向所有保家卫国的英雄们，致敬。"

一段段引导性的文案，在评论区引发了数以万计的时空互动。

"为了不辜负14岁在初二历史书扉页上写下入党誓词的小女生，为了不辜负21岁在军旗下宣誓的铿锵誓言，为了不辜负25岁依旧执着的坚持，为了不辜负今日的行动、明日的信仰，可以骄傲地说出我是党员我先上！"（id：摘星星的人）

"为了在大家需要我的时候，有一个催着我挺身而出的理由！"（id：锚定）

"为了打仗时能第一个上！为了更好地为人民服务！若有战，召必回！"（id：枭将）

数以万计的网民积极参与留言互动，在舆论场中掀起了波澜，使口述历史专题片《红色记忆》的意义得到升华。高度重视的前期制作、精美的画面内容，往往因为传播的设计缺失显得虎头蛇尾。网络空间的巨大回音，来自青年，来自后辈，来自一代代前赴后继的力量，想来这应该是口述历史的意义本身。传承，才是最大的力量。

（作者：退役军人事务部宣传中心　刘学）

第 13 计
速写剪辑

《有我们在，请放心》，浓缩生命的情感

"爸，这个春节的年夜饭我吃不了了""孩子，妈要去打怪兽了"……他们是谁？他们最想说的话是什么？己亥末、庚子春，有这样一群人挡在我们身前，听令而行，迎难而上，用意志高喊"顶住"，用生命守护生命。他们说，"疫情不退，我们不退"；他们说，"有我们在，请放心"。

集结，向前，必胜！

爆款32计
——现象级融媒传播案例背后的巧思

爆款小档案

《有我们在，请放心》

发布时间： 2020年2月20日，作品时长：3分钟
发布平台： 人民日报客户端、全国党媒信息公共平台、微信公众号"金台点兵"
传播效果： 上线后被国防部发布、人民日报微博、人民日报客户端、学习强国等近50个平台转载，被今日头条、腾讯新闻、网易新闻、一点资讯、新浪新闻、凤凰视频、搜狗、人民视频等平台首页置顶推荐。截至2月25日，视频可统计播放量超过1.3亿次，4.6万次转发，1600多条评论，6200多个赞。评论里，网民评论最多的是："有你们在，我们真的很放心！感谢中国军人。"

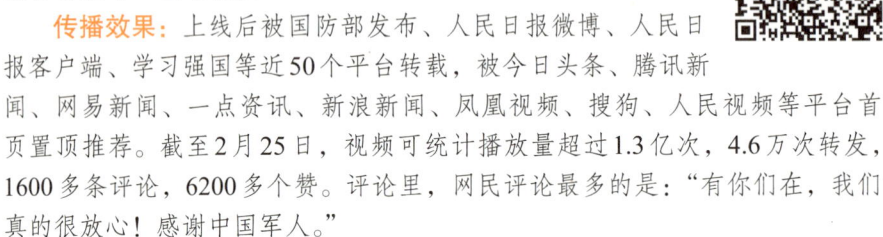

视频文案

有些话，想说，说不出……
那是无法陪伴的愧疚
是深藏心底的遗憾
是铭记初心的执着
（我坚决请战）
（在人民需要时尽我自己的一份力量）
（把这个病遏制住）
（全力救助患者　坚决完成任务　有没有信心）
（有）
有些人，从不喊苦也不说累
不后悔也不言退
不畏惧也永不放弃

号角吹响，使命在肩
出征，争分夺秒的生死时速
逆行，对抗病魔的热血之战
（关键时候还是靠人民子弟兵）

（特别是感谢解放军）
（解放军是最靠得住的）
请祖国放心　请人民放心
请放心　有我们在　有我们在

守护生命，守护希望
守护那熙熙攘攘的烟火气
武汉加油，中国加油
（出字幕）"有我们在，请放心！"

爆款炼成记

亲历者说

突出子弟兵逆行出征的精神

该视频由"金台点兵"工作室与人民日报媒体技术公司联合制作。危难期间，在救援一线，到处都能看到军人忙碌的身影，人们说，看到"军"字，就安心了。在病魔面前，随时都有可能感染，但解放军依然大声地喊着"有我们在，请放心"。他们争分夺秒，前赴后继，用意志高喊"顶住"，用生命守护生命。2020年2月5日开始，我们迅速构思，确定以"有我们在，请放心"为主题制作短视频，从"最想说的话"切入，层层递进到"说不出""来不及说""不愿说""不必说"，突出人民子弟兵出征、逆行、守护生命的精神。

在人民日报"中央厨房"机制下，融媒体工作室融合策划、融合制作、融合传播已成为常态。导演李根说："我们跟'金台点兵'工作室的合作是长期的，从疫情发生，我们想做一些力所能及的事儿，但是没办法到前方去，只能用现有素材去做，但是选哪些素材，素材版权问题以及主题如何串联等，都是需要去具体考虑的事情。正好我们去年拍摄的时候积累了一些军人相关的素材，于是我们就想着可以继续用这些素材，通过几次线上沟通，我们确定了以军人为主角，以'有我们在，请放心'为主题，通过他们想说的话来串联起整个片子。"

从"想说的话"切入，"有些话，想说，说不出……""有些话，能说，来不及说……""有些人，不愿说……""有些时候，只去行动，不必说……"层层递进，最后点出主题："有我们在，请放心！"这句话背后，是人民子弟兵出征、逆行，守护生命，守护那每一个熙熙攘攘的平凡日子的使命。

"定了主题之后，就是找素材、写文案、找音乐等具体的事情了。素材除了我们自己已有的部分，一部分是我们把《新闻联播》、军事报道一条一条看下来之后，标注自己要用的，再协调各方去找的，那个工作量其实是很大的，看那些素材的时候真的会被感动到流泪。另一部分武汉的镜头，由一个正版素材机构提供，我们跟他们沟通，得到了很多火神山医院的一手素材。还有一部分是'金台点兵'工作室协调军方提供的，很珍贵。"李根说。

在后期制作中，我们注重清晰度、灯光、调色高质量的画质，采用快节奏的剪辑，目的就是趁观众的兴奋点还没有褪去的时候及时填补新的内容，这里的快节奏指的并非单纯速度上的快进，而是采用了如下速写剪辑方式：以慢衬快，静止的定焦镜头配合动态变焦特写的镜头；匀速运动的画面，配合慢速、加速的画面；长镜头配合碎镜头；等等。

"整个过程我们用了不到2周的时间，大家看到的这3分钟的片子，实际上每一个环节都是大家严丝合缝的配合与付出才能成就的。"

（作者：人民日报媒体技术公司数据新闻与可视化实验室）

深度解析

情感化剪辑引发观众的共鸣和敬意

危难之中，有这样一群人挡在我们身前。他们说："危难不退，我们不退。"他们，就是人民子弟兵。守护生命，守护希望，守护那熙熙攘攘的烟火气，有你们在，我们放心！

抢险救援最艰难的时候，一部人民子弟兵的救援微视频《有我们在，请放心》给予人们温暖和信心。因为条件限制，这部片子并没有专业的摄制组深入现场一线，而是以各方提供的素材剪辑，以创意逻辑制作而成。

开头的设计，是从新闻的角度出发——一台有年代感的电视机播放着险情。险情就是命令，子弟兵闻令出征。视频聚焦于人民子弟兵在抢险救援中的无私奉献和勇敢付出，这在当时的环境下是一个非常具有社会责任感和感召力的主题，很容易引发观众的共鸣和敬意。通过插入真实的采访片段，子弟兵用最朴实的话语表达出他们的决心，如"危难不退，我们不退"，这些话语具有强烈的感染力，能够迅速拉近观众与主角之间的情感距离，让观众更加深入地体会人民子弟兵的感受和付出。

视频采用速写式的剪辑手法，快速切换不同场景，既展现了子弟兵的忙碌和无畏，也凸显了他们在救援中的关键作用。这种剪辑方式使视频内容紧凑，信息量大，同时也能持续吸引观众的注意力，引发观众的情感共鸣。剪辑节奏是指通过剪辑不同镜头和片段来控制视频的节奏和流畅度。合理的剪辑节奏能够使视频流畅、自然，提升观众的观感。通过快剪、慢放等手法，可以创造出紧张或轻松的氛围，或是强调某个重要瞬间。

具体来说，这个短视频主要采用了如下速写剪辑方式：

快速切换镜头。通过快速切换不同场景的镜头，营造出紧张、忙碌的氛围，凸显子弟兵在救援中的高效行动和无畏精神。这种剪辑方式能够迅速传递大量信息，保持观众的注意力。

精选关键瞬间。在剪辑过程中，选择了一些具有代表性和冲击力的关键瞬间，如子弟兵面对险情时坚定的眼神、奋战在救援一线的身影等。这些瞬间的呈现能够迅速引发观众的情感共鸣，增强视频的感染力。

跳剪和拼接。通过跳剪和拼接的手法，将不同场景、不同时间点的画面有机组合，形成一条完整的故事线。这种剪辑方式能够打破传统的时间线，突出重点，强化情感表达。

音效与画面的配合。音效在速写剪辑中起到了至关重要的作用。通过将音效与画面进行巧妙的配合，能够增强视频的节奏感和紧张感。例如，紧张的呼吸声、机械运转声等音效与快速切换的镜头相结合，营造出一种紧张、急迫的氛围。

在后期剪辑过程中，还加入了一些视觉特效，如缩放、旋转、色彩调整等。这些特效的使用能够增强视频的表现力，突出主题和情感表达，提升视频的沉浸感。

此外，视频中的视觉效果也比较出色，比如用航拍镜头展现子弟兵在救援一线的工作场景，或者用慢镜头捕捉他们面对险情时的坚定眼神。这些视觉效果不仅强化了视频的感染力，也提升了观众的观看体验。不同的镜头选择和运用可以产生不同的视觉效果。例如，使用广角镜头可以展现出广阔的场景；使用特写镜头则能突出细节、强调情感；镜头的运动，如推拉、摇移、跟拍等，也能为视频增添动感和视觉冲击力。

在音效设计方面，视频选用了节奏感强烈的背景音乐，既营造出紧张的救援氛围，也凸显了子弟兵的英勇形象。同时，音效中还融入了现场的实况声音，如呼吸声、机械运转声等，增强了视频的真实感，进一步渲染了情感氛围。

通过多种方式渲染情感，这一短视频成功地展现了人民子弟兵在抢险救援中的重要作用，同时也深深地打动了观众的心。在视频的结尾，通过"有你们在，我们放心！"这样的口号，视频成功地引发观众产生共鸣，并呼吁大家同心协力，战胜危难。这种互动方式既增强了观众的参与感、传递了信心，也扩大了视频的影响力，让观众更加积极地投入到共克时艰的行动中。

（作者："金台点兵"工作室　端倪）

第 14 计

全程跟踪

重塑叙事方式，一起向未来

每一个寸土必争的地方，每一个冲锋突击的关口，每一个生死攸关的时刻……他们一直都在。

采用"VLOG+新闻"的方式将公共传播和个人叙事相结合，以亲切、沉浸式的视觉呈现让受众了解新闻报道的台前幕后，增强了受众对严肃内容的参与感和接受度。

全程跟踪拍摄，践行"四力"，以短视频的报道方式去现场、去思考、去呈现；重视内容建设，通过短视频把有意义的中国故事讲得有意思；同时要注意研究新媒体的传播规律，将专业优势转化为更持续的影响力。

爆款小档案

《他在》

"最美新时代革命军人"主题宣传片
发布时间：2020年7月27日，作品时长：2分58秒
发布平台：人民网"两微"、人民日报"两微一端"
全网阅读量：近1亿次

《老兵，请登舰》

发布时间：2019年7月29日，作品时长：3分08秒
发布平台：人民视频、"金台点兵"公众号
短视频由人民视频和"金台点兵"工作室历时两个多月策划推出，讲述了85岁的老兵吴禄忠退役63年后，圆梦重返青岛海军基地、登上现代化军舰的故事。总阅读量超过2000万。

视频文案

他们很平凡
也很简单
要怎么证明他们的存在
（我宣誓）
（服从中国共产党的领导）
（全心全意为人民服务）
他让热血烙进钢铁
从此只剩冬夏　再无春秋
他将责任融入汗水
浸湿了衣衫
也浸湿了人们的眼
他给梦想插上翅膀
冲破天际

为使命画上轨迹
他把热爱藏进海洋
忍受惊涛骇浪
内心却有无穷力量
每一个寸土必争的地方
他在
（我们的滚滚铁甲）
（将守护好祖国的每一寸土地）
每一个驰骋纵横的沙场
他在
（我们既然敢于征服蓝天）
（也就敢于面对任何困难）
每一个生死攸关的时刻
他在
（穿上军装就要敢于冲锋陷阵）
（誓死保卫大堤　保卫人民安全）
（有我们在，请祖国和人民放心）
（勇者无畏　强者无敌）
向险而行　奋斗强军
（听党指挥　能打胜仗　作风优良）
不同的站位　同样的担当
他们，一直都在

爆款炼成记

亲历者说

连贯叙事逻辑

2020年，防汛救灾，中国军人冲锋在最前线。每一个寸土必争的地方，每一个冲锋突击的关口，每一个生死攸关的时刻……他们一直都在。八一建军节之际,"金台点兵"工作室创作短视频《他在》,致敬人民子弟兵。视频在人民网"两微"、人民日报"两微一端"、学习强国、中国军网等平台发布,被网信办全网推送,被百度、腾讯、今日头条等平台在重要位置推荐,播放量、访问量近亿次。

吴禄忠15岁参军,参加解放大西南战争,16岁参加海军青岛基地建设工作,17岁加入中国共产党。他有个朴素的愿望:"想在有生之年重返青岛海军基地,去看看我待过6年的部队,登上现代化军舰,一睹我们新时代海军的风采!"在军舰上,吴禄忠感慨道:"祖国真的强大了,海军也强大了。"

2019年"八一"前夕,85岁的老兵吴禄忠在人民日报"金台点兵"工作室、人民视频、武汉江夏区退役军人事务局和北部战区海军某部等军地多方帮助下,终于圆了六七十年的登舰梦。《老兵,请登舰》在八一建军节前推出,被中央军委政治工作部网络舆论局作为"八一"重点片之一,在全军网推送。人民日报客户端、全国党媒信息公共平台、学习强国、中国军网、腾讯新闻、澎湃新闻等近百家媒体网站及平台转载,总阅读量超过2000万。

这两个短视频是两种不同的叙事方式,都达到了比较好的传播效果。

《他在》分三个场景跟踪拍摄,以短视频的报道方式去现场、去思考、去呈现,重视内容建设,通过短视频把有意义的中国军队故事讲得有意思。《老兵,请登舰》是人民视频和"金台点兵"工作室历时两个多月策划推出的短视频,践行"四力",采用"VLOG+新闻"的方式将公共传播和个人叙事相结合,以亲切、沉浸式的视觉呈现让受众了解新闻报道的台前幕后,增强了受众的参与感和接受度。

全媒体时代,不同内容催生出各异的互联网内容产品,但优质内容仍是媒体的一大竞争力。VLOG以第一人称叙事、个性化表达等特性促生其互动感、沉浸感。这类短视频的拍摄应做好叙事统一,关注主题重点,搭建叙事线索,厘清叙事逻辑,以保证VLOG新闻叙事的完整性和连贯性。

在叙事策略上,通过不同场景引导受众参与,实现内容表达上更进一步的"互动"和"沉浸"。比如，《他在》更换场景、更换采访对象，通过不同场景引领受众探寻不同的新闻线索，依托新闻要素的排列组合展示不同的新闻角度，以立体化、多角度、全方位呈现新闻内容，凸显子弟兵在各种场景都是人民安全的守护神这一主题。《老兵，请登舰》则以真实、接地气的场景做点缀，创新内容表达形式，以全程陪伴的视角，记录老兵重回舰艇的感受，让受众随着镜头提升互动参与的在场感和沉浸感，从而更好地提升了产品的用户黏性。

（作者："金台点兵"工作室）

爆款小档案

《一起向未来》

发布时间： 2022年2月11日

三峡小微视频号一经播出，一周内点击量为10万+，在同类短视频中名列前茅，并在学习强国和国资小新等媒体平台相继播出，在社会上掀起热潮，冬奥期间多次在重要会议和座谈会上播出展示。

视频文案

从沐浴春晖
到冬雪纷飞
从长途跋涉的白天
到忘记疲惫的黑夜

日巡三万步，只为丈量追寻梦想的距离
攀登千百次，只为守土尽责、精益求精
每一项消缺，只为不辜负大自然的馈赠

每一份坚守，只为实现心中不变的承诺

看朔风远去　听风机欢歌
让指尖流淌的清风
化作点亮万家的灯火
守望你我的"低碳"美好生活

以绿色为名
我们奉献清洁能源
追风逐日　踏浪前行

用激情点燃梦想
用拼搏铸就辉煌
只为更高　更快　更强

让每一度绿电都成为
点亮冬奥赛场最耀眼的光

三峡绿色电能
赋能北京冬奥
我们与你
一起向未来！

爆款炼成记

亲历者说

独特视角传递丰富内涵

三峡绿色电能，点亮北京冬奥！北京冬奥会前夕，一部微视频成为传播热点。

只有从最独特的视角入手，让观众沉醉于视听盛宴，才能将丰富的故事与内涵传递出去。

一起向未来正是秉持这样的传播理念。

"在这里，能让你从独特视角看风景"

这里是北京延庆区与河北赤城县交界处——海坨山，是北京第二高峰，延庆区第一高峰，也是视频制作团队拍摄地之一。

在冬天，这里的体感温度为零下50摄氏度，手持拍摄设备，皮肤与机器接触的地方不能随意移动，一不小心就会扯掉一块皮肤。但也是在这里，我们的视频制作团队用镜头带你领略北京冬奥比赛场地。从白天到黑夜，在高山之巅全局俯瞰，看高山巍峨，云海隐现，雪道逶迤，赛场灯火点亮冬奥赛道，一幅"山林场馆、生态冬奥"画卷在眼前展开。

"在这里，让你沉醉于视听盛宴"

辽阔远景，细节刻画，生动延时，辅以节奏吻合的背景音乐，让你在快节奏时代能注目3分钟，"看朔风远去，听风机欢歌"，看冬奥赛场的每一盏灯火从何而来。

影片中象征着"更高、更快、更强"的奥运健儿画面，让观众一睹为快，提前感受健儿们的赛场风姿。这是制作团队点灯熬油，一帧帧修图去商标，反复打磨剪辑而成的精彩细节画面。更高，是体育竞技水平之高，也是清洁能源开发水平之高；更快，是赛场健儿们竞技速度之快，也是绿色电能输送之快；更强，是奥运精神之强，也是生态文明精神之强。

相信视频中十几秒的镜头足以让你感叹网红"冰丝带"的亮眼，那是制作团队对标水平线、瞄准统一中心点、在600多个站位拍摄拼接而成的丝滑流畅。夜幕下绚烂多彩的"冰立方"，灯火照亮的高山滑雪赛道，都因为每一度绿电点亮的灯火照耀而更加明亮耀眼。

"在这里，会激起你心中奋斗的热情与奉献的决心"

我们现代人都刷短视频，相较于短视频突出的短、平、快，新奇与趣味性，我们发现爆款微视频打动人的还有丰富的内涵与精神。

三峡绿色电能，点亮北京冬奥！刻画着三峡人梦想的实践，蕴藏着每一个三峡人的情怀。我们开发绿色电能，倚赖天地之灵气，借风、水、潮汐、太阳、地热之能量，点亮冬奥赛场，点亮万家灯火。

从每一个长途跋涉的白天到不知疲惫的黑夜，从沐浴春晖到冬雪纷飞，用日行万步的足迹向梦想的灯塔走去，这就是三峡人，绿色电能开发的建设者与守护者。当奥运赛场的璀璨灯火亮起，当绚丽画面向世界传播，我们矗立于世界之林的大国形象画卷徐徐展开，三峡故事也随之蔓延渗透。

三峡绿色电能，点亮北京冬奥！之所以广泛传播，是因为三峡故事借此生动体现，奥运精神、中国精神与三峡精神一脉相承，我们的制作团队数月的心血，在寒风中的坚守，在机房中的点灯熬油，终是不负"三峡故事搬运工"的使命。

全媒体时代是以社交属性为核心的时代，要求主流媒体必须打破过去的传播壁垒，强化交互性、海量性、共享性和参与性，这也是北京广播电视台在推动冬奥会主题口号推广歌曲传播时所遵循的法则。《一起向未来》通过高度聚焦、深层打捞、鼓励全民参与、全民互动，彰显了全国人民人人参与、人人哼唱、热烈迎接奥运的气氛，是守正创新、激发活力的又一重要探索。

（作者：战旻玥）

延伸阅读

智媒时代，需要这样的传媒人

党的十八大以来，习近平总书记围绕推进媒体深度融合发展，发表系列重要讲话，作出系列重大部署，先后提出构建全媒体传播格局、形成全媒体传播体系的明确要求。响应总书记号召，不断开创宣传思想工作新局面，牢牢把握政治引领、担当职责使命、筑牢舆论阵地、创新人才培养模式，创造条件大力培养全媒体人才，深入推动媒体融合发展，这是当前宣传思想工作必须思考的课题。

智媒时代迫切需要智媒人才

新一代信息技术的蓬勃发展，推动媒体行业的急剧变革，智媒时代已经到来。大众成为信息传播者的门槛降低、传播方式千变万化，短平快的新媒体内容更容易被转发、关注，新技术带来的媒体变革，无疑带给媒体人新的挑战。如何在大众传播市场中占据重要的舆论阵地？如何精准向受众传递最准确的信息？如何创新作品形式增强可读性、扩大传播范围？媒体人在具备传统新闻采、写、编、评能力的同时，还需跟上智媒时代的步伐，才能满足新形势下的新闻作品生产新要求。扎实的新闻采写能力、新技术的使用、多元化的视角将是新时代下全媒体人才的必备能力。

融合思维，全媒体视野

习近平总书记在全国宣传思想工作会议上强调："读者在哪里，受众在哪里，宣传报道的触角就要伸向哪里，宣传思想工作的着力点和落脚点就要放在哪里。要顺应互联网发展大势，勇于创新、勇于变革，利用互联网特点和优势，推进理念、内容、手段、体制机制等全方位创新。"

智媒时代是用户的时代，读者、观众、受众的偏好在很大程度上决定着新闻作品最终的传播效果，因而如何更迅速地抓住用户眼球，并更精准地分群体推送用户喜欢的新闻产品是全媒体新闻从业者需要重点关注的问题。因此，对于新闻宣传从业者而言，在牢固树立政治意识、准确把握企业精神内涵的基础上，要在新时代中理解大数据、运用新技术，对大众的兴趣爱好以及关注点进行深入了解和把握，知道用户关心的问题，以用户偏好的阅读方式呈现新闻作品。

掌握多学科知识，具备较强综合能力

智媒时代对传媒人的核心要求是，具备多样性、全面性的综合技能。信息爆炸的智媒时代，用户不会满足于简单信息的阅读获取，知识融合、内涵丰富的作品更能让用户读下去。作为行业官方平台的传媒人，不仅需要深度了解服务领域相关专业知识，还需具备文学、社会学、计算机学等多学科知识储备，才能更好地结合社会热点，讲好中国故事，打造品牌，提升形象。

深度挖掘，生产内涵丰富的新闻作品

智媒时代媒体融合发展，互联网平台上虚假新闻、反转新闻不时出现，这就要求专业的传媒从业者能够凭借自身的洞察力，在对事件做出深入调查研究的基础上，向公众传递公正客观的新闻事实。各行业新闻宣传从业者要能够凭借所处位置的优势，更快更准确地掌握第一手资料，在经过调查研究确认后，以最快的速度占据传播阵地，向公众传播公正客观符合新闻事实的准确信息。

建设具备综合能力的全媒体宣传队伍

智媒时代下，行业新闻宣传工作面对的不再是单一媒体、单一传播形态，而是多种自办媒体平台、传统媒体和舆论场等参与主题构建的泛媒体综合体。面对复杂的媒体环境，行业媒体单位需要培养、吸纳与智媒时代新闻从业要求高度匹配的专业人才，建设强有力的企业宣传队伍。

吸纳跨学科复合型人才

为了提升传媒信息技术水平，推进行业新闻宣传媒体融合，打造媒体矩阵，建设融媒体新闻中心，吸纳具备计算机、大数据研究等学科背景的专业人才是大有裨益的。吸纳此类人才不仅可以弥补传统新闻宣传人才队伍信息技术能力，更将帮助新闻宣传工作打开新视野，采用创新的表现形式，如动画、VR、AR等技术，生产趣味性强、体验感真实的新闻产品。

中心统一指挥，采集队伍深入挖掘

习近平总书记提出，"推动媒体融合发展，要坚持一体化发展方向，通过流程优化、平台再造，实现各种媒介资源、生产要素有效整合，实现信息内容、技术应用、平台终端、管理手段共融互通，催化融合质变"。

以新时代新要求，努力建设一个具有高度政治站位、准确判断力、良好舆论把关能力的指挥中心，统一调配任务、进行作品平台分发推送。同时，以一支强有力的新闻采集队伍为支撑，向中心提供各种形式的优质新闻，占领头部新闻。让自办媒体平台成为现象级新闻发布平台，掌握舆论场主动权和主导权。

2020年两办发布的《关于加快推进媒体深度融合发展的意见》要求："以互联网思维优化资源配置，把更多优质内容、先进技术、专业人才、项目资金向互联网主阵地汇集、向移动端倾斜。"可见，智媒时代专业人才尤为重要。为此，应加强智媒时代下传媒人才队伍建设，不断开创思想宣传工作新局面，塑造主流舆论新格局，为讲好高质量发展的中国故事作出更大贡献。

（作者：战旻玥）

第 15 计
见微知著

"中国一分钟",浓缩壮美时代

一分钟,33个新生儿诞生;一分钟,快递小哥收发7.6万件快递;一分钟,"复兴号"前进5833米……2018年,"一分钟"概念刷屏全国,被称为年度现象级融媒体IP。

以"一分钟"为核心的可视化产品——中国日新月异的成就,来自每一分钟;中国人与日俱增的获得感,体现在每一分钟。这一超脱宏大叙事的创意概念,《瞬息万象》《跬步致远》《美美与共》三集,分别从不同角度展示党的十八大以来中国取得的历史性成就和中国人民意气风发的精神风貌。

"中国的每一分钟，都是改革开放40年成就的中国奇迹""一分钟的积累，亿万人的福祉""一分钟，我们也许做不了什么，但国家却是争分夺秒"……在庆祝改革开放40周年之际，人民日报新媒体以开放、创新、奋斗为主题推出《中国一分钟》系列微视频，回望40年的沧桑巨变，展现出新时代的勃勃生机，激发着亿万网民奋进新时代的豪情。

爆款小档案

《中国一分钟》系列微视频

制作单位：人民日报社新媒体中心
发布时间：2018年3月5日—2018年12月14日
发布平台：人民日报客户端、微博、微信
作品时长：平均时长2分15秒

《中国一分钟》(瞬息万象·跬步致远·美美与共)系列微视频获得第二十九届中国新闻奖特别奖。

《瞬息万象》视频文案

一分钟，33个新生儿诞生
一分钟，20个新的家庭组建
一分钟，26人走上工作岗位
一分钟，35217名旅客出行
一分钟，移动互联网接入流量46804G
一分钟，网上商品零售1043万元
一分钟，快递小哥收发7.6万件快递

一分钟，移动支付金额3.79亿元
一分钟，"蛟龙"号最大能下潜50米
一分钟，"复兴"号前进5833米
一分钟，"神威·太湖之光"运算750亿亿次
一分钟，333万元投入研究和试验
一分钟，生产汽车55辆
一分钟，5288万元货物进出口
一分钟，创造GDP 1.57亿元

中国的每一分钟
都在发生巨大的改变
这是改革开放40年成就的中国奇迹
也是我们再出发的信心和底气
经过长期努力
中国特色社会主义进入了新时代
新时代是奋斗者的时代
幸福都是奋斗出来的
新时代，再出发！

爆款炼成记

亲历者说

跳出40年宏观视角，从"一分钟"小切口进入

为庆祝改革开放40周年，2018年全国两会期间，人民日报社新媒体中心推出三集国家形象系列宣传片《中国一分钟》。此后，延续"中国一分钟"的势能，结合各重要节点，相继推出"中国一分钟·地方篇"和各主题篇，系列架构起中国改革开放40年成就的整体风貌，为解读中国发展提供了全新视角。

40年，梦想因改革开放破土重生，改革开放为梦想披荆斩棘。从国家博物馆内"伟大的变革"大型展览迎来热潮，到电视荧屏上以改革开放为专题的纪录片热播；从学术会议上对改革开放经验启示的热议，到许多地方通过主题诗会、影展、画展营造的热烈氛围……回望改革开放的一个个瞬间，体味复兴追梦的一项项成就，我们有太多的理由为之击节赞叹，正如外媒所说，"中国人庆祝改革开放40周年时的自豪是有底气的"。这场中国的第二次革命，不仅深刻改变了中国，也深刻影响了世界。

历史，总是在一些特殊年份给人们以汲取智慧、继续前行的力量。以庆祝改革开放40周年为契机，沿着这条正确之路、强国之路、富民之路接力奋斗，赢取未来每一分钟，中华民族的伟大梦想必将在改革开放的进程中得以实现。

在创意阶段，微视频另辟蹊径，跳出40年"大成就""大历史"的宏观视角，从"一分钟"小切口进入，记录中国在这个时间刻度内发生的变化，让"有意义"的内容更"有意思"，在与用户实现情感共鸣的同时，传递出"改革开放40年的成就，源自每一分钟的积累，建成社会主义现代化强国，需要每一个人的努力"的价值共识。这一超脱宏大叙事的创意概念在团队内一拍即合，我们迅速采取行动，制作了一期样片。经过优化调整后，"中国一分钟"开始了"系列化"，计划推出《瞬息万象》《跬步致远》《美美与共》三集，分别从不同角度展示党的十八大以来中国取得的历史性成就和中国人民意气风发的精神风貌。

在制作阶段，对中国各领域的发展成果进行广泛搜集，对海量的宏观数据进行细致梳理并拆解，从中选取最具代表性又可数据化的内容；在画面选择上精益求精，寻找可直抵人心、温暖人心、鼓舞人心的画面；在剪辑中形成镜头语言合力，与用户形成情感共振。地方篇视频制作中，同地方机构、媒体有效协作，充分发挥各方优势，连续推出精品。

同时，积极探索IP化运营，实现好创意的传播声量增值；有效把握分发节奏，融通线上线下，多渠道深度整合，探索融媒体产品传播新思路。

《中国一分钟》系列微视频是2018年的标杆性爆款融媒体产品，实现了传播的全方位覆盖、全天候延伸与多领域拓展。

据不完全统计，系列微视频线上阅读播放量超过24亿，线下覆盖用户数超过2.5亿；人民日报微信公众号所有推文均为"10万+"；微博话题阅读量超9.4亿，参与讨论达46.9万，占据微博热搜榜首位；各大门户网站、新媒体平台、短视频平台均在首页首屏等重要位置转载；20多家地方省级党报党刊进行报道，10多家卫视在本省新闻联播等播放；线下各地户外大屏、机场、火车、地铁、公交车等屏幕进行播放，覆盖全国主要大中城市及黑龙江、河南、四川、广东等多省的县级城镇和乡村；国际传播也取得良好效果，视频被翻译成多国语言版本，除在海外社交账号发布外，还被欧盟记者网等多家海外媒体在首页等位置转载。

《中国一分钟》系列微视频创造性地以"一分钟"为切口，将宏大叙事按照时间刻度进行微缩，建构起中国改革开放40年成就的全景，展现出中国人民追梦前行的精神风貌。系列微视频对传播模式进行创新，融通线上与线下、全国与地方、传统媒体与新媒体，线上阅读播放量超24亿，线下覆盖用户数超2.5亿，达到海量传播和广泛好评双重效果，是2018年的标杆性爆款融媒体产品。在国博"复兴之路"大型主题展览中播放。"一分钟"被称为2018年的"现象级IP"，在全国引发竞相模仿，影响一直延续至今。

（作者：人民日报社新媒体中心）

深度解析

人民创造历史

一分钟，中国会发生什么？一分钟，一条微视频新闻能告诉人们什么？《中国一分钟》系列微视频摘得第二十九届中国新闻奖特别奖。该系列微视频作品经人民日报客户端发表后，引起广泛关注和好评。一分钟犹如小小的窗口，映入眺望者眼帘的却是改革开放以来的壮美时代画卷，作品以聚焦劳动者的方式讴歌时代，印证了人民创造历史的深刻主题。

微视频者，见微知著，自有其观看之道。短短一分钟，小处落笔，设问寻路，讲述中国故事、展现万千气象，让受众领略了新闻与传播的力量。今天的中国，每一分钟会发生什么？这一分钟，属于过去，属于现在，也属于未来。第一集《瞬息万象》、第二集《跬步致远》和第三集《美美与共》，每集一分钟的微视频，如同撬动时代的杠杆，选择改革开放的时代背景为支点，阐述历史巨变和发展成就，展现振奋人心的劳动场景和日新月异的生活画面，讲述了属于奋斗者的中国故事。改革开放40年的历史画卷，在短短一分钟里点燃爱国情感的燎原之火。浓缩在镜头中的时代剪影，携带着令人震撼的情感和力量。出现在作品中的火热现实，让中国梦与每一位劳动者的生活建立起深刻联系。人民创造历史，劳动改变现实，人民的主体地位得到充分体现。精美的画面，直观的数字，记录劳动者建设美好家园的壮举，展现方方面面取得的进步和成就。

《瞬息万象》中，流年日晷，时光如漏，一个打哈欠的婴儿带着希望的光亮拉开叙述的帷幕——一分钟，33个新生儿诞生，有孩子就有希望，有生命就有未来；一分钟，20个新的家庭组建，生活总要翻开崭新的一页；一分钟，26人走上工作岗位，有建设才有改变；一分钟，35217名旅客出行，飞机起航，高铁疾驰，大地之上皆为风景。这一组组数字，让镜头中的画面拥有了一图胜千言的魅力。正是通过这样的数字，我们才有了抵近观察一个时代的真切角度和感受——一分钟，移动互联网接入流量46804G；一分钟，网上商品零售1043万元；一分钟，快递小哥收发7.6万件快递；一分钟，移动支付金额3.79亿元；一分钟，骑行共享单车减少碳排放超13.2吨；一分钟，"蛟龙"号最大能下潜50米；一分钟，"复兴"号前进5833米；一分钟，333万元投入研究和试验；一分钟，造林210亩；

一分钟，475.6米农村公路旧貌换新颜；一分钟，生产汽车55辆；一分钟，5288万元货物进出口；一分钟，创造GDP 1.57亿元……一分钟之内，时代在轰鸣中前行，数字记录下闪光之旅。一幅幅画面眼见为实，一帧帧镜头娓娓道来，这一分钟讲述着"老百姓是天，老百姓是地"的故事，展现了人民创造历史的过程。改革开放40年的成就是劳动人民奋斗出来的。中国特色社会主义进入了新时代，新时代是属于奋斗者的时代。浓缩在每一分钟里的中国故事，演绎着时代的变迁，传递着心灵的力量，展现出中华民族的进取精神。

一分钟如同一座火山口，内部运行着炽热的岩浆和能量。在《跬步致远》中，可以真切感受到什么是"不积跬步，无以至千里；不积小流，无以成江海"。一分钟里，农民窦正宝能在田野上耕地10来个平方米，工人江勇所在的钢厂可以出产9吨钢材，游泳运动员闫子贝可以完成45次划水动作的训练，飞行员许利强能带领战斗机群巡航祖国43000平方千米的空域……这些真实存在的劳动者，以他们的辛勤付出促成了中国奇迹的诞生。大量出现在片中的数字，不仅完成了对时代的记录，也完成了最具信服力的发言。面对这些数字，受众能够最直接地感受到什么叫作中国速度，这是神州大地上从未有过的发展速度。一分钟，我们的国土上就能新建改建596.66米公路；只需要43小时，北京市的三元桥换梁施工就可以顺利完成；60天，南海可燃冰试开采产气时长与总量双双打破了世界纪录……这些辉煌的成就，在分分秒秒的流逝中孕育和诞生。如果由此计算一分钟累积而成的一年，就能得到更加震撼人心的数据——全国一年可以收获6.18亿吨粮食，创造82.71万亿元GDP，在体育赛场斩获106个世界冠军，开始探索137亿光年外的星空……改革开放的历史进程，在一分钟的镜头中闪回，再次印证了一个颠扑不破的道理——伟大事业都要经过一番战天斗地的拼搏才能实现。具体到每一项工作中，则需要一种聚沙成塔、集腋成裘的精神，需要每一位劳动者默默付出、无私奉献，每个人的工作都是重要的，每个人都是这一幅历史长卷的描绘者。作品传递着"新时代，再出发"的寓意，让受众感受到新征程就在脚下，奋斗是职责，也是使命。

"时代是出卷人，我们是答卷人，人民是阅卷人"，改革开放已经进入新时代，中华儿女迎难而上，谱写崭新的时代篇章。河山一改旧貌，华夏尽起新风。老百姓过上了好日子，现实与往昔相比发生了翻天覆地的变化。在《美美与共》中，受众真切认识到新时代的特点和内涵，看到了一个开放文明的中国——一分钟，两架次国际航线飞机在中国起降，55名外国人来到中国，于千山万水间寻访和领略华夏文明，2370.7万元的商品进入中国，272位国人出境感受异域文化，徜徉于大千世界，中国人在境外旅游消费36.07万元。一分钟，60次嘀嗒作响，从深圳开往明斯克的中欧班列已经风驰电掣前进了2000米，超过2300部国产手机销往全球，2917.1万元的商品走出国门，154.3万元资金投往海外。"合抱之木，生于毫末；九层之台，起于累土。"祖国的建设，是无数个一分钟累积而成，也是所有劳动者辛勤工作的结果。作品对各领域发展成果进行了分析研究，梳理和拆解这些数字魔方，寻找直抵人心、温暖人心、鼓舞人心的画面，通过创造性的剪辑在镜头中形成语言合力，从而在受众心中引起广泛而强烈的共鸣。

紧随这三集系列微视频应运而生的地方主题篇，从更深层次诠释了改革开放背景下人民是如何创造历史的。地方主题篇是人民日报社新媒体中心与中央网信办移动网络管理局合作推出的系列微视频，作为一种延续，其特色更加鲜明，一方面记录了党带领人民创造幸福美好生活的生动实践，另一方面展示了真实的力量、时代的力量。以针掘井，清泉出焉。千千万万劳动者的身影穿梭在建设场景之中，一幅幅影像以无声胜有声的方式讲述了新时代可以让我们看到什么，可以让这片神奇的土地再次发生什么。传播是技术，也是艺术。但凡可以激起广泛共鸣的作品，必有其可贵的价值追求。具体到这一分钟，便是体现在以聚焦劳动者的方式聚焦时代，以一种全民族的向心力牵动更加深入的思考——奇迹究竟是怎样发生的？当新闻的镜头对准劳动人民时，不仅仅是职业道德和新闻自觉使然，更是一种思想觉悟和时代洞见在传播中的相遇。新闻传播不仅是信息的流通，更是一种文化的繁衍。这种繁衍让地方主题篇展现出一种新闻语言上的"个性"。文学有文学的语言，新闻有新闻的语言，但语言都是随着时代在潜移默化地变化。文学不能以古时候的"之乎者也"横贯至今，新闻也无法像中医开列处方一样列出五个"W"，然后照单抓药生成作品。《中国一分钟》体现出新闻语言的自觉创新，这是紧随时代脉搏的变迁，体现了大众传播的嬗变规律。在一个日新月异的时代，新闻微视频产生于传统纸媒在互联网开展"圈地运动"的过程之中，同时也在某种程度上体现着"更有价值的是吸引力，而不是信息"的经济学思维。通过这个系列微视频作品，我们也会重新思考创造性采访的重要性。创造性的新闻实践，理应体现在具体的行动之中——创造性写作、创造性拍摄、创造性编辑……最终才能达成创造性的新闻传播。基于这一理念，微视频类新闻作品的价值评估才能拥有一片坚实的理论高地。这种彰显着探索精神的新作品，在报道中体现出对视角的选择、对现象的解析、对观点的求证，尤其是其善于将深刻的思考寓于白描式的镜头语言之中，达到一种"大音希声"的表达艺术境界。

真正优秀的作品，必然携带着现实生活的温度。一切表达都应浓缩着思考，以更具亲和力、感染力的方式讲述治国理政的观念和立场。改革开放40年的整体风貌，为讲好中国故事提供了全新视角，实现中华民族伟大复兴的中国梦是人民创造历史的信仰，勤劳才能致富，和谐才能发展，建设美丽中国离不开伟大实践，所有改变都源自信仰的精神之核。这一系列微视频作品跳出了讲述"大历史""大成就"的窠臼，以"一分钟"变迁为切入点，展现时代巨变，记录激动人心甚至令人热泪盈眶的人民伟力。

今天的新闻就是明天的历史。一分钟还在嘀嗒作响，瞬息万象、跬步向前、美美与共，站在《中国一分钟》系列微视频开启的新闻传播通道上，昨日、今日和明日已经生出梦想的翅膀，所有劳动者都将在镜头中找到信仰的钥匙，开启通往梦想的大门。浓缩在一分钟里的中国特色、中国风格、中国气派，激荡着神州大地上沸腾的心灵回响，我们从中看到的是正在变化的现实，是阔步前行的时代。从一分钟的镜头中延伸出来的传播魅力，还将继续为改革开放和新时代定制更加闪亮的中国名片。

（作者：中国人民解放军某部队　陈海强）

爆款宝典之
网络直播

2016年，网络直播成为泛娱乐领域继VR、网红等产业之后的又一新兴业态。网络直播可以在同一时间通过网络系统在不同的交流平台观看影片，是一种新兴的网络社交方式，网络直播平台也成为一种崭新的社交媒体。

作为一种新兴的媒介形态，网络直播以其低成本、强画面感和强互动性向用户展示了真实生动的现场场景，成为社会交往、内容传播和内容消费的一种方式。

网络新闻直播主要有两层含义：一是新闻从业人员通过网络直播手段同步报道新闻，二是受众利用网络直播的平台主动参与新闻的发生、传播的过程。它与电视新闻直播的主要区别就在于受众的主动性、积极性和强互动性，不同于过去单向的新闻传播，使新闻事件本身以及其传播的过程真实地呈现在受众面前，受众和主播合作完成一场网络新闻直播。

理论微课堂

一、什么是网络直播

（一）定义

网络直播又称"网络视频直播""互联网直播"，是利用各终端进行视频信息采集、通过互联网平台进行视频直播的形式。网络直播已有数十年的历史，其发展历程经过了"直播1.0：PC秀场直播"阶段、"直播2.0：游戏直播"阶段和"直播3.0：泛娱乐、泛生活直播"阶段，目前网络直播行业正在向"直播4.0：VR直播"阶段迈进。

慢直播可以归纳为一种固定机位、无主持、无剪辑并在固定场景长时播放的网络直播新形态，是一种拍即播、无人干预以及自然态记录的长视频。

（二）特征

1. 用户交流互动性强，受众年轻化

现有直播平台中，受众与播客间可通过弹幕、点赞、送礼等方式展开一对一、一对多、多对一的即时互动，娱乐性、反馈性、感染力更强。

2. 准入门槛较低

网络直播平台注册简单便捷，且直播对技术的要求较低。因此，传播者呈现出平民化、多样化、非专业化等特点。

3. 内容多元化

直播平台的主要特点为"千人千面"，因而出现特征明显的新型网络文化，典型代表如"宅男文化""网红美妆"等。

4. 真实性传播成为可能，但监管难度大

网络直播的本质是在场景之中让用户与现场进行实时连接，受众与受众之间、主播与受众之间都可以进行实时的交流，是最真实、最直接的体验。

5. 影响力大，粉丝经济效益高

粉丝经济带动了网络直播平台的活跃。在直播互动平台中，主播是最受关注的资源，其背后支持的粉丝群体所带来的粉丝经济是平台赖以生存的保证。

二、慢直播的应用实践

（一）新闻报道的新形式

自从武汉火神山、雷神山医院建设的慢直播取得成功后，各地媒体平台在对某些重大新闻事件进行报道时，往往会采用新闻直播与慢直播、视频、文字等相结合的形式，力求最大化提升传播效果。"慢直播+新闻报道"的创新实践，在看似原生态、无干扰的慢直播过程中，加强主流媒体对直播内容的选择，在重大新闻事件发生时能够准确把握受众信息需求，主动设置议题，有效保证媒体在网络参与中与主流舆论引导的同频共振。

（二）城市形象传播的新渠道

随着媒介的不断革新与升级，城市形象的塑造与传播已从图文时代过渡到视频时代。慢直播这一全新的视频形式现如今也广泛运用于城市形象的传播。不同于传统的城市景观直播有着完整的流程、精心布置的场景以及专业的主持人辅之以严谨的场面调度，慢直播以真实、客观、天然、无后期加工的特性，构筑了丰富的、不断流动的城市形象视觉符号体系，成为城市形象传播的新路径。

（三）特定事件传播的新途径

特殊的自然景观是慢直播的另一应用场景。人民日报开设的"颐和园十七孔桥金光穿洞""梅里雪山日照金山奇观"慢直播，央视新闻开设的

"见证黑颈天鹅宝宝破壳而出"慢直播，新华社开设的"慢直播 | 与雪花一起徜徉在宁静的新疆禾木乡""动物来拜年 | 听！来自深海的新春祝福"等自然景观类慢直播都取得了良好的传播效果，受到了观众的好评。一些特殊性社会事件也同样具有开设慢直播的潜力。2021年7月，河南多地遭遇极端强降水天气，央视频在郑州架设机位，开设了"直击河南暴雨关注实时雨情"慢直播，让公众可以了解河南暴雨的最新情况。2021年8月，台风"卢碧"登陆厦门，厦门广电在"看厦门"APP、厦门广电微信视频号等多个新媒体平台开设慢直播，为民众的生产生活提供了必要的信息资讯。2022年北京冬奥会期间，吉祥物"冰墩墩"成为热门，出现了一"墩"难求的现象。央视新闻在此时推出了"探访冰墩墩生产线"慢直播，将镜头对准了江苏工厂里的加工实景，也很好地契合了当时的大众心理需求。

（四）自主直播的新方式

学习慢直播是目前用户自主慢直播的一个主要场景，包括考研、考公等各种备考场景。所谓学习慢直播，是指用户个人在抖音、哔哩哔哩、微博等社交媒体平台直播自己学习的全过程，过程中不与观众互动，收到礼物打赏也不会进行表示。这种慢直播作为"线上自习室"般的存在，可以起到正向激励与陪伴的作用，直播方通过直播实现对自身学习状态的第三方监督。对于观众而言，通过收看直播可以唤醒自身的学习紧张感。还有观众会在慢直播的"陪同"下与直播方一起学习，以线上的"云在场"来提高自身的学习效率。

三、传播作用

（一）积极

1. 平台角度

（1）给予普通公众充分展示自我的平台

对于普通公众来说，成为网络直播的主播只需一台可以连接互联网的电子设备和一个账号，这样的便利给予普通公众一个充分展示自我的平台，赋予他们充分的媒介使用权。而且这种赋权不论从范围还是时间上都给予传播主体更大的自由，赋予每个人以声音、画面、文字等多维的表达权。这种声画同步的实时传播权，由过去被传统媒体所有，到逐渐下放至每一个普通网民，是一个权威削弱的过程。

（2）卷入度沉浸感

网络直播可以实现无延迟的即时反馈和多维互动，给受众更强的沉浸感。声画的同步使主播的声音和画面可以通过电子屏幕实时地传递到用户终端，受众的即时反馈也可以是无时差的并获得回复，这样就避免了延迟交流造成的情感削弱和多级传播产生的噪声，这是微博、微信这样的社交媒体所无法做到的。同时，不同于传统媒体的专业性和权威性，网络直播更加亲民，也更具用户意识。他们通过弹幕式滚动的及时评论来给受众更完美的情感体验，以及更强的认同感和归属感。受众通过购买价值不等的虚拟礼物，对主播进行打赏，这样一来一往就实现了实时的双向互动。

2. 主播角度

个人形象建构对于直播主播而言，意味着他可以在直播平台上冠以艺名，使用异于现实社会中的语言风格和行为方式，实际上就是在以一种具有设计感和戏剧化的方式与受众进行交流，这是一个自我形象重塑的过程。因为直播仍是基于虚拟网络平台，无法像现实一样再现人的真实容貌、身材、性格等，所以主播们可以通过滤镜和设定性格塑造更完美的形象。

心理和经济利益的驱使。直播并不是一个自说自话的过程，需要主播与受众共同努力完成。作为网红可以得到粉丝们的追捧，一方面可以满足主播的虚荣心；另一方面，在直播平台中获得的打赏都可以提现，直接转化为经济利益。一些知名网红能够带来的经济效益是难以估量的，直播平台也会为了竞争，不惜重金聘请知名网红。

3. 受众角度

（1）窥私猎奇，虚荣快感

窥私心理和猎奇心理是人类的天性，也许是因为新奇，也许是为了证实自己跟他人一样而获得自我认同感。猎奇的东西可以调动多种官能，充分刺激感官和精神。直播这种传播方式，打破了时间和场景的界限，使得其内容可以无限丰富，可以是漂亮女主播家中的才艺展示，也可以是远在北极的旅行达人的粉丝互动，它正好为受众提供了一个满足猎奇和窥私心理的平台。

（2）缓解孤独，投射心理

对于受众来说，观看直播也有追求心理认同感和提高归属感的目的。网络直播的主播比明星更具亲和力和亲切感，且在现实生活中的社会地位和身份与受众差距较小，无形中拉近了二者之间的心理距离。因此，受众也更易于在主播身上产生一种自我投射，其中包括自身理想无法达成的预期，很多隐蔽而不便公开的欲望和想法。受众将自我期待投射在主播身上，借他们之手而得到自己的心灵满足和慰藉。

（二）消极

1.优质内容匮乏

在发展过程中，网络直播也存在许多问题和不足，其中优质内容匮乏尤为突出。传统电视新闻直播对人员素质、新闻内容、技术和平台等方面都有较高的要求，有强大的技术支持、资本力量及较为完善的硬件设施，选择的也是比较有深度的新闻内容。与传统电视新闻直播相比，网络直播在资本、技术、专业设备、人才等方面还是比较欠缺的。

网络直播的魅力就在于其娱乐性、社交性，很多网络直播的目的就是吸引眼球，获得关注，提高主播的影响力，因此存在着很多猎奇、媚俗、夸张甚至道德失范的网络直播，对观众产生错误的价值观导向，同时会导致自身公信力下降。

2.直播人员素质差异大

有一些专业的主持人从事网络直播并受到肯定，但未受专业培训的网络直播主持人占比相对较大。很多网络直播的主持人并不具备媒介素养，受过专业新闻教育的少之又少，语言表达能力也有待提高。很多主持人没有出镜主持的相关经验,在播报的时候随意性比较大,专业性也不强,影响了网络直播的质量。

3.相关规范不完善,管理难度大

网络直播兴起,发展速度比较快,但仍处于发展初期,行业生态不稳定,相关的规范化政策欠缺,监管仍不完善。虽然国家出台了一些相关制度,并对直播中的一些违规现象提出了整改要求,但由于网络参与人员较多,管理依旧非常困难。目前,部分秀场的直播乱象层出不穷,给社会带来了不良影响。

第 16 计

扬长避短

换条赛道"走基层" 直播站岗"火出圈"

边防战士的跨年夜,中国军号推出的云守边慢直播,登上全网各平台榜首推荐,在除夕夜与亿万网民一起云致敬。这一系列慢直播都把为祖国站岗放哨的哨兵作为画面的主体,虽然他们大部分时间都不动,却能感受到他们的警惕……看起来都是固定镜头的单一形式,但这就是传播的核心IP。

爆款小档案

"你好哨兵"

直播时间： 2021年12月31日20时至2022年1月1日12时，时长16小时
直播点位： 南海岛礁守岛部队、喀喇昆仑边防哨所
策划平台： 中国军号客户端、"中国退役军人"全媒体矩阵
直播效果： 仅抖音直播间就创造了观看人数2068万、平均停留时间1分21秒等军事直播领域多项纪录，拆条短视频《跨年夜，百万网民陪边疆战士站岗》的单条播放量达5000多万次，点赞量200万次。话题"#大好河山陪你跨年#""#千万网民陪边防战士站岗守岁#"等持续处于热榜前列。

爆款炼成记

亲历者说

一场没有情节、只有风声的慢直播

2021年底筹划新年度"新春走基层"报道时，新华社抖音号那段时间正每天直播天安门升旗仪式，吸引不少网民早上醒来先"打卡"，成为既叫好又卖座的策划。受此启发，我们决定在元旦期间策划全新的慢直播，换个赛道开展"新春走基层"采访活动。

那时，解放军新闻传播中心刚从所属的解放军报、中国军网等单位抽调了部分业务骨干筹建"中国军号"客户端，大家激情满满，很快拿出了慢直播策划框架，主题叫"你好哨兵"。计划在南海岛礁守岛部队和喀喇昆仑边防哨所各设置两个慢直播机位，把镜头对准为祖国站岗的士兵，展现官兵跨年的那一刻，记录2022年的第一缕阳光。这两地有三个"差"，即时间差、高度差和温度差，时间相差3个多小时，温度相差

50多摄氏度，2021年12月31日晚上至2022年1月1日中午，时长16小时的直播，仅抖音直播间就创造了观看人数2068万、涨粉47万、峰值在线人数9.5万、平均停留时长1分21秒等军事直播领域多项纪录，拆条短视频《跨年夜，百万网民陪边疆战士站岗》的单条播放量达5000多万次，点赞200万次。话题"#大好河山陪你跨年#""#千万网民陪边防战士站岗守岁#"等持续处于热榜前列。

一场没有明星、没有情节、只有风声的慢直播，到底凭什么吸引千万网民？透过这场慢直播，我们又看到了什么？夜间直播时有网民问："这么黑，看得见什么？"有网民帮助回答："看得见对祖国的忠诚！"意外的传播效果为参与直播的小伙伴打了一针强心剂，随后的春节、"七一"、"八一"等重要节点，我们都开展了"你好哨兵"系列慢直播，累计直播时长达156小时。春节期间，我们创造了单个直播间观看量破5200万次，留言评论量达到292万条，"新年快乐""辛苦""致敬"等慰问弹幕刷屏，网民的春节祝福和感人留言表达出对戍边战士的敬佩与尊重。2022年八一建军节，我们联动人民日报、中国军视网进行了"你好哨兵"慢直播建军95周年特别版"今年'八一'，陪人民子弟兵站一天岗"，在边境线上选择了5个连在一起组成五星形状的哨位，进行24小时慢直播。各平台直播间直接观看总人数超1.1亿，视频播放量超2.5亿次。直播本身也成为新闻事件，共青团中央、新华网、新京报等媒体纷纷对"你好哨兵"慢直播策划进行了跟踪报道。

独家题材：军事垂类"富矿"VS直播站岗"脑洞"

"中国军号"客户端作为解放军新闻传播中心的官方平台，是集纳报纸、广播、电视、出版、新媒体的融合"旗舰"，拥有无数军事独家资源，以及报刊、广电等各领域深耕几十年的宣传力量。坐拥军事垂类资源这座"富矿",怎样才能转化成有影响力的新闻产品,进而扩大宣传效果?

慢直播作为一种自主参与体验感极佳的直播新闻形式,在军事新闻之外已经有无数现象级产品证明了其优势。中国互联网络信息中心发布的第52次《中国互联网络发展状况统计报告》显示,截至2023年6月,我国网民规模为10.79亿人,其中网络直播用户规模达7.66亿人,占网民整体的71.0%。

我们对比较火热的慢直播依次做了分析,主要分两种:一种是以iPanda熊猫频道为代表的24小时生活慢直播,大多是景区风景、生活观察等强调视觉感受的画面;另一种是新闻事件慢直播,比如火神山医院修建慢直播等,此类慢直播与新闻事件紧密相连,能够赋予更多内涵。

为什么不把两者相结合呢?"新春走基层"采访活动给了我们启发,基层的真实不正是受众想看见的吗?哨兵守护的祖国边疆大多地势险要,环境恶劣,非常人所能到达,守着广大受众见不到的自然风光同时又默默坚守在战位。如果能直播战士们站岗,不但有新意,还能让大家参与进来,体验战士们的那份艰辛,打造一种陪伴式社交,能够很好地满足用户的信息需求与情感交互需求。同时,哨兵慢直播这种创新是在军事领域未曾出现过的,客观上讲还能附带满足部分受众的猎奇心理,强化观看黏性。

2022年所有的"你好哨兵"系列慢直播,全部紧紧围绕站岗直播这个IP不断拓展,带着受众分别来到了加勒万河谷、南海珊瑚岛、黑瞎子岛东极哨所、阿里秋迪俭革拉哨所、云南怒江片马口岸、内蒙古二连浩特口岸、厦门鼓浪屿哨所等各具特点的地方。客观上讲,军事垂类"富矿"+直播站岗"脑洞",正好为军事新闻领域的"走基层"开辟一条新的赛道,更加适应新媒体传播需求。

摒弃说教:内容"高大上"VS画面"接地气"

"宁可上前十步死,绝不后退半步生",这是边防军人最崇高的精神,也是最直白的表达。而这些真挚的情感和话语,最好的表现方式是真诚真实"接地气"。如果刻意添加了繁重劣质的包装，网民反而可能并不买账。有些直播节目投入巨大，专家、解说、主持人都有，看上去画面精美、主持卖力，但效果并不理想，难以"破圈"，单从传播效果看这样的传播是低效的。

调整方向后，"你好哨兵"慢直播利用固定的摄像头对现场实景进行全时段记录，并原态传播。全程无剪辑、无解说、无主持人，不加干预的自然态直播呈现真实场景。同时，限于现场设备和网络条件，直播画面经常用低画质甚至简易红外设备展现，有意呈现"粗糙"感。但正是这份"粗糙"感，令网民纷纷留言："好真实啊，感觉就在我们身边。"拉近与观众的距离，这正是我们想要的传播效果。

军人也是有血有肉的人，不要把他们塑造成高高在上、只可远观的"神"，他们之所以伟大正是因为这些平凡中的不凡。用接地气的画面展现高大上的内容，真正拉近了与受众的距离。我们发现，没说一句平凡伟大，但千千万万的弹幕一直在向守卫祖国安宁的军人致敬。

那一刻，我们感受到了宣传和新闻的区别：一个是用产品直白地告诉你，军人很伟大；另一个是受众看完产品后自发感受到，原来军人这么伟大。将直播内容去掉装饰后，反而展示出更多的温度，高原凛冽的寒风、海岛潮湿的孤寂、战士坚守的不易……作为一种伴随式传播，受众不需要时刻守在窗口前，他可以随时离开，随时回来，还受众自由，不再担心错过了什么而跟不上节目内容。

摒弃说教，不像以往经过选择、加工、再创造给受众"美颜"后的世界。相反，"你好哨兵"以未加修饰的"素颜"亮相，将战位的环境、条件的艰苦、战士们的面貌原汁原味地展示给受众，把升华这个环节留给观众自己。

创意先行：不变的核心 IP VS 灵活的切入点

"你好哨兵"系列慢直播，都把哨兵作为画面主体，他们大部分时间都不动，但却能感受到他们的警惕；偶尔，他们会走动巡逻，或者接电话处理情况；每隔一段时间，他们还会交接班……看起来都是固定镜头的单一形式，但这就是我们的核心IP。然而，仅依靠这个核心IP就包打天下了？显然不够，每次慢直播还得找到一个独特的切入点，两者相结合才能成就一个爆款产品。

元旦直播的点位，分别是喀喇昆仑的加勒万河谷和南海的珊瑚岛。为什么选择这两个点位？高度差、温度差、时间差。这两个点位南北的地理差异性：一个海拔5000米，另一个海拔只有1米；一个气温零下25摄氏度，另一个气温零上28摄氏度；一个早上6点30分日出，另一个要等到9点30分才日出。两地视觉上的反差感，对受众是种吸引。两地那么不同，却又如此相同，相同的是那份对祖国清澈的爱，不同的是"我在高原忍受大雪纷飞，你却在南海被晒得黢黑"。

春节期间有着浓浓的守护万家团圆的氛围，我们的直播就围绕这种情绪破题。我们把点位放在黑瞎子岛的东极哨所，首次尝试100小时超长慢直播，吸引了5200多万网民涌进直播间陪战士们一起站岗。自己的努力真的有被看到，使战士们也很感动，这是一种彼此陪伴的过程，虽然素未谋面却一直伴随左右、相互激励。另外，通过直播镜头也让受众了解到现代化的执勤，虽然只字未提，但边关的保障、现代化的塔楼哨所也让大众看在眼里，改变了边防的条件很苦的固有印象。

"七一"直播我们选址在西藏阿里的秋迪俭革拉边防哨所，切入点是戍边战士亲自手绘的"党旗山"。这个哨所位于喀喇昆仑高原，自然条件极其艰苦，被称为生命禁区。戍守在这里的战士在一座山顶的崖壁上亲手绘制了一幅鲜红的巨幅党旗，旗帜高高"飘扬"，经年累月，风雪雕琢，永不褪色。这片崖壁被称为"党旗山"，成为一批批驻守在喀喇昆仑高原官兵心中的精神高地。通过架设于海拔5100米精神高地的慢直播镜头，我们记录了整个描红的过程，彰显喀喇昆仑高原边防军人入党报国的初心。

"八一"直播的切入点是"红五星的守护"。我们联动人民日报、中国军视网进行了"你好哨兵"慢直播升级迭代，在边境线上选择了5个普通哨位，但连在一起便组成五星形状，以此主题意象让"你守护祖国、我们守护你"的主题更加深入人心。这5个点位有丛林有岛屿，有高原孤寂，有城市喧嚣，互相有着强烈的反差。这是"你好哨兵"慢直播开播以来画面最丰富的一次，此次直播的数据和流量也是最高的。

（作者：中国军号 琚振华、马晓宸）

第 17 计
多元呈现

"山河锦绣·英雄归来"让国防教育直抵人心

2022年是中国人民志愿军抗美援朝出国作战72周年。为弘扬伟大抗美援朝精神,退役军人事务部宣传中心推出"山河锦绣·英雄归来——第九批在韩中国人民志愿军烈士遗骸回国"72小时不间断展播活动,多形式、多视角重温抗美援朝烽火故事。

72小时主题直播活动,围绕"红色记忆""烽火故事""回家之路""英雄归来"等主题策划了为期四天的直播内容,多层次、多角度邀请网民走进抗美援朝的烽火岁月。上亿网民线上共听一堂国防教育课,通过留言互动、线上献花等方式表达对志愿军烈士的深切思念。

爆款小档案

"山河锦绣·英雄归来"72小时直播

直播时间：2022年9月14日—19日

发布平台：中国退役军人全媒体矩阵，人民日报、新华社、人民网、新华网、央视网、海外网等百余家媒体矩阵同步直播

形式：直播、文章、短视频、深度解读、评论、海报等

内容：以"山河锦绣·英雄归来——第九批在韩中国人民志愿军烈士遗骸回国"72小时不间断直播为主的一系列相关宣传内容包括："全网超亿人次观看！'中国退役军人'这样出圈！""假如这天我盖着国旗回来，请原谅我当年的不辞而别……""破防了！'中华大地由我们守护，请先辈们放心'""央视《正午国防军事》退役军人事务部：主题直播活动 弘扬英烈精神""老班长述评 不忘本来才能开辟未来"

本次直播以"中国退役军人"全媒体矩阵平台为主线，人民日报、新华社、人民网、新华网、央视网、海外网等百余家媒体矩阵同步直播，全网观看人次破亿；学习强国、央视频、微信视频号、百度、哔哩哔哩等平台置顶，快手、抖音开屏推荐，在社会化平台的共同助力下，多次登上各平台热搜榜榜首，相关话题阅读量突破35亿次。人民网、新华网、央视《正午国防军事》、中国纪检监察报、中国青年网、环球网、海外网、中国警察网、腾讯新闻等百余家媒体对直播活动进行报道。与此同时，"山河锦绣·英雄归来"主题海报登上北京世贸天阶、来福士广场、富力广场等6000块大小数字屏，渲染了褒扬英烈的浓厚氛围。

爆款炼成记

亲历者说

以网络直播带动立体化传播

为迎接第九批在韩中国人民志愿军烈士遗骸回国，退役军人事务部宣传中心策划推出"山河锦绣·英雄归来"系列主题宣传活动，在退役军人事务部门户网站设置专题页面和开屏页，在《中国退役军人》杂志10月刊开辟专栏，在全网重点推出72小时不间断直播及系列独家图文、原创海报、视频等内容。这次策划，"中国退役军人"全媒体矩阵联动发力，打造立体化传播形态，传播效果显著，在全网引发热潮。

"向英雄们致以最高敬意！这些历史应该写进学生教材，让世世代代的后人永远铭记于心！"9月15日，"中国退役军人"视频号直播间，抗美援朝老战士李先彬讲述着70年前朝鲜战场上的场景，网民"勇敢的心"留言向志愿军老战士致敬。直播间里，类似这样的留言有成千上万条。

实际上，每年烈士遗骸回国都是全社会广泛关注的大事，主流媒体也会有自己的宣传方案。如何在主流媒体宣传报道中脱颖而出，退役军人事务部宣传中心立足自身资源优势，推出"山河锦绣·英雄归来——第九批在韩中国人民志愿军烈士遗骸回国"72小时直播活动，纪念中国人民志愿军抗美援朝出国作战72周年,向志愿军英雄致敬。

项目确定后立刻规划直播内容。除迎回安葬仪式现场直播外,还邀请红色讲解员讲述抗美援朝的历史故事、青年师生诵读抗美援朝英雄家书、与抗美援朝老英雄一起探访陵园,揭秘战场上的故事、展播经典红色电影……72小时不间断的直播内容,陪伴英雄回家路。

直播前一天,"中国退役军人"公众号开启直播预热,直播开始后每晚总结当日直播内容并预告明日看点,相关稿件提及直播内容,不断引导粉丝加入直播间,留下想对英雄说的话。

在这里,我们深度探访红色纪念设施。从北京到沈阳,从江苏到四川,从中国人民革命军事博物馆到抗美援朝烈士陵园,从杨根思烈士陵园到黄继光故居……跟随直播一起走进全国多地红色纪念设施,在一段段故事中,抗美援朝历史画卷徐徐展开。沈阳抗美援朝烈士陵园内安葬着多少位烈士?安葬的第一位烈士是谁?牺牲时年龄最小的烈士是谁?邀请石景林、王金玉两位老战士来到现场共赴一场穿越时空的对话体验。

在这里,我们诵读跨越70年的牵挂。"儿子今天是一个革命军人,将来能为人民出更大的力,尽更大的责任……"这是抗美援朝战士毛真道1953年写给父亲的家书。沈阳城市学院内,师生围坐在一起轻声诵读抗美援朝英雄的家书。这些家书写给父母、爱人、子女、同辈,整齐的文字、朴实的问候,字里行间是无尽的牵挂。

这里有老战友的等候。上海话、东北话、四川话、湖北话……来自全国各地的20多位老英雄操着乡音,讲述着当年激烈的战争场景、感人的战斗故事。70年过去,曾经的少年郎,如今已满头白发。回忆起曾经的战友,他们仍难忍眼中的泪水:"我的战友,你们终于要回来了!"

这里有不同战位上的"战友"。72年前,志愿军战士们背井离乡奔赴朝鲜战场,用生命守护祖国的安宁与和平,如今"守护"的故事换人续写。有在戈壁腹地荒凉处奉献青春、在边境辖区谱写警民情,为国家对外贸易发展护航的移民管理警察;有为边境前沿的安全稳定站岗放哨的护边员;有"红"的底色、"战"的味道、"硬"的气息的英雄连队里过硬的兵……

在2021年，烈士祭文一经发布，便引发网民热烈讨论，很多人称"这样的祭文，应该被写入教材"。为此，2022年直播内容完毕后，项目组立刻投入悼念词的宣传中。率先发布悼念词海报及注释讲义，随后推出退役军人事务部部长致悼念词的视频，引发很多网民学习跟读。很多网民表示"看哭了"。退役军人、武警官兵、警察、中小学生同框齐诵悼念词，扩大二次传播影响力。

此外，公众号宣推稿件中重视标题的拟取。善于制作能传递情感的标题，如"假如这天我盖着国旗回来，请原谅我当年的不辞而别……""韩国现场直击！这是志愿军烈士拼命战斗过的痕迹""全程破防！不到2小时的航程，他们走了72年"等，在标题中融入情感，引导网民转发参与，产生了强烈的共情。

深度解析

总传播量35亿+，这场活动因红色教育破圈

"全民国防教育是建设巩固国防和强大人民军队的基础性工程……意义重大，影响深远。"为深入贯彻落实习近平总书记关于烈士褒扬工作重要指示批示精神，纪念中国人民志愿军抗美援朝出国作战72周年，退役军人事务部宣传中心于2022年9月14日12时至17日12时在全网推出"山河锦绣·英雄归来——第九批在韩中国人民志愿军烈士遗骸回国"72小时主题直播活动。围绕"红色记忆""烽火故事""回家之路""英雄归来"等主题策划了为期四天的直播内容，邀请网民从多层次、多角度走进抗美援朝的烽火岁月。上亿网民线上共听一堂国防教育课，通过留言互动、线上献花等方式表达对志愿军烈士的深切思念。

本次直播以"中国退役军人"全媒体矩阵平台为主线，人民日报、新华社、人民网、新华网、央视网、海外网等百余家媒体矩阵同步直播，全网观看人次破亿；学习强国、央视频、微信视频号、百度、哔哩哔哩等平台置顶，快手、抖音开屏推荐，在社会化平台的共同助力下，相关独家图文、视频、

海报等内容多次登上各平台热搜榜榜首，相关话题阅读量突破35亿次。人民网、新华网、央视《正午国防军事》、中国纪检监察报、中国青年网、环球网、海外网、中国警察网、腾讯新闻等百余家媒体对直播活动进行报道。

与此同时，退役军人事务部宣传中心发挥自身优势，"山河锦绣·英雄归来"主题海报登上北京世贸天阶、来福士广场、富力广场等6000块大小数字屏，渲染了褒扬英烈的浓厚氛围。《中国退役军人》杂志第10期开辟专栏，在杂志重要位置刊发部长致祭文及注释，介绍本次烈士遗骸迎回情况及比对等相关工作的最新进展，撰写全景综述性文章，深入挖掘和报道交接安葬活动的背后及抗美援朝战争感人故事等内容。部门户网站设计推出专题页面和开屏页，在活动期间及时刊发相关新闻、图片、视频等内容，引发业内人士广泛关注。

各界人士认为，此次系列主题宣传活动紧扣主题，以"融合+青年"宣传理念，引导社会各界尤其是青少年自觉缅怀、纪念、尊崇、学习革命先烈，传承红色基因，对在全社会弘扬英烈精神起到了积极作用。

立足红色资源　　开辟独特视角

9月14日12时，北京天安门广场人民英雄纪念碑前，"中国退役军人"融媒体主播向网民介绍本次直播所含内容，一堂72小时不间断的线上国防教育课自此开启。在这场直播活动中，整体策划打破了"宏大叙述、全面讲述"的传统红色教育思路，力求以互联网小切口、近距离、对话感、故事化的传播视角切入，将雄赳赳、气昂昂的伟大抗美援朝精神，跨越时空让大家铭记弘扬。

小切口。直播首日，全国多地红色纪念设施依次上线，从北京的中国人民革命军事博物馆到沈阳的抗美援朝烈士陵园，从江苏的杨根思烈士陵园到重庆的邱少云烈士纪念馆……，一幅幅抗美援朝历史画卷由此展开。四川中江黄继光故居内，讲解员、黄继光的侄子黄拥军讲述着中国人民志愿军特级英雄黄继光的故事。"黄继光是我的三爸，他牺牲时我还没出生，这种特殊关系让我讲起三爸的故事时更亲切、更动人，我要把他的故事讲好，讲给更多人听。"直播中，讲解员通过一张桌、一封信，一个个可感触、可共鸣的故事带网民走近一位位抗美援朝英雄的战斗人生。

近距离。伟大出自平凡，平凡造就伟大。平凡英雄的故事总能深深打动网民。直播还邀请到来自全国各地20多位抗美援朝老战士口述历史，生动还原真实的战斗场景。"零下45度是什么概念？"志愿军老战士李先彬描绘着当年冰天雪地里的战争场景，"我的脚指甲都冻掉了，生死已经置之度外了……"他们操着乡音，讲述当年激烈的战争场景。"数我年纪最小，我父母不让我去战场，但我就是想当兵，我不怕牺牲，为国尽忠很光荣！"志愿军老战士张诗义泣不成声，仿佛又变回了当年那个16岁的男孩。网民纷纷刷屏："爷爷不哭，致敬英雄！请一定要健康幸福！"

对话感。直播走进多所学校，与大学师生诵读抗美援朝红色家书、与多所小学的小学生共念抗美援朝经典课文，让一份份深切思念、一幕幕历史故事跨越时空，重现眼前。"儿子今天是一个革命军人，将来能为人民出更大的力、尽更大的责任……"这是抗美援朝战士毛真道1953年写给父亲的家书。这些写给父母、爱人、子女、兄弟的家书，文字朴实，写满了英雄来自战火的牵挂。"烈火在他身上烧了半个多钟头才渐渐地熄灭。这位伟大的战士，直到最后一息，也没动一寸地方，没发出一声呻吟……"黑龙江省伊春市大箐山县朗乡小学的学生们齐声朗读课文《我的战友邱少云》，童声琅琅，传承英雄精神。

故事化。直播活动还连续两个夜晚与网民一同重温抗美援朝经典电影，《英雄儿女》《上甘岭》《长空雄鹰》等十余部优秀作品展映，凌晨仍旧有千万网民在线上观看，并纷纷留言："原来老电影那么好看动人！"

72小时直播，从红色纪念设施到老英雄口述历史，从红色家书到经典老电影，一直不断有网民进入直播间，大家以不同形式、多重角度直观了解抗美援朝英雄事迹，学习英烈精神，厚植爱国情怀。与此同时，"中国退役军人"全媒体平台共同发力，以直播内容为核心创作原创图文海报、短视频等多种形式，通过积极探索运用互联网思维，以讲述红色故事打开国防教育的新切口，将迎接第九批在韩志愿军烈士遗骸回国活动的社会氛围一步步推向高潮。

内容生动多样　　厚植爱国情怀

"这次主题活动的推出,尤其是72小时不间断直播策划的产生,不仅有时间节点上的纪念意义,我们更希望通过持续的、形式多样的内容,多方助力,实现破圈,邀社会各界一同上一堂聚焦抗美援朝精神的国防教育课!"退役军人事务部宣传中心相关负责人介绍道,"本次活动充分整合了退役军人事务系统、现役部队、红色纪念设施等资源,不仅让这堂国防教育课内容丰富、意义深远,还要运用互联网思维,让这堂课讲得生动有趣,能被社会各界尤其是青少年接受。"

这里有英雄的战友。"影视剧中志愿军战士在冰天雪地里吃炒面、冻土豆的场景,都是真实的吗?"抗美援朝老英雄王金玉、石景林在直播现场解答网民们的疑问:"能吃到冻土豆已经很不错了,土豆这种食物要看季节的,很多前线战士连土豆都吃不上。"老战士石景林告诉网民,艰苦作战环境下,饿肚子是常事,支撑志愿军战士们的是两个信念:"活下来!把仗打赢!"

这里有英雄的"家"。"一笔一画地描着他们的名字,仿佛又把他们的人生过了一遍……"直播中主播来到沈阳抗美援朝烈士陵园,这也是第九批在韩志愿军烈士回国后的安葬地。主播单膝跪在一个又一个烈士墓前,轻轻擦拭着碑上的微尘,为烈士带去来自广大网民的敬仰。"能帮忙找下邱明吗?""李贺,谢谢""我叫张星",当主播来到镌刻着抗美援朝烈士姓名的英名墙前,不断有网民在直播中留下名字,希望主播寻找与自己同名的英烈。当一个个名字被找到,网民激动地留言:"透过直播仿佛看到数以亿计的后来者正在英烈们拼命守护的土地上传承、奋斗……"

这里陪伴英雄的回家路。9月16日至17日,活动全程直播了第九批在韩中国人民志愿军烈士遗骸交接迎回及安葬仪式。"这几天,我在手机上看直播,听了很多志愿军英雄的故事。迎回仪式现场,国家以最高礼遇接英烈们回家,我感动得哭了!"

这里见证英雄的精神传承。迎回仪式后,护边员、护林员、国门边防警、英雄连队等来自不同地域、不同职业的代表在直播中开启了一场持续12小时的接力慢直播,共同守护英雄回家路。网民"cxy"留言:"听不够你们的故事,当你们飞向星辰宇宙,怎舍得只剩一句永垂不朽,最可爱的人啊,时光请走慢点……"

整合平台资源　紧扣时代脉搏

江苏镇江,宜城中学组织新生观看直播。课间,七(五)班的吴锐晨同学主动向班主任申请,想借手机再多看一会儿。"没想到,电影《长津湖》里描述的战争惨烈情况竟然是真的!听到李爷爷说,他被两架机枪扫射,伪装成尸体躺在壕沟才骗过敌人,最后冲到指挥所,我浑身的汗毛都竖起来了!"吴锐晨还有一个小愿望——本学期和同学们前往老英雄李先彬家中,向老人致敬。在老师和当地退役军人事务部门的帮助下,他打通了李爷爷的电话并征得了同意,李先彬说:"欢迎你来我家!我给你讲更多的故事!"

浙江丽水,退役军人孙善鹏关注了这场直播:"当我看到志愿军烈士遗骸迎回安葬的直播画面时,内心百感交集,又难过又感动。阔别72年,英雄们终于能回家了。我们一家人都在看,眼眶都红了。志愿军英烈永垂不朽!"

湖南长沙,湖南省长沙县天华小学六年级104班学生在直播中朗读着课文《青山处处埋忠骨》。班主任符嘉雯表示，能参与到这场活动中，让学生以这种方式致敬志愿军英烈，她很开心很荣幸。"相信这次活动后，学生们对抗美援朝这段历史会有更深刻的了解和体会，平时也能更多地通过阅读相关资料去主动了解抗美援朝志愿军的英雄事迹，能够铭记不畏强敌、不惧艰险的革命英雄们，将爱国主义精神扎根于心底、落实于点滴！"

辽宁沈阳，市民陈凯在朋友圈关注到这场直播："跟随直播走进沈阳抗美援朝烈士陵园，一座座烈士墓碑在此伫立，我仿佛触摸到了志愿军战士的风骨。他们是祖国的英雄，是白发慈母日思夜盼的孩子，是妻子痴痴守望的丈夫……祖国在等他们归来，亲人在等他们归来！"他决定要去陵园看看，看看家乡土地上埋葬的这些志愿军英烈们，亲手献上一朵菊花。

雪域高原上，作为直播参与单位的第76集团军某旅邱少云生前所在连的官兵表示："身为邱少云生前所在连的一员，我们将继续传承和发扬'纪律重于生命'的邱少云精神。用一往无前的勇气、敢打必胜的硬气，练好技能，练强素质，用实际行动告慰志愿军英烈。"

在本次"山河锦绣·英雄归来"系列主题宣传活动中，退役军人事务部宣传中心于新媒体平台先声夺人，以一场72小时不间断直播和丰富的原创图文、视频迅速发酵破圈、收获数亿关注，联合视觉中国、沈阳抗美援朝烈士陵园等单位积极开展线下宣传活动，6000块城市数字屏展播主题海报，数块展板供民众留言寄相思。同时，在宣传战线的拓宽延伸上，以《中国退役军人》杂志为载体做深做实内容，于2022年10月刊开辟专栏，全方位、多角度推出系列独家报道：一是在杂志重要位置刊发部长致祭文及注释；二是邀请相关负责同志介绍第九批在韩中国人民志愿军烈士遗骸迎回情况及比对等相关工作的最新进展；三是撰写全景综述性文章，报道交接安葬活动背后的故事；四是策划组织系列报道，多角度呈现抗美援朝战争中的感人故事，推出《呼吸英雄的气息》《谜一样的爷爷》《英雄归来日，看中国空军精神传承不息》等系列报道，并配发言论《不忘本来才能开辟未来》、署名文章《为有牺牲多壮志，敢教日月换新天》引人思考，致敬先烈遗志，传承英雄精神。活动相关内容以专题页形式呈现于退役军人事务部门户网站，在退役军人事务系统内外引发强烈反响，不仅较好地发挥了爱国主义教育主阵地作用，用好烈士褒扬红色资源，而且对加强爱国主义教育和国防教育具有重要意义。此次宣传活动中，新媒体与传统媒体共同发力，结合各平台特点和优势，兼顾速度与深度、角度与形式，合力推动宣传效果最大化和最优化。

"这是一次创新形式的爱国主义教育和国防教育宣传探索行动。"宣传中心相关负责人表示，还有太多的英雄故事等待挖掘、太多的宣传形式有待探索，退役军人事务部宣传中心将继续通过多种形式、多重视角讲好英雄故事，引导社会各界，尤其是青少年学习英雄事迹，传承红色基因，弘扬英烈精神，在抚今追昔中坚定前行意志。

（原载于《新闻战线》2022年第10期，作者：退役军人事务部宣传中心　刘学、韩筱一）

延伸阅读

全媒体时代下，英雄的故事还可以这样讲
——以2023年"山川同念　英雄回家"70小时主题直播活动为例

全媒体时代下，我们需要什么样的传播？

退役军人事务部宣传中心于第十批在韩中国人民志愿军烈士遗骸回国之际，推出"山川同念　英雄回家"70小时不间断主题直播活动，"中国

退役军人"各媒体平台围绕直播进行多形式宣发，以全媒体平台的矩阵传播优势，推动多个内容登上热搜。

据统计，第十批烈士遗骸回国期间，人民日报、新华社、中央人民广播电视总台、人民网、新华网、央视网等百余家媒体矩阵同步直播，相关内容获全网转载。

陪伴英雄回家的70个小时里，是什么打动了数亿网民？

注重细节原创　让内容可知可感

在"中国退役军人"的直播间里，沈阳抗美援朝纪念馆讲解员赵欣彤介绍着陈列台上的一根只有一尺八九长的腰带，"中国退役军人"全媒体主播用手比量着。当年这条腰带是系在志愿军战士棉衣外面的，可想这位战士是多么瘦小。

"天啊，比我的腰带尺寸还小，我是女生。""这么短的腰带，不知道当年上战场时，这位战士成年了没有。"

……

评论一条接着一条，不到两秒，刚发布的评论就会被顶出屏幕之外。这场为期三天的直播从开播那一刻就获得了大量关注，评论区也随着场景变化掀起一波又一波小高潮。

主题宣传活动为何能在短时间内获得如此高的关注？答案绝非偶然。

是万众期待。第十批在韩中国人民志愿军烈士遗骸归国时间确定后，"中国退役军人"全媒体矩阵第一时间发布相关进展，回应了全国人民的期待。邀请主流媒体、知名专家、军事博主等参与互动，辐射不同圈层受众，带动全国网民共迎英雄回家。

是细节动人。本次报道中，各大媒体纷纷在细节上下功夫，在重视故事化展现的同时更加注重细节呈现，力求让历史以更具象化的方式呈现在观众面前。也许是遗物上刻着的字，也许是家书上的笔迹，观众通过直播的一个个细节体会战争的残酷、家属的思念和英雄的无畏。

是内容丰富。直播团队抵达沈阳后，前往老英雄家中、礼兵训练场等地现场挖掘热点,"战士们在风雪中不畏严寒积极演练""小朋友给志愿军烈士墓前送苹果"等内容在直播中感动着观众,并且以此为内容制作的短视频内容短小精悍、新颖,无一例外登上热榜,成为网络爆款。

探索媒介融合　发出更大声量

全媒体传播,融合是关键。为使主题报道获得更多关注,"中国退役军人"全媒体平台发挥矩阵合力,助推内容传播效果最大化。

整合资源,注重传播高度。中国人民革命军事博物馆,罗援将军正带领青少年学生从一件件展品中探寻抗美援朝战争的胜利之源。本次直播创新设置红色云讲师授课环节,邀请军事科学院世界军事研究部原副部长罗援、"八一勋章"获得者李中华、王忠心、杜富国,抗美援朝老兵涂伯毅担任红色云讲师,从不同视角讲述抗美援朝战争的故事,吸引大量现役官兵、退役军人和军迷们前来观看。

为触达更多人群,本次宣传活动从形式、内容及合作平台的选择上更具针对性。如五位云讲师能辐射到当过兵或喜爱军事新闻的用户;全国各地点亮大屏,辐射当地市民;与中国日报新媒体、快手平台合作的长图条漫，吸引着快手平台忠实用户，也成为出色的外宣展示。人民日报、新华社等媒体平台联合直播，更是把这场活动推到全国网民面前。

形式互补，推高传播热度。 鸣枪礼兵训练现场，抗美援朝老战士何林弟拿起95-1式自动步枪，爱不释手，转头递向身边的王金玉。即便满眼期待，王金玉却摇了摇头，他说："今天没穿军装。"这条从直播中截取下来、只有14秒的短视频瞬间登上各大平台热搜榜，被无数网民转发，仅在"中国退役军人"3个短视频平台就获得超3500万次播放量，一条内容为"骨子里的纪律严明啊！没穿军装不碰枪"的评论收获15.7万个点赞。

本次宣传高度重视短视频传播，将直播中亮点内容即时制作成短视频，进行二次传播，让直播和短视频两种形式共同发力，形成"直播持续输出、短视频引爆热点"的效果。其间发布的46条短视频中，三分之二是直播内容，十余条短视频在各平台登上热榜，形成讨论话题，为直播成功引流。

延展内容，拓宽传播广度。 抗美援朝老兵张炜讲起70年前胜利回国的场景，她替战友举起水壶喊："祖国人民你们好，祖国人民你们好……"又一次红了眼眶。今年，退役军人事务部宣传中心协调各地退役军人事务系统资源，重磅推出《1950，跨过鸭绿江》73集抗美援朝老兵口述历史微纪录片。全国73地73位老兵，用最平实的话语带观众走进他们战火中的青春。直播选取纪录片中部分内容进行展播，全集纪录片在学习强国、新华网、人民网等9大平台陆续上线。

就像历史书装不下所有英雄的事迹，70个小时也仅能展现抗美援朝战争的冰山一角。这次从直播到纪录片的延展打破宣传时长的限制，让直播成为一个启动键，让老兵口述历史的宝贵财富在直播结束后仍有展现平台和传播空间，使最还原真相的历史、最珍贵的民族记忆持续焕发活力。

社会力量参与　凝聚全民共识

双屏互动，引发社会广泛关注。福建厦门地铁2号线内，脚步匆匆的上班族突然发现，站内大屏的广告不知何时被换成了一张直抵人心的海报，吸引乘客驻足观看，原来，海报内容是志愿军烈士遗骸归国的消息。河南周口太康县，93岁老兵刘禄正缓步走到人民广场数字大屏前，用被炸断的右手向大屏敬礼，这动人的一幕被当地媒体捕捉到并发在网上，感动无数网民。

退役军人事务部宣传中心联合社会力量开展点亮行动，全国1.3万块人民日报数字传播屏和多地室内外宣传大屏同时亮起，迎接志愿军忠烈回家。大屏拓展小屏传播力，小屏丰富大屏宣传内容，两者形成合力，让更多市民了解直播活动，了解烈士遗骸回国的消息，了解那段血与火的岁月。

媒体聚力，尊崇英烈成为共识。迎接烈士遗骸回国活动期间，网民随意点开任意一个媒体平台，都会看到70小时主题直播的内容。本次宣传报道中，"中国退役军人"主动联动众多媒体加入宣传阵营。百余家媒体同播一个内容，不断将直播内容二次传播，以滴水成海之势推动对英烈的关注，推动让尊崇成为共识，影响广大用户，尤其是青少年用户。

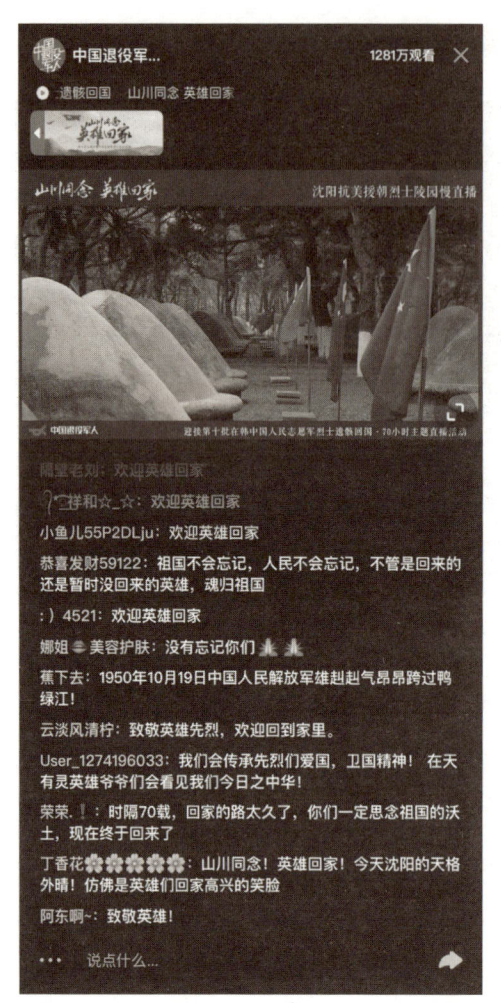

祭文诵读，助推英烈精神传承。安葬仪式现场，退役军人事务部部长诵读祭文再一次吸引广大网民关注，不断有网民在直播中留言"写入中学教材""建议全文背诵"。报道组第一时间制作并发布现场祭文诵读及各地现役官兵、退役军人、公安、学生等群体的跟读视频，设置话题"#一起诵读烈士祭文#"引导网民参与跟读。

作为每年烈士遗骸回国工作中最受关注的内容之一，《新闻联播》新媒体栏目"主播说联播"当晚发布视频称："读懂这篇祭文，对于了解中国人的精神会有一定帮助，希望更多人能够读到。"两天时间内，社交平台上涌现出大量诵读视频，也有人抄写祭文全文，用不同的方式感受英烈精神，表达心中敬意。

引导全社会铭记抗美援朝战争的艰辛历程和伟大胜利，弘扬伟大抗美援朝精神是退役军人事务部门的职责使命。此次宣传报道中，退役军人事务部宣传中心充分发挥全媒体传播优势，以一场70个小时的主题直播带领数亿网民对话英雄、感受历史，又一次在重大主题报道中完成了讲好中国故事的孜孜探索和成功实践。

（作者：退役军人事务部宣传中心　韩筱一）

志愿军烈士遗骸安葬祭文的背后深意

2023年11月24日上午，第十批在韩中国人民志愿军烈士遗骸安葬仪式在沈阳抗美援朝烈士陵园举行，25名牺牲在异国他乡的志愿军英烈70多年后在祖国大地上安息。退役军人事务部党组书记、部长裴金佳出席仪式并致祭文。在韩志愿军烈士遗骸安葬祭文一经发布，立刻在全网掀起转发热潮。同内容短视频在"中国退役军人"全媒体矩阵发布后，迅速登上热榜。

许多网民表示："又破防了！"更有网民提议："此祭文应编入大中小学教材！"

令人潸然泪下的祭文背后都有哪些深意？我们就来一探究竟！

第十批在韩中国人民志愿军烈士遗骸安葬祭文大意

公元二〇二三年十一月二十四日，中华人民共和国的人民和将士以鲜花雅乐，恭敬地祭奠并告慰中国人民志愿军烈士：

回想起1950年，实在是多事之秋。我们新中国刚刚成立，外敌虎视眈眈。邻国朝鲜发生战争，强大的美国公然出兵干涉。凶祸向西蔓延，殃及我国的边境城市。战火纷飞，房屋瞬间变成了坟墓。老百姓何其无辜，又有谁来主持公道？

听闻这个情况，全国人民非常震惊愤怒。你们——威武的志愿军将士连夜兼程出征。你们冲锋陷阵，奋不顾身，一边击杀强敌，一边安抚百姓，大义凛然，震天撼地。你们英勇战斗的情景人民永远铭记：先在两水洞战斗，又在云山激战；冒着严寒在长津湖拼死鏖战，在清川江迂回奇袭，重创敌人；在横城奋起反击，在上甘岭无畏坚守。你们的壮举吓破了千万敌军的胆，你们意志坚定，任凭烈焰焚烧，岿然不动。你们的鲜血染红了军旗，身躯像丰碑一样，屹立在莽莽冰原（冰雕连）。捷报一个接一个传来，世界终于再度安宁、和平。

志愿军烈士啊！你们道德高尚，遵守纪律，有勇气，有谋略，是国家的栋梁。为了维护正义、和平，你们牺牲在异国他乡，生前是人中豪杰，

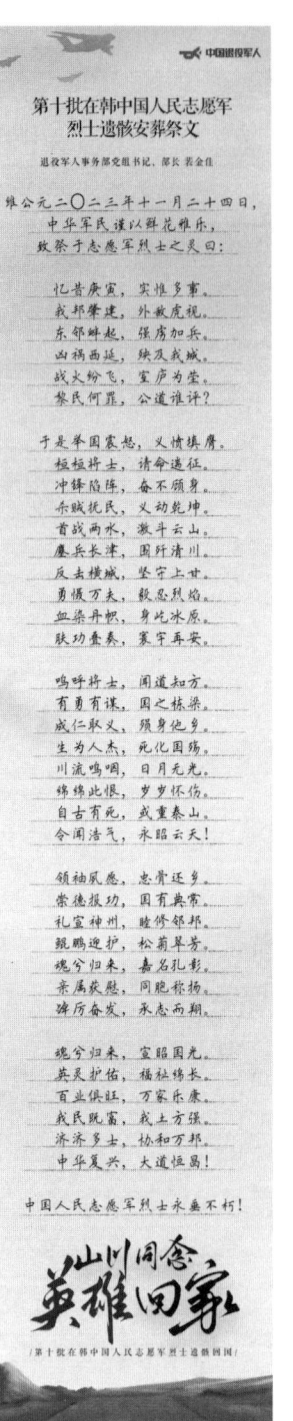

牺牲后也是国家光荣的烈士。因为你们的离世，山川河流都在恸哭，太阳和月亮也黯然神伤。我们一直为此而悲伤，常常怀念你们。自古以来，人总有一死。你们的牺牲重于泰山！你们的美好德行和浩然之气，与日月同辉！

志愿军烈士啊！伟大的领袖一直惦念着你们，希望你们的忠骨能够早日回国安葬。我们的国家一直有重要的典章制度，对有德行有功劳的人给予嘉奖、表彰。今天，神州大地文化繁荣、睦邻友好。我们用"鲲鹏"号专机把你们迎回祖国安葬，陵园环境幽穆、松菊翠芳。安息吧！志愿军烈士！你们的英名将更加昭彰！亲人会获得宽慰，同胞也将称颂你们的英雄事迹，踔厉奋发，继承遗志，努力向上。

安息吧！英雄的志愿军烈士！你们是我们国家的荣光。在你们英灵的护佑下，国家和人民的福泽深厚绵长。我们的国家现在百业兴旺发达，万家和乐安康；人民富裕，国力强盛；人才济济，共同为维护世界和平，构建人类命运共同体做着重要贡献。中华民族伟大复兴，我们的事业会一直繁荣昌盛！

中国人民志愿军烈士永垂不朽！

第 18 计
平台联动

"清明祭英烈",思念"无声"温暖全网

清风化雨,思念绵长。2022、2023连续两年清明节,我们通过不间断的慢直播,在全国17处烈士纪念设施及红色教育基地等开展"清明祭英烈"主题网络传播活动。慢直播、公众号文章、短视频……

这是"无声"的思念,却"席卷"全网。全媒体跨平台直播、电视大屏"隔空"联动、各大平台"开屏"宣传、一条条网民自发的暖心留言与思念的传递……仅2023年清明节直播,观看人次超27.6亿!全网共129个平台同时播出,3000多万名网民为英烈"云献花"寄语哀思,为烈士陵园"云祭扫"铭记悼念,寄托对英烈的哀思,表达对先烈的崇敬之心与思念之情!

只要我们记得,他们就永远活着!

🎯 爆款小档案

"清明祭英烈"主题网络直播

退役军人事务部宣传中心联合共青团中央宣传部、全国少工委办公室开展"清明祭英烈"主题网络传播活动。

【今天，超3000万人同做一件事！】

直播时间：2022年4月5日7时至19时，12个小时不间断慢直播

直播效果："中国退役军人""共青团中央""全国少工委"全媒体矩阵等120余家平台共同开启这场12小时不间断慢直播，全平台直播观看人次超过3000万，"为英烈献花"超过8000万次。

"拍春天最美的花"等互动直播

【主题长漫画《为什么在烈士陵园里我们不会感到害怕？》，童声合唱版《山河已无恙》、清明版《如愿》等】

直播时间：2023年4月5日9时至4月6日1时，16个小时不间断慢直播

直播效果：截至2023年4月6日12时，2023年"清明祭英烈"主题网络直播通过人民日报、新华社、人民网、央视网、共青团中央、全国少工委、中国退役军人及各级退役军人事务系统、各级团组织、各级媒体机构账号在"学习强国"学习平台、微博、微信视频号、快手、抖音、哔哩哔哩、知乎、今日头条、百家号、斗鱼直播、虎牙直播、央视频、中国青年报客户端等平台/渠道的163个平台播出，累计观看人次超过2757万，累计为英烈"云献花"人次超过3566万。在微博、微信视频号、快手、抖音等新媒体平台，"清明祭英烈"相关话题传播人次超过27.6亿，"拍春天最美的花""细语寄哀思"等互动话题传播人次超过4134.4万，"清明祭英烈"相关新媒体图文、短视频内容播放量超过1.3亿。

爆款炼成记

> 亲历者说

做有声量、有意义的慢直播

清风化雨，思念绵长。2022、2023连续两年清明节，我们通过不间断的慢直播，在全国17处烈士纪念设施及红色教育基地等开展"清明祭英烈"主题网络传播活动。慢直播、公众号文章、短视频……

这是"无声"的思念，却"席卷"全网。全媒体跨平台直播、电视大屏"隔空"联动、各大平台"开屏"宣传、一条条网民自发的暖心留言与思念的传递……

2022年4月5日，退役军人事务部宣传中心、团中央宣传部联合全国多地英雄烈士纪念设施开展2022年"清明祭英烈"主题网络传播活动。依托网上祭扫方式在"中国退役军人"等媒体矩阵开启一场12小时慢直播，通过留言互动、线上献花等形式寄托对英烈的哀思，表达对先烈的崇敬之心、感念之情、传承之志。

参与活动的17处陵园分

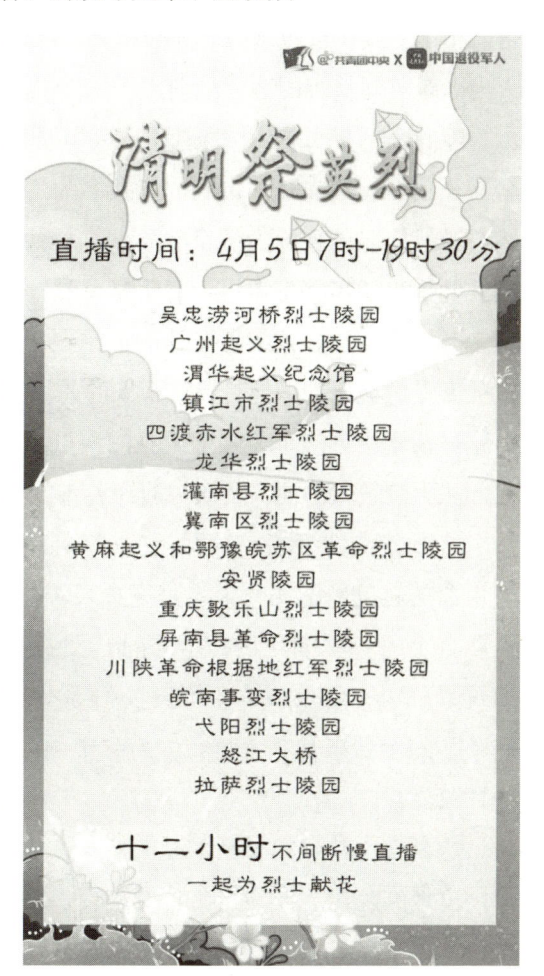

布在15个省（区、市），安葬着在抗日战争、解放战争、抗美援朝等战争及和平年代牺牲的英雄烈士。

活动当天，一等功臣、联合国"和平维和勋章"获得者、江苏省模范退役军人朱言春来到江苏省连云港市灌南县烈士陵园为英雄敬献鲜花；浙江安贤陵园内，"海空卫士"王伟烈士的墓前堆满了鲜花和卡片；福建屏南县革命烈士陵园内，前来悼念的市民驻足在戍边英雄陈祥榕烈士的墓前献花、敬香，低首肃立，表达对英雄的缅怀之情。

"只要我们记得，英雄们就还活着，而我们必将永远铭记！"在清明节当日推出"祭英烈"活动，就是为了引导全社会，尤其是青少年群体学习、传承、发扬红色基因和先烈精神。在全社会营造崇尚英烈、学习英烈、大力弘扬英烈精神的浓厚氛围。

除直播活动外，"中国退役军人"全媒体矩阵还推出了"我与英雄同名"征集活动，在全国范围内寻找名为"张超""王伟""王兵"的人，讲述与英雄同名的普通人的奋斗故事。与共青团中央、全国少工委、腾讯新闻共同推出"风筝寄追思，清明祭英烈"线上活动，网民可以通过省市寻找曾与自己生活在同一片土地的英雄烈士，放飞风筝，寄托深深思念。推出独家专访类稿件《他是退役军人的儿子，也是最佳男主角！》，对话在革命题材话剧中饰演革命烈士柔石的演员袁弘。身为退役军人的儿子、从小在部队大院长大的他，畅谈对演绎英雄的心得感悟。

这是节点性策划。清明，标记着自然与万物的轮转，也镌刻着生活与生命的轨迹。清明时节也是寄托哀思之时，"中国退役军人"融媒体团队联合全国15个省（区、市）的17处英雄烈士纪念设施，为安葬在那里的抗日战争、解放战争、抗美援朝等不同时期的革命先烈以及和平年代的革命烈士云祭扫、云献花。与"中国退役军人"的网民一起致敬先贤，缅怀英烈。

这是合作共赢的案例。退役军人事务部宣传中心立足自身资源，协调全国多地红色纪念设施作为直播内容，共青团中央宣传部提供直播技术支持，两家平台各自发挥自身优势，在清明节当天推出悼念英烈的活动，被众多媒体评价"有声量,有意义!"。

从2023年4月5日9时至4月6日凌晨1时,"清明祭英烈"16小时不间断慢直播,在全国17处烈士纪念设施及红色教育基地等开展。这场"无声"的思念,"席卷"全网。观看人次超27.6亿!全网共129个平台同时播出,3000多万网民为英烈"云献花"寄语哀思,为烈士陵园"云祭扫"铭记悼念,寄托对英烈的哀思,表达对先烈的崇敬之心与思念之情!

各级媒体号深度合作,密集报道。活动期间,中央新闻单位和各地新闻媒体给予大力关注和支持。中央广播电视总台《新闻联播》《朝闻天下》等重点栏目均播出重要报道;人民日报、新华社、环球时报、中国妇女报等中央媒体及人民网、央视网、环球网等中央重点媒体网站在新媒体平台对活动同步直播。

各级退役军人系统及团组织联动合作,走深走实。横向上,建立工作机制,在发挥调动各单位特点的同时,共同策划选题、采编内容、设计"亮点"、制作产品、集群传播、直播保障,形成了专业的内容供给"中央厨房"。纵向上,强力统筹全系统力量参与直播活动,联动全国15个省(区、市)17处烈士纪念设施及红色教育基地,生产内容、统筹协调资源,形成强大声势,最广泛地发挥退役军人事务系统、共青团各级团委优势,切实提升宣传的覆盖面、影响力。

策划新媒体产品集群,跨越圈层。推出四大产品集群:一是文字类产品,挖掘英烈事迹、讲好英烈故事,发布微博、微信推送数十条。二是图片类产品,发布"清明祭英烈"主题长漫画《为什么在烈士陵园里我们不会感到害怕?》。三是音视频类产品,联合珠海退役军人事务局、珠海烈士陵园策划童声合唱版《山河已无恙》,联合福建退役军人事务厅及厦门六中合唱团策划清明版《如愿》。其中《如愿》MV在微博、哔哩哔哩、抖音、快手等视频平台被重点推荐,被中央网信办协调多家门户网站置顶推荐。四是主题直播,从清晨到凌晨,联动全国线下17处烈士纪念设施及红色教育基地,以慢直播的形式记录前往陵园祭扫英雄的市民群众,随着直播镜头缓缓移动，网民们的思念静静流淌，一个小孩子从兜里掏出一捧奶糖放在戍边烈士王焯冉墓前，让无数网民红了眼眶；同时，创新性增加经典红色电影展映环节，联合长春电影制片厂首次在互联网公开放映《英雄儿女》《上甘岭》等经典红色影片，引发强烈反响。

在直播中，我们突出了这样的特点：

鲜明突出主题主线。活动着力引导广大青少年、退役军人在缅怀先烈、致敬英雄的活动中深入体悟"红色政权是怎么来的，新中国是怎么来的，今天的幸福生活是怎么来的"，进一步激发广大青少年、退役军人永远跟党走、奋进新征程的青春激情。

广泛开展组织化动员。依托退役军人事务、共青团、少先队组织体系，充分发动各地基层退役军人事务部门、团支部、少先队中队（小队）因地制宜、各具特色地开展瞻仰烈士纪念碑、红色讲解等祭扫纪念活动，并进行全面线上传播展示。努力实现退役军人、团、队员"在组织中受教育"与"在网络上表心声"相结合，积极持续探索爱国主义教育、实践教育相融合的新模式。

主动介入，深入发掘宣传亮点。活动积极寻找打动人心的英烈故事和恰如其分的呈现形式。例如，在百色百福生态陵园内，广西百色右江区迎龙第三小学"文秀班"的学生们捧着手绘画轻轻放在黄文秀墓前。黄文秀曾在扶贫日记中写道："我还有许多想法，给百坭村设计一首村歌，再建立一个篮球场，还要建立幼儿园……"如今，她的惦念正在一一变为现实。"卫国戍边英雄"陈红军牺牲时，妻子肖嵌文已经怀孕五个月。清明节当天，他的家人带着儿子"小红军"从陕西赶到甘肃省兰州市烈士陵园，"小红军"长大了，有了红军的模样。河南省漯河市烈士陵园内，"卫国戍边英雄"王焯冉的墓前围绕着亲友和全国各地的人们送来的一束束鲜花，墓碑上放着一把大白兔奶糖，他的喜好一直有人记得。湖南杂交水稻研究中心的袁隆平雕像旁，湖南农业大学的学生通过拉小提琴向永远的"稻田守望者"致敬，令无数网民泪目。活动通过预设这些打动人心的英烈故事，与青少年达成情绪共鸣，有利于进一步铭记革命先烈功勋，让红色基因、革命薪火代代传承。

创新"版权+内容"直播新形式。 在"清明祭英烈"主题网络直播的后半程，与长影集团联合创新开展"铭记红色历史，发扬英烈精神"主题党史教育红色电影展映环节，通过红色经典重温历史、光影铸魂缅怀英烈，《英雄儿女》《上甘岭》《平原游击队》《中华儿女》四部由长影制作并修复的经典电影首次通过互联网平台播出。此次展映活动以新时代青年高度聚集的视频平台为切入口，让红色电影从大银幕走向小屏幕，通过讲述抗日战争时期和抗美援朝时期革命先烈的英雄群像和凡人微光，以更易为人接受的载体进行党史学习教育，更有益于使习近平新时代中国特色社会主义思想走进生活、入脑入心。

（作者：退役军人事务部宣传中心）

深度解析

12小时慢直播　云端寄哀思

"您的故事我们记得。"2023年4月5日，在一场直播中，延安实验小学一年级13班刘楷瑞这样留言。更有大批网民齐刷刷地打出"向英雄致敬""缅怀革命先烈"等留言互动。

这场持续12小时不间断的慢直播，是由共青团中央宣传部、退役军人事务部宣传中心联合全国多地英雄烈士纪念设施开展的2022年"清明祭英烈"主题纪念活动。

这一网上祭扫方式，在"共青团中央""中国退役军人"全媒体矩阵等百余家平台开启，吸引了数千万网民通过留言互动、线上献花等形式寄托对英烈的哀思，表达对先烈的崇敬之心、感念之情、传承之志。

全国17地英雄烈士纪念设施联动

4月5日早上7点，网民跟随直播画面来到宁夏回族自治区吴忠涝河桥烈士陵园。伴随着寄托哀思的背景音乐，屏幕中时不时出现自发前来祭扫的市民。这里，长眠着解放吴忠堡及在涝河桥战斗中牺牲的135名革命烈士。

"此次我们选择参与直播活动的17地英烈纪念设施主要分布在15个省（区、市），安葬有土地革命时期、抗日战争、解放战争、抗美援朝、和平年代等不同时期的英雄烈士。"退役军人事务部宣传中心副主任倪光辉举例，比如，戍边英雄陈祥榕烈士墓所在的福建省屏南县革命烈士陵园，"海空卫士"王伟烈士墓所在的浙江省安贤陵园，过往入藏车辆都会鸣笛致敬的西藏自治区昌都市八宿县怒江大桥，全国安葬红军烈士最多、规模最大的川陕革命根据地红军烈士陵园等。

在江苏省镇江市烈士陵园，烈士家属、老战士、学生代表、镇江市烈士陵园管理处工作人员以及部分市民代表参与了现场祭扫。

镇江市红旗小学少先队员代表马静璇朗读了自己写给巾帼英烈郭纲琳的一封信。她手捧鲜花缓缓走向烈士墓群，用小手轻轻擦去墓碑上的灰尘，为长眠在这里的百余名英雄、烈士朗诵自己所写的信。

在信中，马静璇表达了对全国著名英烈郭纲琳，以身殉职的战地记者许杏虎、朱颖烈士的崇敬与缅怀，向烈士们倾情讲述如今祖国的发展与昌盛，字里行间充满感恩，并立志长大后报效祖国。

"未成年人是祖国的未来与希望，是红色基因的传承者，这一环节的设定是对未成年人爱国主义教育的高度重视，也有较强的感召力和表现力。"江苏省镇江市烈士陵园管理处党支部书记、主任朱敏俊介绍，这名少先队员是千千万万普通学生中的一员，没有受过专业的朗读训练，简单朴实的语言，流露出的真实情感，更能体现出千千万万普通小学生的心声。

12小时不间断直播，从西藏自治区拉萨烈士陵园到广东省广州起义烈士陵园，再到福建省屏南县革命烈士陵园，通过展现不同地域不同时代的纪念设施，网民可以深刻感受到，我们能够在细雨微风中眺望远方、春光明媚时放飞梦想，都是因为英雄们的奋斗和牺牲。

在江苏省灌南县烈士陵园，灌南县退役军人事务局组织县内部分烈属、功臣模范、最美退役军人以及无私奉献的退役军人志愿者参与祭扫活动，他们或他们的先辈都曾为民族解放或国防建设作出突出贡献。

此次直播运用多个机位，融合多个场景。通过直播画面，屏幕前的观众可以全方位观看祭扫，包括纪念碑前开展祭英烈仪式、敬献花圈、默哀等环节，以及解放新安镇烈士冢前烈士子女献花、擦拭墓碑，退役军人代表敬礼、献花等祭扫活动。

一等功臣、联合国"和平维和勋章"获得者朱言春当天早早地来到江苏省灌南县烈士陵园，为烈士行军礼、擦墓碑、献鲜花，发自内心深切缅怀革命烈士，令人动容。

"作为退役军人参与活动，我深深感到传承先烈遗志、弘扬革命精神，是我们的使命。"朱言春说，此次活动再次激发了他不忘初心、牢记使命，为强军兴国而奋斗，坚决践行"若有战，召必回"誓词的决心。

一位教师在祭英烈现场书写花篮的绶带　程聪/摄

他们的故事，人民都记得

英烈们为国捐躯、与世长辞，他们的故事永远被铭记，他们的精神被接续传承。

江苏省灌南县退役军人事务局局长梁顺新介绍，近年来，江苏省灌南县烈士陵园利用学生军训、清明节、八一建军节、烈士纪念日、国家公祭日等重要时间节点，开展烈士祭扫和宣传教育活动，传承红色基因。

镇江市烈士陵园已经连续20年，在每年清明期间开展"红色旋律——镇江市民高歌赞英雄"、"红闪祭英烈，不忘初心铸英魂"、"庆解放、忆先烈、话传承"座谈会暨诗文朗诵会、"栽花植树慰英灵"等传统主题活动。镇江市烈士陵园还将带有园内红色景点原声讲解的二维码印制在陵园宣传册上，使青少年足不出户就能参观打卡。

"时间或许会冲淡记忆，但我们永远不能忘记历史，少先队员要传承红色基因，争做时代新人，把对先烈的无限崇敬和对英魂的无尽哀思化作动力，努力学习，为美好的明天不懈奋斗，争做有担当的时代新人！"看完直播，广西玉林市玉东小学1804中队宋佳颖的心情久久不能平静，她表示，这场慢直播给她上了一堂生动深刻的爱国主义教育课。

直播画面切换到福建省屏南县革命烈士陵园时，陈祥榕的妈妈带着橘子去看儿子的场景让无数网民泪目。

同在屏幕前的武汉大学硕士研究生马雨聪也不例外。作为一名历史专业的青年学子，在陈祥榕的身上，她看到了用生命铸就的、最为纯粹的初心——清澈的爱，只为中国！

"回溯中国近代以来的沧桑华变和英烈事迹，我深深感受到，英雄精神薪火相传，'最可爱的人'一直都在。"马雨聪表示，祖国发展的新征程上，唯有赓续英烈红色基因，肩负起历史赋予的重任，才能告慰那些为国家和民族牺牲的英灵。

浙江省安贤陵园，"海空卫士"王伟烈士的墓前，摆满了鲜花和战斗机模型。"祖国和人民永远铭记""铭记英雄""致敬英雄"的留言在直播中刷屏。

川陕革命根据地红军烈士陵园，是全国安葬红军烈士最多、规模最大的红军烈士陵园，这里长眠着25048名红军烈士。清明当天，四川省巴中市通江县的退役军人、中小学生、志愿者、党员干部以及烈士陵园所在地王坪村的村民代表，纷纷赶到川陕革命根据地红军烈士陵园，有序参与祭扫活动。

从1935年到2022年，从最开始的35亩核心墓区到如今的350亩陵园，王坪村村民王建刚一家三代义务守护着陵园，他们见证了川陕革命根据地红军烈士陵园大大小小的历史变迁，唯一不变的，是他们以及更多像他们一样的人对烈士的敬仰、缅怀与铭记。

如今的川陕革命根据地红军烈士陵园管理更完善，研学活动接待量明显增加。去年结合党史学习教育，仅登记接待的研学活动就有9000多批次。今年，全县中小学自发分批次开展活动。清明节前，有很多小学生在家人带领下前往祭扫。

英烈不会被忘记，更不应该被忘记。在王坪村，村民每年清明、过年吃年夜饭之前，都要祭奠英烈。

数千万网民参与线上互动

四渡赤水红军烈士陵园安葬着数百名红军烈士遗骸，孩子们为烈士敬献鲜花、擦拭墓碑，表达对烈士深深的思念和崇高的敬意

"慢直播是近年来新兴的一种网络传播形态，具有原汁原味呈现、随时随地参与的优势，把更多主动权、参与权交给了网民，受到欢迎。"活动组织部门相关负责人说。

"共青团中央""中国退役军人"全媒体矩阵等100余家平台共同开启这场12小时不间断慢直播，全平台直播观看人次超过3000万，"为英烈献花"超过8000万次。

吉林工业职业技术学院学生岳雷洋在直播中留言："向为国家独立和民族自由而英勇牺牲的英雄们致敬，愿山河无恙，人民英雄永垂不朽。"网民"流年不语"说："生在红旗下，长在春风里，皆为信仰，愿以吾之青春守护盛世中华。"

"渭南市临渭区北塘实验小学四（1）班王子芊向英雄致敬""大连市五年级二班南浩杰致敬英雄"……全国各地学生向英雄致敬的留言频频刷屏。

事实上，这并不是首次通过线上方式开展祭扫活动。倪光辉介绍，在去年9月30日烈士纪念日，退役军人事务部宣传中心、共青团中央宣传部就首次合作，在全国8个省份、24家英烈纪念设施同步进行线上线下致敬英烈活动。

此次，组织方对活动做了进一步延伸扩展。从早7点到晚7点，总时长达12小时，无论何时，网民都可以点进直播间，留言致敬。

"一个有希望的民族不能没有英雄，一个有前途的国家不能没有先锋。革命先烈保家卫国，牺牲自我，他们的革命精神是一座永恒的丰碑。"倪光辉表示，举办此次"清明祭英烈"活动，旨在通过慢直播、风筝寄相思H5、短视频等丰富传播形式，进一步讲好革命英烈的英雄故事，引导社会各界，尤其是青少年学习、传承、发扬红色基因和先烈精神，在全社会营造崇尚英烈、学习英烈、大力弘扬英烈精神的浓厚氛围。

活动组织部门相关负责人介绍，此次活动是认真贯彻落实习近平总书记关于党史学习教育常态化长效化的重要要求，着力引导广大青少年在缅怀先烈、致敬英雄的活动中深入体悟"红色政权是怎么来的，新中国是怎么来的，今天的幸福生活是怎么来的"，进一步激发广大青少年永远跟党走、奋进新征程的青春激情，以实际行动喜迎党的二十大。

"依托共青团、少先队组织体系，充分发动各地基层团支部、少先队中队（小队）因地制宜、各具特色地开展祭扫纪念活动，并进行全面线上传播展示，努力实现团、队员'在组织中受教育'与'在网络上表心声'相结合。"该相关负责人介绍，特别是今年很多团、队组织在清明期间首次开展了少年军校"热血少年营"活动，探索了爱国主义教育、实践教育、营地教育相融合的新模式。

（原载于《中国青年报》2022年4月7日，作者：杜沂蒙、王璐璐）

第 19 计

系列直播

军创英雄汇，请你来参会

在互联网与通信技术飞速发展的背景下，线上直播迎来更为广阔的发展空间，成为引导、服务广大退役军人的重要媒介。

退役军人事务部宣传中心不断创新工作方式，深入探索互联网传播新形式，带动更多企业为退役军人提供优质岗位，拓宽退役军人就业渠道，帮助退役军人实现精准化、高质量就业。

爆款小档案

"军创英雄汇"退役军人招聘行动

发布平台："中国退役军人"快手号
直播时间：2022年4月11日—6月20日每周一晚7点

依托退役军人事务系统联系整合优质岗位，联合快手平台推出面向全国退役军人的直播带岗活动。该活动是退役军人事务部宣传中心充分发挥新媒体传播优势，依托快手平台，联动各地退役军人事务部门及社会责任企业，共同助力退役军人高质量就业的创新举措。

"军创英雄汇"春招行动季，从2021年4月11日起，每周一晚7点准时推出。已推出浙江、河南、广东、安徽、山西、海南、湖北、山东、广西9场线上招聘专场。据统计，收官专场线上直播有24家企业提供岗位8846个、观看人数超410万、3538名退役军人投递简历。10场直播带岗线上招聘，观看总人数超2855万，137家企业共提供20917个岗位，帮助了1.5万多名老兵找工作。

爆款炼成记

亲历者说

情景式直播连线，让老兵安心找工作

2022年6月20日，"军创英雄汇"退役军人春招行动收官暨总结座谈会在京举行。至此，10场直播带岗线上招聘落下帷幕，"军创英雄汇"春招行动帮助1.5万名老兵找工作。在策划前，"中国退役军人"全媒体报道组先

与地方退役军人事务系统联系沟通，摸排好目前老兵找工作的困境。确定直播形式后，依托系统资源找寻各省市有意愿面向退役军人招聘的优质企业，沟通协调出优质岗位，即完成活动前期沟通。于"中国退役军人"公众号平台打响宣传"第一枪"，直播当天提前预告和直播完反馈并开启继续招聘通道，每周两推的频率不断加深用户对品牌的印象，热度不断提升。

收官场次直播邀请招聘活动中成功入职的退役军人代表，直播连线带观众一起看他们入职的企业，并谈论自己的入职体验。中央电视台等多家主流媒体来到现场进行报道。

这是一次通过网络直播开展招聘活动的探索。退役军人事务部宣传中心推出"军创英雄汇·退役军人招聘行动"，联系对接各省退役军人事务厅，以省为单位筛选省内优质企业，盘出优质岗位提供给退役军人。招聘企业包括世界500强、央企国企、知名企业、军创企业等。直播采用连线的方式，中国退役军人主播现场连线各企业负责人，情景式介绍企业和招聘岗位信息，有求职需求的退役军人可以看到企业规模及环境。由主播详细介绍各岗位和要求，任何疑问都可以在评论区提出，主播进行现场解答。了解后，有应聘意愿的退役军人在快手直播间点击岗位直通车直接填写个人基本信息和联系方式，企业会在一周内与求职者取得联系。

"了解企业和岗位后，有适合的就点一下界面下方的直通车，填一下姓名和手机号就可以了，过两天企业就跟我联系，非常方便。"退役军人赵靖对直播招聘非常满意，称很方便也很容易操作。看似简单的背后其实汇聚了很多人的努力，在本活动开始前，直播团队曾对退役军人招聘情况进行了市场调研，发现很多从事技术岗位的人根本没有简历，且一般情况下，在网络招聘平台看到信息后，需投递简历或者完成一个繁杂的信息表格，才能与求职单位建立联系。春招行动项目组与快手团队技术人员探讨后决定，只填写姓名和手机号，只填写个人最基本的信息，后续由招聘单位主动联系招聘，在很大程度上降低了退役军人求职的门槛。另外，春招行动项目组人员也会在直播中留下自己的信息，以监督企业是否与求职者取得联系。除此之外，直播中有余岗的会在公众号平台及时发布，为没能收看直播的退役军人提供机会。

爆款宝典之网络直播

总体来说，"退役军人春招行动"不仅是一场独属于老兵的招聘活动，更是一次全流程有保障的服务探索：企业岗位有筛选、招聘流程有保障，集退役军人事务部门的合力服务退役军人。

（作者：退役军人事务部宣传中心）

深度解析

人在家中坐，工作云中来！10万老铁在直播间找到工作

从军营、训练场两点一线的规律作息，到如今穿梭在物业公司楼宇间的机动灵活，李良从中国人民解放军火箭军某部退役后，过上了与军营中迥异的生活。

退役后，李良曾短暂在售楼中心卖房，今年终于安顿下来了，安防班长的新工作让他觉得"非常有干劲"。

转折点源自一场针对退役军人的直播带岗，它给李良带来了新的机会。

当如火如荼的直播带货被应用到就业找工作上，直播带岗能帮助像李良一样的退役军人再就业吗？短视频平台能为几千万退役军人再就业带来多少想象空间？

脱下军装换便装，东风导弹发射号手再就业

6年前，18岁的李良中专毕业后入伍到中国人民解放军火箭军某部，经过严格的训练，成长为一名东风导弹发射号手。从此，他每天的生活围绕着训练、演习展开，脑子里都是导弹、口令、军纪。服役期间李良还曾参加过两次大型演习任务，目睹大国重器的威武雄姿。

3年前，李良退役后回到了安徽老家，考了驾照，还担任了一段时间学校教官；两年前，他找了一份房地产销售的工作。

"销售工作对口才要求高，当时主要想提升人际交往能力和口语表达

能力。"李良对传媒茶话会谈起了择业初衷，他想从这份工作中有针对性地提升自己。

工作近1年后，李良决定寻找新机会

命运的转折点发生在2022年5月9日。李良点开了快手"军创英雄汇"春招行动安徽专场直播，这是一个专门面向退役军人的系列招聘活动，镜头里同为退役军人的主播在详细介绍着不同企业的招聘岗位、薪资待遇。

"保利物业吸引了我。"李良说，不仅因为保利是一家央企，"我更看重他们非常重视退役军人，招聘时承诺优先考虑退役军人，而且对退役军人有完善的晋升规划。"

就这样，在直播间一键投简历，通过线上面试后李良正式入职保利物业安徽公司，担任"柏林之春"项目安防班长职务。

"公司的规章制度非常完善，工作环境好，工作强度也能接受，我现在特别有干劲。"24岁的李良中气十足、信心满满。

像李良一样在快手直播间找到工作的退役军人还有很多。

27岁的毛红霞，曾是服役于海军某部的一名操舵兵。5月30日晚，她在快手"军创英雄汇"直播间投递简历，6月2日面试当天即被录用。目前，她是武汉联投物业公司风华天街项目案场经理。

2022年以来，安徽宣城、广东湛江等地退役军人事务部门纷纷搞起了直播带岗，助力当地退役军人再就业。

退役军人事务部宣传中心副主任倪光辉表示："要让退役军人的获得感成色更足，首先就要让他们有稳定的工作，安居乐业。"

由退役军人事务部宣传中心联合快手推出的"军创英雄汇"退役军人春招行动，更系统、更有影响力、效果更好。

据了解，"军创英雄汇"春招行动4月11日启幕，6月20日正式收官，先后推出浙江、河南、广东等10个专场招聘活动，累计吸引137家企业参与，提供20917个岗位。

切实助推退役军人再就业

"有些退役军人学历不高,这是就业绕不过去的门槛,而且有些在人际交往、语言表达能力方面也有所欠缺。但是我们学东西快、服从命令听指挥、不怕苦不怕累。"在找工作的过程中,李良很清楚自己的优势和劣势。

这与退役军人事务部对退役军人就业的调研不谋而合。

"去年春季我们做了一次调研,发现退役军人就业痛点主要表现在,一是部分人员学历不够,二是技能焦虑、本领恐慌,三是对相关政策了解不足,四是缺乏职业生涯规划。"倪光辉表示。

"我有个同乡退役后直接去了物业公司工作,现在已经是项目主管了,月薪和待遇都非常不错。"有了同乡打样儿,李良最终也选择了在物业公司就职。他相信,"在任何行业踏踏实实干,都能走得远"。

有数据显示,我国现有退役军人数千万人,每年新增退役军官、士兵三四十万人。

退役军人的就业去向主要有三个:一是享受部队安置政策,分配到机关、企事业等体制内单位;二是结合相关国家政策自主择业或逐月领取退役金;三是灵活就业,也就是像普通人一样通过招聘网站、线下招聘会等方式寻找工作。

其中,部分退役军人是像李良一样,服役时间较短、选择灵活就业的年轻军人。

部分就业人员学历偏低、缺乏专业技能,这与普通蓝领的就业痛点颇有相似之处。事实上,不少退役军人就业的方向也是蓝领类工作。

"战友退役后去做了消防、辅警、交警,也有些选择安保、健身教练等岗位。"李良坦陈。

实际上,短视频平台快手已经注意到蓝领就业需求,并且跑出了一套直播带岗的就业模式。

2022年1月26日,快手推出蓝领招聘平台"快招工",无须投简历,一键可报名。第一季度，快手"快招工"板块的月活用户规模已超过1亿。据不完全统计，目前已有10万"老铁"通过快手找到工作。

这种门槛低、效率高的招聘方式被巧妙借用到了退役军人这个特殊群体上，这也正是退役军人事务部宣传中心联合快手推出"军创英雄汇"春招行动的契机。

据了解，退役军人事务部宣传中心在快手"快招工"平台的基础上，进一步提高了"军创英雄汇"的含金量和安全系数。

首先，参加"军创英雄汇"的企业需经过各地退役军人事务部门筛选把关，有了背书，退役军人们应聘又多了一道保险；其次，各企业拿出诚意招募优秀人才，高质量岗位占比大；再次，退役军人事务部门督促相关企业及时处理应聘简历，缩短退役军人再就业周期；最后，退役军人事务部宣传中心利用微信公众号、视频号等粉丝量达700万的全媒体矩阵宣传春招行动，从而触达更多的退役军人。

有了这套组合拳，"军创英雄汇"吸引全国各地退役军人关注。截至6月20日，春招行动共吸引超2855万人观看，15677人在直播间投递简历。

人在家中坐，工作云中来

近些年，线上招聘成为一种新的招聘方式。退役军人事务部宣传中心注意到这种趋势，主动加大了网络传播力度，整合各类资源平台推出"军创英雄汇"春招行动。通过"线上招聘+直播带岗"模式，推进退役军人和企业实现精准对接，帮助更多退役军人解决了就业难题。

"这是退役军人事务系统第一次用直播带岗的形式推进退役军人就业，成果显著。"倪光辉表示。

直播带岗为什么行

直播带岗充分激活了短视频、直播平台在技术、直观性、约束性方面的优势。

直播带岗简化投递方式，以往招聘网站投递入口复杂，借助短视频平台的科技优势，推出一键下单功能，求职者只需留下联系方式，即可完成职位投递。招聘企业能在后台查看收到的姓名、联系方式等信息，简单快捷地实现了退役军人与企业的高效互选。

宣介视频的直观性对退役军人也颇有吸引力

"我们招聘酿酒技师、安保等岗位，技师月薪6000—7000元，提供五险一金，公司还购买了补充医疗保险等，一共是八险一金。"

这是一段春招收官直播中某酒企招聘岗位的介绍内容。除此之外，视频小片还拍摄了企业工厂环境，包括住宿、食堂、车间和休闲设施等。

在"军创英雄汇"直播中，企业宣传片直观、详细地介绍了每个岗位的需求、工厂条件、未来前景等。求职者有任何问题，还可以直接在直播间提问，及时解答。

快手副总裁、企业社会责任负责人宋婷婷说，这种直观的招聘形式让退役军人通过观看短视频就能够直接可感、可知，并且最大限度以简洁明了的方式了解到企业的用人需求和现状。

并且，作为平台方的快手也设置了完善的约束机制，参与企业需提供营业执照、人力资源服务许可证等资质证明，有效避免发布虚假职位，屏蔽了冒充雇主招聘的黑中介。

充分激活企业人才需求和参与积极性

实际上，自2019年以来，退役军人事务部聚焦扩大就业岗位供给，打通供需信息堵点，探索出"权威推荐+自主选择企业合作"就业模式。退役军人事务部分3批与保利、万科、滴滴、京东、顺丰、阿里巴巴等67家大型知名企业合作签约，为退役军人提供了55万个就业岗位；各地累计签约企业1万余家，提供就业岗位103万个，获得了社会的广泛关注和退役军人的积极肯定。

珠玉在前，更坚定了退役军人事务部继续与企业合作的信心与决心。2022年，"军创英雄汇"得到了众多央企、国企、世界500强、军创企业的支持，其中不乏双汇集团、古井贡酒、比亚迪、保利物业、顺丰等知名企业。

"我们对有经验、有阅历、政治基础过硬的复合型人才的需求越来越强烈。"保利物业相关负责人表示，退转军人已经成为该企业管理团队的中坚力量。"'军创英雄汇'既解决了退役军人的就业问题，对企业发展来说，也给我们输送了一批具有扎实基础的管理团队的骨干力量。"

"退役军人春招行动"山东专场直播现场

一方面是契合企业的实际需求，另一方面为了给退役军人提供更好的就业机会，退役军人事务部发力提高直播带岗的岗位质量。

通过联动各地知名企业，"军创英雄汇"筛选出工程师、销售专家、合伙人、储备干部等多种优质岗位。并且，与相关企业沟通协调，适当放宽学历及年龄要求。特别是年龄，很多企业做出了非常大的调整，这让更多退役军人能有机会进入面试环节。

在各方努力下，"军创英雄汇"春招行动累计观看人次超2855万，留言好评率高达99%。

人在家中坐，工作云中来。乘上科技的快车，"军创英雄汇"实现了多赢的结果，直播带岗这种新模式也为退役军人再就业提供了一个良机。

（原载于微信公众号"传媒茶话会"，作者：陈莹）

第 20 计
线上拉歌

八一战友云歌会，让军魂永不褪色

八一建军节——一个属于中国军人的节日，主流媒体的活动策划大多围绕现役军人展开，几乎没有活动专门为退役军人开展。于是，"军魂永不褪色·八一战友云歌会"活动应运而生，退役军人终于有了一场属于自己的歌会！

歌会选择了40余首耳熟能详的军旅及正能量歌曲，前奏响起，那些刻在生命里的节奏会让你忍不住跟唱。《强军战歌》《打靶归来》《团结就是力量》《送你一枚小弹壳》《军港之夜》《当兵的人》……每首歌背后，都是老兵的青春，都有老兵的故事。

爆款小档案

战友云歌会

直播时间： 2022年7月31日晚8时01分至8月1日0时

发布平台： 中国退役军人微信公众号、视频号、快手、抖音号等

直播效果： 直播当晚，"军魂永不褪色·八一战友云歌会"持续4小时，来自浙江、江苏、山东等20余地退役军人代表、各大高校退役大学生士兵、陆海空火箭军和战支联勤武警等部队官兵，演唱40余首军旅及正能量歌曲向军旅致敬、向人民子弟兵致敬。

活动总曝光量达1.06亿，超1200万人观看。水利部、应急管理部、文旅之声、森林消防局、新华网、央视网、人民政协报、人民政协网、中国妇女报、中国大学生在线、封面新闻等超百家账号及平台对本场活动同步直播。

爆款炼成记

亲历者说

一场专属于退役军人的歌会直播

八一建军节，对每一个当过兵的人来说都是特别的一天。很多退役军人都会在这一天与战友聚会，共同回忆当兵时的难忘经历，唱起当年唱过的军旅歌曲。由此，"中国退役军人"确定了歌会主题，带所有退役军人通过一首首歌曲追寻军旅时光，一同致敬"八一"。

确定制作歌会后，立刻面向各省退役军人事务厅和高校发出节目征集邀请。先上报节目信息，经审核后投入排练和拍摄，半个月左右节目收集完毕。与此同时，协调节目录制主会场场地、设计活动主视觉，对接直播团队，筹备布景物料等。征集内容收集完毕后，出直播当日流程表及人员

分工，提前彩排布景。

前期邀请张译、张小斐、刘劲、屠洪刚等知名人物录制ID，在"中国退役军人"微信公众号、视频号、快手抖音等平台发布，进行前期预热，扩大影响力。公众号平台发布预热稿件，提前公布节目单、看点及互动奖品，联合多家主流媒体共同宣传造势。

这场歌会军味十足。草地、帐篷、黄脸盆……这一次的主会场军旅元素丰富。营房夜话环节，中国退役军人·融媒体主播与一等功臣金德胜，清华大学艺术系教育中心主任赵洪，国家一级演员、军旅艺术家刘雅蓉以及年轻的退役军人工作者代表一起畅聊在部队的那些事，带战友追忆军旅时光。

这场歌会覆盖面广。"战友战友亲如兄弟……"来自山东、江苏、浙江、安徽、江西、河南等20余地的退役军人代表用歌声献礼"八一"，践行"若有战，召必回"的铮铮誓言。他们来自不同行业，退役军人教师、警察、消防员、志愿者……。他们用铿锵有力、充满感情的歌声展现退役不褪色的军人风采。云歌会中还有来自国防科技大学、陆军炮兵防空兵学院、海军工程大学等军校，浙江大学、华中科技大学、暨南大学、陕西师范大学等高校的退役大学生士兵，他们用歌声传递青春朝气。

这场歌会展现了现役军人的风采。边防哨所的官兵们齐唱《强军战歌》，他们来自东南第一哨，来自雪域高原……他们在祖国的边陲，不惧强敌敢较量，为祖国决胜疆场。陆海空火箭军和战支联勤武警等部队战士斗志昂扬，用军歌展现强军力量。

这场歌会节目真挚感人。抗美援朝老英雄李梅、尹玲夫妇用钢琴弹唱《中国人民志愿军战歌》；"八一勋章"获得者王忠心、一等功臣谢志高等英雄现场讲述当兵故事；10余位"中国退役军人"全媒体报道过的在危急时刻挺身而出的老兵齐唱《奉献》；95岁的老兵们、第九批赴马里维和医疗分队官兵和全国的"中国退役军人"粉丝们合唱《我和我的祖国》，致敬人民军队，致敬最爱的祖国！……4个小时里数次引起网民泪目。

217

深度解析

有军味、有情怀、有故事
——八一战友云歌会以音乐致敬军旅生活

疆场扬沙、蛟龙腾浪、傲雪迎风，血汗共绘同样的忠诚；天南海北、各行各业，退役不褪军人本色。为庆祝中国人民解放军建军95周年，7月31日晚8点01分，退役军人事务部宣传中心主动策划、积极联合各地退役军人事务厅局、多支现役部队、各大高校及百余家平台共同推出"军魂永不褪色——庆祝中国人民解放军建军95周年战友云歌会"直播活动。

本次活动采取"主会场+线上展播"相结合的形式，由"中国退役军人"全媒体矩阵平台发起，中华人民共和国应急管理部、中华人民共和国水利部、学习强国、央视网、中国妇女报、大学生在线等新媒体平台积极参与，在全网百余家平台联合播出。活动总触达量达1.06亿，超千万网民观看并积极留言互动，与全国战友共同致敬军旅，致敬中国军人。

直播活动以星星之火、烽火岁月、日出东方、强军之路、永不褪色五大篇章依次展开，涵盖经典军旅歌曲及正能量歌曲40余首。来自北京、上海、浙江、山西、江西、湖北、江苏、福建、四川、安徽、辽宁、云南、湖南、湖北、陕西、山东、贵州、宁夏、广西、广东等20余地的各行各业退役军人代表、陆海空火箭军和战支联勤武警等现役部队代表、参战老英雄、多个著名音乐团体及个人参与本次歌会。

其中，抗美援朝志愿军老兵夫妻，93岁的李梅与86岁的尹玲，钢琴合奏弹唱《中国人民志愿军战歌》，尽管年事已高，两位老人的声音依旧高昂，让人热血沸腾；"八一勋章"获得者王忠心通过回忆军旅故事，带观众重温那年的枪林弹雨，致敬今日的和平安宁。

在本次歌会中，由退役军人事务部宣传中心出品的电视剧《老兵荣耀》主题曲《老兵之歌》首次发布，网民纷纷表示"一定要在新剧上线之后火速追更"；直播中，从雪域高原到南海边防，从山川草地到碧海蓝天，由高原战士、海防战士、武警战士、东陆战士、济南第二团的近百位战士共同演唱的特别策划——百人齐唱《强军战歌》，真实紧张的训练画面，整齐划一的队列排布，铿锵有力的歌声，战士们唱响了忠诚和热血，唱响了中国军人实现强军目标的坚定与豪情，让众多网民纷纷刷屏"这才叫高燃""说帅还得看咱兵哥哥"。

"白鸽奉献给蓝天/星光奉献给长夜/我拿什么奉献给你……"当歌曲《奉献》的音乐响起，来自天南海北、各行各业的优秀退役军人代表，用朴实的歌声、真挚的情感，唱出了最美的奉献。歌唱者中有身中五刀，仍追赶歹徒的战友尹文杰；刚下山火又去援沪，在救援车上完成毕业答辩的战友王若琦；被嫌疑人用酒瓶重击、捅伤脖子，仍忍痛搏斗将其制服的战友贾海亮；拎菜狂奔百米，带头跳河救了一家四代人的战友王明红……或许大家的演唱技巧没那么高超，但饱含感情的歌声，交织着一幕幕被"中国退役军人"报道过的舍己为人的瞬间，让众多网民看湿了眼眶。

本次活动的主会场设置在北京，退役军人事务部宣传中心特别邀请一等功臣金德胜、清华大学艺术教育中心主任赵洪、军旅艺术家刘雅蓉及两位退役大学生士兵代表来到现场，共同畅谈回忆军旅生活。站过最早的一班岗、在炊事班帮厨的日子、退役之后的体重变化、最骄傲的军功章……尽管已退役多年，战友们的心再次因那些有笑有泪有汗水的回忆，紧紧连在一起。

在歌会的末尾，熟悉的旋律再次响起，来自国内外的中国退役军人代表、第九批赴马里维和医疗分队和社会拥军团体，共同合唱《我和我的祖国》，唱响爱国最强音。

"军魂永不褪色"战友云歌会直播活动，以音乐致敬军旅生活，展现军人本色，用满满的诚意为全体战友及网民献上一场有军味、有情怀、有故事的拉歌晚会。除此之外，退役军人事务部宣传中心还推出了一系列庆祝建军95周年"军魂永不褪色"网络主题宣传活动——与新华网、快手推出联合策划手绘长图向杜富国、钱七虎、聂海胜三位"八一勋章"获得者致敬；联合中央广播电视总台，在CCTV-7国防军事频道《永恒的军魂》八一晚会中，单独设置致敬退役军人的环节，沟通协调部分全国、省级

"最美退役军人"登台亮相；与百度百家号联合推出2022"穿越烽火岁月"口述历史展播活动，树立崇尚英雄、缅怀先烈的良好风尚，让英雄精神在新时代绽放新的光芒；与"全民K歌"联合推出线上军歌翻唱比赛，通过邀请知名退役军人录制合唱视频、设置奖品激励，让大家爱上军歌、致敬军歌；同时，宣传中心邀请到杨洪基、刘和刚、小曾、刘劲、张译、张小斐等退役军人明星，为活动录制ID进行宣传；联合支付宝推出"中国退役军人公益林"，助力守护绿水青山。系列活动总参与人数破1200万，话题多次登上热搜榜单，获得良好的社会反响，营造崇军敬军的社会氛围，迎接党的二十大胜利召开，献礼建军95周年。

（作者：杜兰萱）

> 延伸阅读

百万网民在直播间学习反"emo"技巧

"将士们听党指挥、能打胜仗、作风优良、不惧强敌敢较量，为祖国决胜疆场……"前奏一响，不少网民忍不住在直播间的评论区"合唱"起来，其中不乏90后、00后的年轻身影。

2023年7月31日晚8点01分，视频号@中国退役军人策划推出了"深夜不emo战友燃歌会"，在一辆绿皮列车车厢中联合各地退役军人事务系统、现役部队开启了全国战友云端拉歌的夜晚。

这场别开生面的云歌会，颠覆了网民对军歌的想象，"从来没发现军歌这么好听又充满能量"，直播间吸引众多战友的同时也突破圈层，让一众网民成功转变为"云战友"。这场带领大家反emo的直播，最终在视频号多个账号共收获超百万人观看。

"深夜不emo"的直播延续了近期热点话题"#emo的时候就听军歌#",该话题在众多年轻受众中产生了极强的心理共鸣,并在视频号平台上广泛传播。而这个话题最初来自中国退役军人的小编在《强军战歌》的评论区里发现有位失恋的网民表示听了几十遍这首歌,觉得自己振作起来了。这届年轻人,正在听《强军战歌》治愈失恋。起初小编是不信的,但听完20遍后,越发坚毅的眼神便证明了一切,更有网民对此提出了"磁场净化"的合理解释。

> 北京 6月3日 1224 ♡
> 听红歌真的可以净化磁场！！！！信我！！我靠着《红梅赞》《领航》《不忘初心》和《军人本色》。度过了两个多月的emo！后面磁场贼正了！

> 山东 6月3日 202 ♡
> 没有《中国军魂》我不服！

随着越来越多的网民尝试加入，"军歌净化磁场，横扫emo""瞬间血脉觉醒，听完感觉一身正气"等更成为热评语录，《强军战歌》《保卫黄河》《打靶归来》等经典红色歌曲也因此成为当下年轻人手机里的常驻歌曲。

> 山东 6月3日 370 ♡
> 《歌唱祖国》《东方红》《我的祖国》《在太行山上》《我和我的祖国》《没有共产党就没有新中国》《黄河大合唱》《团结就是力量》《红星歌》《映山红》《十五的月亮》《游击队歌》《在祖国和平的土地上》《祖国颂》《志愿军军歌》《我爱这蓝色的海洋》《我们走在大路上》《绣红旗》《英雄赞歌》
> 收起

> 山西 6月4日 24 ♡
> 感谢歌单 给我上去

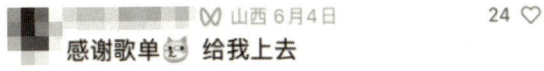

展开10条回复 ∨

"从祖国母亲的强大磁场中汲取能量，反emo技巧我是get了，甚至亢奋到想下去跑两圈！"

> 内蒙古 6月3日 429 ♡
> 我妈问我，半夜睡觉为什么燃起来了

> 重庆 6月3日 109 ♡
> 走呀，五公里呀

展开9条回复 ∨

甚至有些小机灵鬼左手恐怖灵异小说，右手《强军战歌》，主打一个

223

免疫对冲，夜里上厕所都不再害怕。

> 江西 6月3日　　　　　　　　　　3151 ♡
> 怕鬼的时候也可以听《强军战歌🔍》！千千万万的战魂保佑😭都是自家人

> 广东 6月3日　　　　　　　　　　1086 ♡
> 听完之后觉得自己可以再刷20张试卷😭😭

展开24条回复 ⌄

得益于这些军歌所传达的精神力量，不少网民坦言："上班挤地铁的路上，听几首军歌，觉得自己又可以了。"

围绕着年轻人感兴趣的热点话题，"深夜不emo战友燃歌会"通过精心策划和内容编排传递了满满的正能量。除了最近当红的《强军战歌》大合唱，节目组还"搞事情"安排了现役军人、退役军人拉歌大比拼，呈现了全网齐唱军歌反emo的盛景，收获了网民的喜爱。

火热破圈的背后，也是退役军人事务部宣传中心在视频号阵地长久耕耘的结果——自2021年5月入驻视频号以来，团队就积极开展选题策划，时常根据热点联动共青团中央、中国消防等兄弟政务账号开展各类直播，根据用户反馈和平台特性不断调整内容重点，并打通了公众号和视频号的互相引流通道。

正能量、有趣的内容在视频号上有着天然的传播土壤，能够基于熟人社交机制实现快速破圈，对于政务视频号来说，这就是一条传播青年正能量的崭新路径。"视频号背靠广大微信用户，其平台调性利于政务号宣推，传播效果有质可感。"正如退役军人事务部宣传中心副主任倪光辉所说。

而随着众多政务号在平台的深耕，从"中国雄鹰"振翅高飞，到95后返乡创业将家乡介绍给全国人民认识，越来越多的正能量内容将成为"流量密码"，呈现给视频号的海量用户。

（原载于微信公众号"微信视频号创造营"）

爆款宝典

之

科技赋能

习近平总书记强调："信息化为我们带来了难得的机遇。我们要运用信息革命成果，加快构建融为一体、合而为一的全媒体传播格局。"

当前全球信息技术创新进入新一轮加速期，5G、物联网、超高清、人工智能、AR/VR、ChatGPT等新一代信息技术和应用快速演进，舆论生态、媒体格局、传播方式都正在发生深刻变革，媒体智慧化传播将成为未来信息流通的主要方式。

随着媒体深度融合发展的进程不断推进，5G、8K、卫星遥感、3R（AR、VR、MR）等富媒体赋能新闻策划生产，互动应用场景不断创新，许多遥不可及的距离变得近在咫尺，那些无法触及的往日景象得以再现眼前，让新闻信息内容跨越了时空阈限，让用户互动更大程度接近时空自由。

新技术、新应用、新场景，AI创作、媒体智能生产、融媒智能检测……折射出媒体深度融合的新动向。十年来，媒体融合的浪潮不断涌现，内容创新的脚步不曾停歇，技术迭代的速度越来越快。从"相加""相融"到"深融"，传统媒体与新兴媒体深度融合，在新技术的赋能下，新型主流媒体正在做大做强。

理论微课堂

技术革新赋能媒体传播方式创新，助推媒体深度融合发展。以AIGC为代表的智能化新技术，以AR、VR、区块链为代表的元宇宙技术，以云计算和5G为代表的云端化技术等，深刻改变媒体的内容生成逻辑、表达逻辑、传播逻辑和产业逻辑。技术赋能新型传播平台打造、融媒体内容生产全链条、主流媒体正能量产品"出圈"，从创新融合产品到建设融合平台，再到构建融合体系，媒体融合迈向全面建设立体多样、融合发展的现代传播体系阶段。随着新一代信息技术和应用的快速演进，舆论生态、媒体格局、传播方式都正在发生深刻变革，媒体智慧化传播将成为未来信息流通的主要方式。

早在纸媒时代，麦克卢汉就提出"媒介即人的延伸"的论断，纸质媒介延伸了人的视觉，广播媒介延伸了人的听觉。在肯定技术对人体机能的拓展优势的同时，他也表明"任何发明或者技术都是人体的延伸或者自我截除"，媒介让人类对世界的认知触角得以延伸。探究智能技术突破为媒体突破边界的行为可能性，即打破数据区隔、超越感知边界、突破人机界限，以实现智能技术赋能媒体信息传播的全流程。

在以往的新闻生产中，对于跨时空信息内容，往往只能通过文字和图片来传达，需要受众靠经验和想象来复原、理解。随着媒体融合中新技术的应用，信息传递的时空限制逐步被突破，受众可以更加真切地感知时空环境，随时随地"走进"任何时空现场。常说的"沉浸式传播"，其实是技术应用带来的互动效果。技术应用通过构建虚拟环境和塑造场景，打造了一种新奇的"人机交互"传播模式，让人的感官仿佛置身于真实环境，轻松愉悦地感受新闻内容。随着新技术开发应用的不断深化，这种沉浸效果愈发深入和真切。

AI（人工智能）

AI（人工智能）是 Artificial Intelligence 的缩写。它是一个以计算机科学为基础，由计算机、心理学、哲学等多学科交叉融合的交叉学科、新兴学科，研究、开发用于模拟、延伸和扩展人的智能的理论、方法、技术及应用系统的一门新的技术科学，企图了解智能的实质，并生产出一种新的能以人类智能相似的方式做出反应的智能机器，该领域的研究包括机器人、语言识别、图像识别、自然语言处理和专家系统等。

截至2023年3月，人工智能已连续三年被写入政府工作报告。在2023年的报告中，"智能+"的概念首次被提及，这意味着人工智能正逐步成为国家战略的基础设施，持续为各行各业赋能，推动传统产业改造升级，最终影响人们的生产与生活方式，其中也包括媒体行业。随着5G技术的商业化普及进程加速，万物皆媒时代将会到来，智能机器在某种意义上都有可能媒体化，并且机器会不断自我进化。媒体智能一旦接入物联网，便有可能让用户接收新闻内容，并通过智能搜索、筛选让用户接收有需求的信息。

过去几年，内容生产经历了从PGC（专业生产内容）、UGC（用户生产内容）到AIGC（人工智能生成内容）的进程，如今AIGV（人工智能生成视频）出现了，只需输入文案、自动合成语音，就能实现短视频的批量化生产，助推媒体融合发展，也提升了媒体效率。

人工智能生成内容（AIGC）是人工智能由1.0时代进入2.0时代的重要标志。随着人工智能通用大模型的问世，全球对AIGC技术的强大潜力有了更加深刻的认识。AIGC技术的突破性进展引发内容生产方式变革，也对主流媒体以先进技术赋能的思路、框架、方法、路径提出了新要求。

新技术是媒体融合的主要动力，新媒体的故事也往往是从技术升级开始的。近年来，以AIGC技术为代表的新技术对媒体行业产生了颠覆性的影响，新技术、新应用加速奔向媒体工作者的日常，人工智能成为一大热点。一篇千字的新闻稿在10秒内就能输出；输入几个关键词，多张风格统一的海报就能迅速生成……生成式人工智能跨越式提升了新闻传播工作效率，将对传统编辑部生产模式进行重塑。

除文字、图片创作之外，AI自动化短视频创作开放平台同样拥有无限可能。AI自动化短视频创作开放平台以云原生AI为基础，对长视频内容进行解析和碎片化，利用多媒体解锁引擎带来海量视频内容，提供快速检索能力，实现长视频的二次创作，提升短视频创作产能，节约大量的人力成本，利用AIGC技术助力创新内容生产。

"未来将是人工智能与人类同行的时代。"融合媒体生态是以用户数据为核心、多元产品为基础、多个终端为平台、深度服务为延伸的全新的开放、共享、智能化的系统。这个系统以共享化和智能化为主要特征。

CG技术

CG是Computer Graphics的缩写，指的是利用电子计算机进行的图形设计、制作，多用于电影和大型游戏中，让用户获得更震撼的"临场式"体验。随着以计算机为主要工具进行视觉设计和生产的一系列相关产业的形成，国际上习惯将利用计算机技术进行视觉设计和生产的领域统称为CG。它是以计算机为工具、以数字化为手段进行视觉性生产的作品，俗称电脑特效。CG技术可以在二维与多维空间中自由转换，并兼具艺术与科学的特性，运用于广告、动画、平面设计、影视等行业，且涉及的领域日渐广泛。

运用场景包括：

1.模拟动画。CG技术模拟动画的应用，最初集中在建筑学、医学、设计学等方面。模拟动画的制作是指通过CG技术模拟出产品的生产制作过程或是3D切面的动态剖析演示。

2.视频制作。CG影像制作技术的出现，开发了影视拍摄的未知领域，弥补了视觉感官上的不足，且不受天气、场地、季节的制约，在一定程度上降低了实地拍摄的难度,且电脑制作的花费相对实景拍摄更为节约。

3.虚拟角色。有两层含义,一种是指通过CG技术处理,使角色达到"起死回生"的艺术功效。另一种是指利用计算机处理手段重塑成一个新的面孔,这种技术类似于动画片的制作,不同点在于这是一个真实的人的形象。

利用计算机技术进行视觉设计和生产的CG技术,运用到电影级的视觉呈现里,最强烈的感觉就是它的代入感,使人身临其境,受众不再以一个局外人的身份观看,而是能真正地融入其中。

3D虚拟数字人

3D虚拟数字人是一种基于计算机技术和人工智能技术开发的虚拟人物形象,通过动作捕捉技术和AI技术,它可以模拟人类的各种动作、表情和语音,具有高质量的人物形象、精致的视觉表现力等特点。

随着科技的发展,虚拟数字人的形象与功能越来越多样,但是形象、功能各异的背后是一致的特征,在呈现方式上表现为高度虚拟化,依赖图像、语音等多种数字技术形成并运行,同时在行为举止方面体现出高度的拟人化。简而言之,虚拟数字人可以通过虚拟化、数字技术、拟人化三大特征来定义。

1.虚拟化。目前,虚拟数字人主要以实时直播、动画、图片等形式出现在设备屏幕中,例如手机、电脑等可显示设备。而在未来,VR设备与全息投影将会成为虚拟数字人呈现的主要方式。

2.数字技术。虚拟数字人是典型的多技术综合产物。除了最常见的CG建模与真人实时动态捕捉驱动这一类别,虚拟数字人的核心要点是多模态技术、深度学习。近年来虚拟数字人的快速发展得益于语音识别、图像识别、实时动态捕捉等相关技术的共同成熟。

3.拟人化。虚拟数字人利用多种技术,在外表、行为、交互等方面高度拟人化。例如,在外表方面,虚拟数字人的整体形象与面部特征几乎是自然人在元宇宙中的投射;在行为方面,虚拟数字人的肢体动作、面部表情等会受到驱动方式、训练数据、模型精度等技术的影响；在交互方面，同现实世界中的自然人一样，虚拟数字人的交互行为包括语音问答、肢体回应等，会受到语音识别、理解及处理水平、大数据知识库等技术的影响。

虚拟化身＋多样服务，连接虚拟与现实。虚拟数字人诞生之初仅仅是以动画的形式呈现在世人面前，而随着技术的发展，虚拟数字人的呈现方式越来越多，为各行各业提供的服务也越来越全面。虚拟数字人与多领域建立密切合作，成为虚拟与现实连接不可或缺的一部分。虚拟导游、虚拟客服、虚拟偶像等职业的出现，标志着虚拟数字人全面进入人类的日常生活。

集合视觉、语音等多种AI技术的多模态交互技术，虚拟数字人可以对人体的形态、表情、动作进行1∶1还原，打造出高度拟人化的数字形象，并具备交互能力。借助AI技术，可快速生成不同风格化的形象，并且通过AI模型训练，使得数字人在表情、口型及肢体动作上表现得十分自然协调。在未来，基于底层大模型技术，虚拟数字人将会更加智能，会有更多的虚拟数字人以各种不同的形态与各行各业的应用场景结合，创造出更多的价值。

第 21 计

身临其境

超炫CG大片，带你"一镜十年"

"在飞驰的时光里，你会看到一个怎样的中国？"在党的二十大召开前夕，人民日报新媒体制作推出超炫大片《非凡十年》，创新运用CG动画技术，实现电影级的视觉呈现，再现中国这十年的重要时刻和重大事件，还原中国发展进步的"非凡历程"，重温普通中国人心中的共同记忆。

爆款小档案

《非凡十年》

制作单位：人民日报社新媒体中心
发布时间：2022年10月1日
发布平台：人民日报"两微一端"

截至2022年10月18日12时，《非凡十年》在人民日报自有平台点击量1430万，微博话题"#CG大片非凡十年#"点击量1549万，全网稿件转发量2809次，点赞量2.1万。

爆款炼成记

亲历者说

从"置身事外"变成"身临其境"

在《非凡十年》的创意阶段，主创团队就提出要以网民喜闻乐见的创新形式，呈现中国这十年的非凡历程，让大家在短时间内重温中国向上的精神力量和这十年的璀璨成就。在反复比较后，决定使用CG动画的形式，借助其独特技术优势，打破重大事件的时空阻隔，突破传统实景拍摄的局限，为网民创造出更加完整的浪漫主义具象空间，在高度可感的情境中面对人、事、物，从"置身事外"变成"身临其境"。

打开《非凡十年》CG动画，网民以第一视角穿梭在时空之中，重温为了更加美好的生活而不断奋斗的十年历程。C919大型客机翱翔蓝天，拉开了动画大片的序幕，"非凡十年"中国奇迹的旅程由此开启。镜头从晴空切入碧海，辽宁舰劈波斩浪，一架舰载机腾空而起，"奋斗者"号潜入深海；视角旋即切换到浩瀚的太空，"玉兔号"在月球上缓缓前行，"天问一号"在执行火星探测任务，中国空间站在离地400多千米的轨道上飞行。在中国空间站飞越祖国上空时，"一带一路"的字幕亮起，视线被拉回地球。

跟随疾驰的时光列车，网民进入了下一段旅程，探访美好的香港，穿过港珠澳大桥，在现代化大都市中穿梭，感受改革开放的成果；随后又来到取得脱贫攻坚战胜利的十八洞村领略田园风光，在灯光璀璨的黄鹤楼感受城市复苏的喜悦；再从上海东方明珠穿行到河北雄安新区，见证时代发展的强劲脉动；在天安门广场上听见"强国有我"的铮铮誓言，也在白雪皑皑的冬奥赛场回味扣人心弦的精彩赛事。

最为打动网民的是，在这趟时空之旅的最后，车窗外闪过袁隆平的"禾下乘凉梦"，闪过风雪中配送物资的志愿者，闪过"只要还有一口气，就要站在讲台上"的张桂梅，闪过绝不后退半步的"卫国戍边英雄团长"祁发宝，闪过在"雄起"声中扑救山火的重庆消防员，闪过"我已出舱，感觉良好"的中国航天员。他们共同书写了荡气回肠的中国故事，让网民们热泪盈眶。最后，大家感受着国家的强大力量，憧憬着不断向上、更加美好的未来。

虚拟的时光穿越体验，深藏着创作团队对真实的孜孜追求。为了让CG所搭建的场景更加真实可信，也让用户更能够"移情"到"拟真"世界中，《非凡十年》主创团队从零起步，制作了近千个CG模型。无论是"高精尖"的飞机、航母、航天器，还是地标、建筑、动植物；不管是城市风光，还是乡村风貌，《非凡十年》中出现的每一个模型都以新闻现实为蓝本，多角度参考了实物原型，并在此基础上进行艺术化加工，让"现实"的呈现有了更多可能。与此同时，《非凡十年》CG动画并不满足于单一的现实还原，而力求在拟真之上，创造出超脱于现实的独特浪漫主义感官体验。经过动画的精巧构思以及后期的特效合成，《非凡十年》实现了快速密集的多场景转换，通过运镜上的巧妙设计，打破时间空间的限制，将十年间恢宏的场面、感人的场景、难忘的瞬间重新排列，为网民提供了非常难得的"一镜到底"的十年回忆。

2分钟的动画视频里，网民眼前精彩纷呈，心中酣畅淋漓。《非凡十年》不仅是往日光影的简单罗列，更是充满高度和温度的鲜活表达。这是中国的十年，是每个中国人一起走过、可共情的十年。在这场浪漫主义的旅途中，每个中国人都是主角。这种超脱于普通实拍混剪影片的视听互动盛宴，也是受众体验、沉浸、转发本作品的核心兴趣和驱动力所在。

　　近年来，人民日报新媒体发挥媒体融合优势，不断挖掘时代主题与普罗大众的交汇点，将国家发展与百姓生活、时代巨变与个体记忆相连接，探索利用前沿的新媒体技术，创新主旋律的生动表达方式，实现共识、共鸣和共情，《非凡十年》正是基于这些优势创作的又一刷屏作品。

（作者：人民日报社新媒体中心　赵明琪）

第 22 计
智能转型

AI人工智能，实现"看图说话""诗词成画"

从"铅与火""光与电"到"数与网"，从文字、图片到长短视频，不断革新的媒介技术颠覆了传播生态，也给传媒业带来了翻天覆地的变化。处在科技聚合的时代，以人工智能为代表的新技术已经深刻影响了传媒业。

过去几年，内容生产经历了从PGC（专业生产内容）、UGC（用户生产内容）到AIGC（人工智能生成内容）的进程，如今AIGV（人工智能生成视频）出现了，只需输入文案、自动合成语音，就能实现短视频的批量化生产，既助推媒体融合发展，也提升了媒体效率。

爆款小档案

《我的祖国》

发布时间：2022年国庆节
发布平台：人民日报客户端
AI绘画版MV，全网网民喜闻乐见。

爆款32计
——现象级融媒传播案例背后的巧思

> 人民日报 @
> 原创 22-10-1 09:38 来自 微博视频号
> 649万阅读
>
> 【#用AI画出一条大河波浪宽#，网友：一听就有画面❤】一条大河波浪宽，风吹稻花香两岸…#AI绘画版我的祖国MV#↓↓跟随AI绘画，看大好河山，一起祝福祖国！○人民日报的微博视频
>
> 164万次观看　03:05

✏ 爆款炼成记

深度解析

从AIGC到AIGV，新技术能为媒体智能化做些啥？

几年前人工智能刚进入传媒业时，记者曾担心被写稿机器人替代，如今写稿机器人已被广泛应用，媒体人也享受到了智能摘要、标题推荐、一键作图等技术带来的巨大便利。当下，人工智能又能实现"看图说话""诗词成画"了，今后媒体人的工作会变得更轻松吗？

技术是实现媒体融合的核心驱动力之一，得益于技术的不断进化，媒体正加速实现智能化转型。

2022年11月27日，在2022全球人工智能技术大会上，由CAAI智能传媒专委会、中国传媒大学媒体融合与传播国家重点实验室、新浪AI

238

媒体研究院联合支持的"'融合与发展'新智者·智能媒体专题论坛"在线上举行。传媒茶话会从这场专业技术会议中看到了一些媒体智能化的新趋势。

从"铅与火""光与电"到"数与网",从文字、图片到长短视频,不断革新的媒介技术颠覆了传播秩序,也给传媒业带来了翻天覆地的变化。科技聚合时代,以人工智能为代表的新技术已经深刻影响了传媒业。

人民日报、新华社、中央广播电视总台等央媒在智媒体建设方面形成领跑优势,湖南广播电视台、浙江广播电视集团、成都传媒集团等省市级媒体积极拥抱人工智能,智媒体建设成效初显。

在文本领域,人工智能的应用已经非常广泛,渗透到媒体"策采编发"全流程之中。在内容生产环节,自动提炼核心信息、生成总结性段落、概括性提炼分论点都不在话下,甚至写稿机器人已经普遍用于内容生产;在审校环节,可以实现快速纠错、实时审核;在发布环节,自动生成推荐标题、摘要,精准分发。

更值得一提的是,人民网、封面新闻等媒体基于对AI的掌握和研发,开展内容审核、舆情分析业务,获得不菲的经营收益。

图像、视频等视觉领域也深度应用了人工智能。小到美编、设计作图时的智能去背景、智能擦除、智能合成,大到视频的融合采集、智能编辑技术,新技术加深了媒体智能化。

中国传媒大学媒体融合与传播国家重点实验室大数据中心首席科学家沈浩提到了图像修复技术。"无论是旧照片、破损照片的修复,还是黑白照片的着色,媒体都已经有了很好的应用,从静态到动态甚至2D、3D都成为可能。此外,很多媒体还具备了给旧视频进行着色和升频的能力。"

例如,凤凰卫视联手故宫博物院,借助8K超高清数字技术、4D动感影像,将《清明上河图》打造成可沉浸体验、可传播分享的新型艺术展演,让游客变为画中人,走入汴京的众生百态。

2022年10月,新京报联合腾讯共同发起的新媒体项目"共绘盛世华夏",就在小屏端高清还原了著名画家李苦禅的《盛夏图》细节画面,让用户身临其境，看到41年前"芙蕖灿烂，挺立如锥，蓬勃出夏的奔放"的荷塘图，感受艺术之美。

总台牛年春晚就是一台科技感爆棚的晚会：AI+VR裸眼3D拍摄、全景自由视角拍摄、交互式摄像控制技术，让影像的构建与诠释更为绚丽多彩。与此同时，4K智能直播、"VR视频+三维声"直播、8K超高清频道直播，实现了播出领域的多项突破。

在包含图、文、视频的跨模态领域，人工智能的作用更明显。

先是AI作画火出圈，现在又有了图文双向生成，基于文本生成图像或基于图像生成文本，诗词作画、由画成文都能够轻松实现。更有趣的是，AI作画兼顾了创造力和艺术性，例如通过文本控制轻松生成身穿西装的孙悟空、身着京剧戏服的泰迪熊，甚至还能生成梵高风格、毕加索风格的图像。

过去几年，内容生产经历了从PGC（专业生产内容）、UGC（用户生产内容）到AIGC（人工智能生成内容）的进程。如今AIGV（人工智能生成视频）出现了，只需输入文案、自动合成语音，就能实现短视频的批量化生产，助推媒体融合发展，也提升了媒体效率。

2022年国庆节，人民日报客户端就发布了一条AI绘画版《我的祖国》MV，全网网民喜闻乐见。

如果跳出内容生产环节，媒体在传播渠道和内容分发中对AI的应用更为广阔。以媒体自有客户端为例，就涉及算法推荐、打标签等技术。其中不仅包括对文本、图像、视频等内容的理解，对用户的理解，更需要在对内容、用户的理解的基础上进行高质量内容的推荐和分发。

在这方面，作为开放社交平台的微博已经有了较深的应用。微博机器学习总经理、微博技术委员会委员王健民介绍道："微博建立了三级内容标签体系：一是宽泛定义体育、娱乐等类别，有56个；二是在一级标签基础上进行细化，比如体育类别下有足球、篮球等细化类目；三是在二级基础上做实体识别，比如具体的足球运动员，大约有几十万个标签。"

"媒体是信息技术应用最核心的领域之一，涉及的宽度、广度毋庸置疑，从前期信息的采集到信息整体的处理、传输，再到分发、呈现给每一个终端受众，这个过程对计算机技术、传输技术、信息处理技术，特别是人工智能数据、分布式计算技术等都起到了非常好的呈现，并且找到了实际的应用场景。"CAAI智能传媒专委会主任、中国工程院院士丁文华表示。

过去10年，移动互联网时代带来了视频用户的迅猛增长。当下，我们正从移动互联网进入虚实融合的3.0互联网时代，媒体也迎来蓬勃发展的机会。洞察技术趋势，有助于媒体更好地理解技术、驾驭算法。

现在，随着AI技术发展，特别是机器学习、深度学习技术的发展，媒体开始朝着智能化方向转变，在垂直化、圈层化以及精准化方面都已经得到了很好的普及，典型应用就是信息流和短视频产品。

在百度杰出架构师、百度文心大模型ERNIE总技术负责人孙宇看来，传媒业经过多年发展，传播形态已经发生了演进，从以广播电视和报纸为代表的一对多的展示性媒体，发展到互联网时代的双向互动的社交型媒体形态，更多是双向传播摄像化形式。

AI技术的深入应用推动全媒体融合加速，背后凝结着对智能媒体发展动能的思考和理解：一是内容智能化生产，怎样利用AI提升媒体生产效率、快速帮助新闻工作者创作各种各样的新闻和媒体内容？二是智能化交互，如何通过新的形式，如虚拟数字人等交互方式，让受众获得更好的交互体验？三是智能化分发，如何更加精细化、精准化、智能化地分发内容，从而让各类媒体介质能够得到更多受众的喜爱？

与此同时，在媒介演进过程中，文本、图片、视频等形式越来越多，媒体生产、传播的内容也在富媒体化，往往包含文字、图像、视频等，要让人工智能明白一篇文章、一条评论到底在说什么，仅仅理解文本内容、图像内容还远远不够。

"用单一模态技术理解内容往往有局限性，应用也会受到限制，这就需要采用多模态技术去融合文本、图像、视频信息，多模态技术也是人工智能发展的必然趋势。"王健民还表示，人工智能技术从专用模型走向通用模型也是重要趋势之一。

当然，技术是在不断进化、迭代的，当下AI技术在推进智能媒体应用的过程中仍然面临一些技术挑战。

"主要是优、快、质、广四个方面。"孙宇抛出观点。

一是优质内容，如何从海量的数据中把一些实时热点事件转化为优质的内容；二是时效性，怎样在第一时间把新闻事件转化为写作素材，并同时帮助创作者、媒体人快速应用；三是新闻质量，既要保证内容的丰富性，同时也不能有句法、语法错误；四是广泛的内容，如何生成差异化的媒体内容，以满足不同受众各种各样的需求。

百花齐放的媒体虚拟主播也处于攻克技术难关的过程中。虽然目前虚拟主播在表情体态、语气语感等方面已经比较接近真人主播，但互动、对话等能力还有待提升。

"数字人在对话过程中需要有很好的稳定性和长期记忆能力，以及能在对话过程中提供需要的知识，并具备进一步推荐、启发的能力。"孙宇认为，当前数字人对话的通用人工智能模型还没有出现。

如果说随着技术本身的迭代、创新能够解决上述问题，那么换个视角，一旦不正当利用技术则是非常危险的。

此前，传媒茶话会曾分享过马格南摄影通讯社摄影师出版了一本由假图构成的假新闻书却捧得荷赛奖的文章，事实上已经有些难以识别的深度造假内容在媒体、社交平台上传播，这也亟待更加有效的智能技术去解决。

沈浩也注意到，随着算法的提升，深度造假技术也上了一个台阶，他强调，"对于算法和技术能力，我们要更多关注于如何应用它们，从而更好地服务实际需要"。

智媒发展将重新定义未来媒体生态

2020年两办发布的《关于加快推进媒体深度融合发展的意见》要求，"以互联网思维优化资源配置，把更多优质内容、先进技术、专业人才、项目资金向互联网主阵地汇集、向移动端倾斜"。可见，对于向智能化、智慧化转型的主流媒体来说，加快加深智能技术的应用，既是职责使命，也是方向明确的发展路径。

回望过去，无论是媒体普遍应用的数字人、智能工具，还是中央厨房、媒体中台等推进深度融合的基础设施，智能媒体技术都发挥了巨大作用，既包括图像、视频、语言、文字，也包括自然语言理解、生成，甚至是对主体对象的实时追踪、居中等技术。

国家从战略层面为媒体的深度融合指明了方向、国内外的专家学者在智媒领域展开建设性研究、智媒技术在媒体传播中加速融合应用，这些都进一步促进了媒体向智能化转型集聚力量，为形成更宏大的产业蓄势勃发。

展望未来，丁文华表示："如今我们已经进入泛媒体阶段，如何在当前这个越来越均衡的信息时代，把有效、有益的信息传达给每一个受众，并且每一个受众能把自己的感受表达出来，这将是今后媒体研究的重要趋势。"

沈浩则表示，媒介的延伸帮助我们更好地了解自己、感知世界，当计算与人工智能的数据、算法、算力加深融合与交互时，计算和传播将成为未来媒体的核心技术。

2022年人工智能机器学习、大数据等技术领域的创新风雨无阻，元宇宙、AR/VR、数字孪生等虚实融合概念炙手可热，放眼世界，科技以它独有的坚韧和力量，推动着经济社会的数字化跃迁。同样，在智能技术的高速驱动下，智媒产业也呈现出一幅全新的图景。

"站在智能媒体发展的时代路口，在智能媒体跨入更高级更复杂阶段的当下，数据安全、数据产权、媒介伦理、算法偏见以及一系列课题亟待解决和突破，如何应对和把握智能媒体产业的危与机，正是此次智能媒体论坛所试图解答的。"CAAI智能传媒专委会副主任、微博COO、新浪移动CEO、新浪AI媒体研究院院长王巍总结道。

（原载于微信公众号"传媒茶话会"，作者：陈莹）

第 23 计

3D 拟人

IP 拟人形象,赋能短视频

"金台小兵",人民日报首个军事类3D虚拟IP。

他有着鲜明的个性特征和独特经历。他是一个小军娃,是一名维和军人的孩子,爸爸是他一直以来的榜样,他立志要成为像爸爸一样的人。

在很长一段时间里,金台小兵都以各种各样的形态和姿态出现在国防军事宣传中,或三维动画视频,或二维动画视频,也化身为表情包和各类海报,通过不同方式"刷存在",传递国防教育的正能量。

爆款小档案

《你保护世界，我保护你——致敬维和英雄》

IP名称：金台小兵3D虚拟形象
创作单位："金台点兵"工作室
上线时间：2019年5月29日
全网阅读量：500万次

视频文案

（场景：特写一只手撕下5月28日的日历，露出29日日历，上面写着"国际维和人员日"，小陆站在桌子上不开心，因为他知道随着日历被一页页撕掉，爸爸也即将离开他去很远很远的地方。）

小陆：爸爸，什么是维和啊？为什么要维和？我不想让你走（画面：小陆委屈的表情）

爸爸：
维和就是远离家国，直面硝烟，实现一个个"没问题"的承诺
是永远铭记，每一个走出国门的中国人，都是世界眼中的中国
无数的远方，无数的人，都与我们有关
在爸爸要去的地方
也有很多跟你一样的孩子
他们需要和平的生活
他们也想在明亮的教室读书
想在梦想的舞台上绽放光芒
小陆
你是个男子汉，你要明白
对于你，我是整个世界
但是对于世界，我是一名中国军人
小陆：噢，那我明白了（从疑惑到明白的语气）
小陆：你保护世界吧，我保护你（小陆拍拍胸脯，有种小大人的感觉，配音要有小孩子觉得自己能保护别人的劲儿，软萌中带着笃定）

爆款炼成记

亲历者说

让3D虚拟数字人赋能"金台小兵"

2019年4月，我们调研了市面上成功的虚拟IP，如萌芽熊、猪小屁等，影响力都非常大，而军事类的虚拟IP几乎没有，我们需要且尚有余力打造这样一个IP。于是，由"金台点兵"工作室牵头，联合人民日报媒体技术公司共同制作孵化了人民日报首个军事类3D虚拟IP"金台小兵"，推出3D数字人及卡通IP形象"金台小兵"，为公众提供拟人化、智能化场景式的新闻视频服务，这是实验室进行的崭新尝试。

我们希望他有鲜明的个性特征，于是赋予他人物小传：他首先是一个小军娃，父亲是一名维和军人，他立志要成为像爸爸一样的人。

我们希望3D虚拟数字人"金台小兵"有着更灵活广泛的使用场景。基于"金台点兵"工作室的属性和定位，打造3D的虚拟数字人，无论是品牌对虚拟IP形象的打造，还是用于创作短视频、宣传片来进行产品营销与引流，3D虚拟数字人都可以结合实际进行应用。在行为方面，虚拟数字人的肢体动作、面部表情等会受到驱动方式、训练数据、模型精度等技术的影响。在交互方面，同现实世界中的自然人一样，虚拟数字人的交互行为包括语音问答、肢体回应等，会受到语音识别、理解及处理水平、大数据知识库等技术的影响。虚拟化身的"金台小兵"通过人机对话模式，更能提升公众场景对话的亲民体验感。

2019年5月29日是第十七个国际维和人员日（联合国维持和平人员

国际日）。1990年以来，中国军队已先后参加了24项维和行动，派出维和军事人员4万余人次，其中13名中国军人牺牲在维和一线。守护和平，任重道远，但中国军队一直与正义同行、与和平相伴，始终是尊重生命、呵护安宁的"暖实力"。在第十七个国际维和人员日到来之际，我们正式推出了以"金台小兵"为主人公的3D虚拟动画短片《你保护世界，我保护你——致敬维和英雄》，用三维动画视频的形式，从"金台小兵"和父亲的对话切入，致敬维和英雄。该视频在全国党媒信息公共平台首发后，就被国防部发布、人民网、央视网、腾讯视频等多家网站和平台转载推荐，上线24小时可统计播放量超过500万次。

（作者：人民日报媒体技术公司数据新闻与可视化实验室）

爆款宝典

之

可视化创意

互联网背景下，信息阅读和消费的浅层、碎片化的趋势日渐明显。可视化传播是以信息为支撑、以可视化为载体的跨媒体新闻报道样式，它综合信息技术、数据化制作和可视化生产等多种应用，是基于数据挖掘、以可视化为呈现形态的报道形式。创作突破了语言逻辑主导的传统新闻叙事逻辑，采用了以可视化为主要呈现特点的"多媒融合"的文本构成方式。它具有简洁性、数据化、高效的传播效果等特点。

新闻可视化将视觉艺术运用到新闻呈现中，是艺术与新闻的结合。可视化使新闻传播呈现效果得以优化，有利于增强新闻的可受性和分享性。可视化表达充分考虑网络因素，增强网感，提升趣味性，善于将音乐短片、动漫、绘画等艺术形式运用到新闻生产中。照片、图表、漫画、文字、视频甚至音频等媒介元素都是可视化呈现的工具，汉字视觉符号的处理运用也是新闻可视化的操作途径。

党的二十大主题报道中，创意视频《新千里江山图》采用一镜到底、三维建模、CG技术等，以高度仿真的技术方式复原现实场景，为受众打造沉浸式的视听空间。可视化表达，让文字、数据"动起来"，让人物形象更鲜活，让融媒体产品更贴近受众。

理论微课堂

媒介决定时代特征，时代也赋予媒介独特内涵和外延，决定媒介群的媒介形态。媒介形态也可分为可视形态和潜在形态。与泛媒化紧密相关的媒介技术发展趋势是媒介可视化，即当代社会的方方面面越来越倾向于全面、深刻的图像化。

可视化不是简单指原来看不见的事物现在变得可见，而是指以文字为核心的印刷文化或概念文化向以图像为中心的视觉文化的转向，它深刻地揭示出视觉范式的当代转变。可视化传播是以信息为支撑、以可视化为载体的跨媒体新闻报道样式，它综合信息技术、数据化制作和可视化生产等多种应用，是基于数据挖掘、以可视化为呈现形态的报道形式。

新闻可视化将视觉艺术运用到新闻呈现，是艺术与新闻的结合。可视化使新闻传播呈现效果得以优化，有利于增强新闻的可受性和分享性。可视化表达充分考虑到网络因素，增强网感，提升趣味性，善于将音乐短片、动漫、绘画等艺术形式运用到新闻生产中。照片、图表、漫画、文字、视频甚至音频等媒介元素都是可视化呈现的工具，汉字视觉符号的处理运用也是新闻可视化的操作途径。

为了推动媒体融合向纵深发展，做大做强主流舆论，主流媒体开始在传统新闻生产之外探索新的内容生产方式，越来越多的创意形态打破新闻报道的原有边界，开辟出"新闻+创意"的媒体融合新阵地。可视化思维打造沉浸式视觉体验，依托技术赋能，新闻可视化呈现也发生着重大创新变革：一是从文字到图片，增加新闻可读性；二是从静态到动态，增加新闻现场感；三是从单一场景到全景，增加新闻感染力；四是从描述现实到构建现实，增强新闻沉浸感。创新可视化传播，避免内容同质化，还要深耕报道领域、深入挖掘材料、深度提纯信息。

动态沙画

动态沙画是一门新兴的视觉表演艺术。作为流动的影像艺术，动态沙画是集绘画、音乐、表演、光影、文学、摄影于一体的新型动态多元化艺术形式，不仅能陶冶情操，而且能提升受众的艺术品位与修养，使其获得精神愉悦。

一场精彩的沙画表演，转瞬即逝，瞬息万变，创意神奇，配合渲染的背景音乐，能带给观众一种人沙合一、无与伦比的视觉美感！动态沙画表演是一种"一气呵成"的艺术表现形式，其画面与主题同时推进，画面的"破"与"立"相辅相成，主题的"张"与"陈"相得益彰。

随着新媒体的蓬勃发展，动态沙画艺术因其国际性、时空流动性、综合性、随适性、包容性及娱乐性特征，不仅丰富了媒体的表达元素、叙事空间，拓展了媒体的外在形式，还赋予了媒体艺术审美和舆论引导功能。

借助网络媒体，沙画作品可以基于定位为特定的人群提供各种差异化的视觉体验和服务。人们通过这种多元多层的沙画艺术，获得各种相关的信息，进行网络互动。在新媒体时代，图、声、像等多种信息融合的动态沙画非常符合人类交换信息的媒体多样化特征。因此，动态沙画能在短时间内得到广泛传播，也呈现出更加广阔的创作空间和展示空间。

相对来说，动态沙画视频创作周期短、传播效率高、宣传效果佳。动态沙画视频作品具有很强的故事性，可以根据各种题材创作，用连贯作画的方式表达一个故事或者一段情感，在一幅画的基础上向另一幅画转换，创意独特，浑然一体，它能表现特定主题，巧妙地转场并搭配特定的背景音乐或画外音，再通过后期制作使视频浑然天成，还可以将数字媒体技术、动画技术融入动态沙画作品，形成别具一格的视频作品。

动漫新闻

动漫新闻是融合创新的一种视觉传播模式，通过动漫的形式来表现新闻内容、表达新闻情感，它极大地提升了传统电视新闻的表达方式和表现效果，还给受众带来新颖的视觉新闻观看体验。

动漫新闻具有两个特点。（1）立体化。从艺术呈现特点的角度来看，动漫新闻具有非常强的立体化展现能力。动漫新闻能够以生动形象的动画形式将图文表格、字幕说明、旁白解说和字幕等元素融合为一个新的整体，给受众带来更直观的视听感受。比如，央视新闻在解读重大政策时经常通过动画的方式将新闻报道营造为一种可听、可感、可视的信息场，在有限的时间内传递给受众更为全面的信息。（2）可视化和直观化。动漫艺术的可视化与直观化特点，可以让受众对新闻有全景与系统的了解。每个新闻浏览者都有自己的不同需求，动漫新闻能够向受众具体地演示事件发生与发展的过程，让受众直观地对新闻信息的内容进行解读。当新闻以动漫为载体进行信息传递时，内容必须是客观、真实的新闻事件，其所涉及的大多数是社会中的热点问题，需要用事实来进行阐释。

动漫新闻具有四种运用场景。（1）时政新闻。动漫作为一种生动鲜活的卡通形象，与时政新闻的结合能够增强其趣味性和吸引力，使时政新闻更加亲民、接地气。（2）经济新闻。经济新闻对观众的知识水平要求较高，普通民众很难真正理解经济新闻中的专业术语及金融知识，在传播方面存在很大障碍。将动漫引入新闻报道中，将一些难以理解的公式图表以生动形象的动漫形式表现，能够为观众呈现更加通俗易懂的经济信息。（3）社会新闻。突发卫生公共事件容易引起民众的恐慌和焦虑，在相关新闻的报道中，就有不少动画图片。这种动漫形式的新闻报道给大众带来了安全感，同时也将无法看到的病毒、灾害形象化，使民众对病毒、灾害有更为正确的认识。（4）法律新闻。动漫作为一种视觉语言，具有形象化、可视化特征，给观众带来强烈的视觉冲击，增强了法律新闻的可读性和直观性。

动漫新闻的传播作用体现在四个方面。(1)有效弥补新闻视频中的不足。动漫在新闻报道中的应用是在新闻事实的基础上,将动漫画面与新闻视频结合后呈现给观众。在新闻的采访拍摄中,经常会存在一些不足,记者所拍摄到的视频难以确保完整性,而利用动漫则可以对其进行有效弥补,使得整个新闻报道更加完整顺畅。(2)满足观众的审美需求。动漫具有极强的可造型性,动漫技术能够对各类题材的新闻报道进行生动形象的呈现,并且不少动漫极具创意和艺术性,改变了传统新闻报道的刻板特征,极大增强了新闻报道的美感,观众不仅能够获取更加生动具体的新闻信息,其审美需求也能被满足。(3)增强新闻事件的临场感。动漫具有丰富的色彩和良好的表达效果,相比传统的新闻报道更能还原新闻事件的整个经过,有效增强了新闻事件的临场感,观众在进行信息获取时也更加轻松便捷。(4)提升新闻栏目品牌影响力。将动漫应用于新闻片头中,能够增强新闻栏目的创意,为观众带来新颖的体验,从而引发观众想要进一步观看的兴趣。在新闻报道结束后,将动漫应用于片尾,一改传统新闻栏目刻板乏味的形象,能够增强整个新闻栏目的传播效果,为观众呈现灵活多变的形象,有效提升新闻栏目的品牌影响力。

创意海报

在国内,"海报"最早起源于上海,是向大众推介戏剧、电影等演出活动的招贴,通过有冲击力的视觉设计和言简意赅的文案迅速吸引目光,从而实现广而告之的目的。移动互联网时代,当海报这一形式被媒体重新发现并运用到新闻报道中,就形成了"新闻海报"。新闻海报是对新闻事实进行艺术化生产加工,通过观点鲜明的主题、具有创意的艺术设计、可视化视觉呈现的新媒体表达方式,以满足受众迅速获取新闻信息的需求。新闻海报因其即时性、创意性、互动性、易于传播性等优势备受追捧,成为移动互联网时代信息传播的有效方式。

新闻海报具备如下特征:

1.设计,以新闻内容作为根本出发点。新闻类海报更多的是传递信息,设计时使用的图形配色醒目、突出主题。新闻类海报围绕新闻热点进行事实阐述，兼具新闻性和适当的艺术性。

2.文案，讲究准确、客观、生动、有趣。优秀的海报是图文并茂的。文字，作为海报的重要组成部分，其在传播时发挥着异常重要的作用。对于新闻类新媒体海报来说，海报里的文字内容应具备准确、客观、能让受众快速理解的特征。同时海报上的文字能直击受众内心，才能触发二次传播。在当下，能触发人们内心同时引起共鸣是每一个优秀作品的必备要素。有时候海报画面中的一个场景、人物在一个不经意的瞬间流露出的动作表情，通过艺术手法的加工都可以让人"回味无穷"。

随着各种新兴技术的推广应用，新闻海报也从单一平面设计，逐渐发展出手绘、有声、九宫格、动态、SVG（可缩放矢量图形）动效等多种形式。SVG海报也是近两年研发出来的新闻海报新形式，由于技术要求相对较高，与平面海报相比，属于重制作产品，更多应用于相对宏大的主题。

表情包

表情包是一种产生于社交平台的网络文化，大部分为在图片或gif动图中加入文字或表情符号组合而形成的集合。表情包是社交媒体传播符号系统的重要组成部分，也是除文字和语音外，日常使用和接触频率最高的网络表意方式之一。

随着互联网时代的到来，数字化信息交流扩大，社交网络发展出一个新天地。人们更加想在社交上表露个人情感，随之而来的是附有个人情感的表情符号开始慢慢出现。有记载显示，卡内基梅隆大学教授斯科特最先使用了"微笑"表情符号":-)"，想通过它表达自己高兴的心情。如今，这种将符号化文字用于表达情感的方式变得多姿多样，传达情感成为社交网络的重要组成部分。

表情包可以是简单的图形符号，也可以由人像、动漫、动物、自然景色等构成，有时还会辅以文字，如网络流行语等，越来越多的表情包以多种元素组合的方式呈现。通过多元符号的结合，表情包可以使表达方式更加丰满，弥补了传统网络表达方式中因文字或语音表达单一而产生的隐喻缺失的不足，为社交网络创造了更为仿真的表达环境，给传播想象场域的生成和扩展提供了助力。

表情包之所以流行，在于其富含意指功能，能在社交过程中更为便捷地传递情感。作为当前视觉社交的重要符号，表情包也提供了一套全新的青年话语表达体系。表情包的使用和传播代表着某个圈层群体的集体记忆或特定的传播行为，是群体认同的重要标志，也是群体文化的重要标签。如相关学者所说："要理解和准确使用这些表情包，不仅要知道表情包背后的那些人和事，以及它流行的由头，还要理解其中的社会与文化背景，如'葛优躺'系列表情包背后的'丧文化'等。那些藏在表情包中的'梗'，成为一种文化'暗号'，读懂暗号，才能用对表情包。"

表情包是自然形成的一种传播方式，也是社会舆情的一个窗口。其积极价值在于现实社会的话语"投射"，能投射出社会心态和价值取向，在客观上也能起到减压阀的作用。表情包给传播格局带来的影响并非中国独有，而是在全世界普遍存在的，对社会不仅发挥着舆论建构的短期作用，还有集体记忆建构等方面的长远影响。

微电影

微电影，是指借助数字制作技术生产、通过互联网新媒体平台传播的微型影片，适合在移动状态和短时休闲状态下观看，是具有完整故事情节的微时放映、微周期制作和微规模投资的视频短片。微电影在拓展电影艺术形式、强化主题表达、促进文化传播、推动经济发展以及丰富人们的精神生活等方面有着重要作用和意义。

微电影的出现打破了传统电影的观影模式。它以短小精悍、灵活多样的表现形式，拓展了电影艺术的维度。微电影既可以独立成篇，也可以系列成剧，这种自由灵活的创作方式，为电影艺术提供了更多的可能性。

微电影通常时长在几分钟到60分钟不等，虽然时间短，但主题表达明确、集中，能够快速传递信息，强化观众对主题的印象。同时，微电影的创作灵感来源于生活，它能够从不同角度反映社会现实，从而引发观众的共鸣和思考。

微电影作为一种文化传播的载体，能够传递正能量，弘扬优秀文化。它可以通过幽默搞怪、时尚潮流、公益教育、商业定制等主题，向观众传递积极向上的价值观，提高观众的文化素养和生活品质。

微电影具有投资小、周期短、制作门槛低等特点，这些优势使得微电影在影视产业中具有越来越重要的地位。随着微电影的发展，它逐渐成为一种新的商业模式，通过广告植入、付费点播等方式，为影视产业带来新的经济增长点。

微电影的灵活性和便捷性，使得人们可以在移动状态和短时休闲状态下观看，满足了人们在快节奏生活中的精神需求。同时，优秀的微电影作品还可以为人们提供审美的享受和思想的启迪，丰富人们的精神世界。

第 24 计

意境沙画

注入岁月的情感，呈现隐藏的"秘密"

全媒体时代，重大人物报道如何深入人心？要借助各种形式，让人物报道真正"融"起来。2019年全国重大典型张富清的报道中，人民日报"金台点兵"工作室和人民网·中国共产党新闻网联合出品，制作推出的系列短视频《隐藏63年的"秘密"》之《张富清：我的经历》《张富清：我的故事》《张富清：我的人生》《张富清：我的日记》，用纪录片、沙画、老照片等创新形式，展示张富清的事迹和精神，别具一格，引人关注。

在融媒体作品的呈现方式方面，沙画其实并不是一个新鲜的手段。如何在沙画创作中出新出彩，是我们要解决的核心问题。经过交流和碰撞，我们决定在每个场景中加入一个核心意象，以隐喻的手法，通过意象来凝练张富清的人生阶段。

由此，每一帧沙画有了核心意象，短视频也有了"魂"。伴随着制作精良的沙画，观众更直观地了解了张富清的人生。在张富清报道的制作和传播中，这个视频让人眼前一亮。

爆款小档案

《隐藏63年的"秘密"》

发布时间： 2019年5月25日起

系列短视频推出后，在人民日报客户端、人民日报微博、人民日报微信公众号、人民网、人民网微博、人民网微信公众号、人民日报中央厨房等迅速传播。系列短视频点击浏览量超3000万。

视频一：《张富清：我的经历》

创意阐述： 视频凝结了张富清的主要经历，以"老照片+手写体"的创意形式，呈现张富清的人生。特别是采用了张富清的手写字体，既有历史留存意义，又有现实意义，达到了力透纸背、此时无声胜有声的效果。

视频二：《张富清：我的故事》

创意阐述： 记者现场拍摄的视频和相关资料，以纪录片的形式，质朴、真实地记录了张富清的生活状态、周围人对张富清的评价，通过新闻纪录片来呈现张富清的一生。

视频三：《张富清：我的人生》

创意阐述： 视频以沙画为呈现形式，创作团队精心打磨了台本，提炼了老英雄人生的关键时间点，并在每一幅沙画中加入核心意象画面。

视频四：《张富清：我的日记》

创意阐述： 通过学生、镇长、战士、行长等年轻人读张富清日记的形式，传承张富清精神。视频没有配画外音，却饱含深情、韵味深长。

爆款炼成记

亲历者说

用融媒体手段接近人性闪光时刻

在这个时代，到底什么是英雄？怎么呈现英雄？这是当下人物通讯面对的问题，也是融媒作品需要面对的问题。

"老英雄张富清60多年深藏功名，一辈子坚守初心、不改本色，事迹感人。"习近平总书记对张富清同志先进事迹作出重要指示。人民日报推出了《95岁老人、71载党龄、63年深藏功名，张富清———一位老英雄的初心本色》《一次庄严宣誓　一生忠诚不变（快评）》《习近平总书记重要指示催人奋进　老英雄张富清事迹彰显奉献精神》《越是平凡处　越是见初心（今日谈）》等报道，迅速引起社会反响。人民日报中央厨房"金台点兵"工作室和人民网·中国共产党新闻网联合出品，全媒体一部制作推出的系列短视频《张富清：我的经历》《张富清：我的故事》《张富清：我的人生》《张富清：我的日记》，用纪录片、沙画、老照片等创新形式，展示张富清的事迹和精神。系列视频推出后，在人民日报微博、微信公众号、客户端，人民网、人民网微博、微信公众号，人民日报中央厨房等迅速传播。

在信息爆炸的当下、在全媒体融合的趋势中，我们写作和制作团队希望通过作品追寻"什么是英雄"的答案，让典型人物仍然能够穿越时代，散发闪亮的光芒，起到价值引领的作用。

在湖北来凤采访期间，我听说张富清是一个没有缺点的英雄。我从内心并不认可这样的观点。每个人都有七情六欲、有趋利避害的天性，对美好的事物亲近、热爱和崇敬，对丑恶势力回避、厌恶和憎恨。但人之为人，还有一种东西，让我们区别于动物，那就是人性。在危急关头，能否牺牲自己成就别人？在平淡岁月，能否不居功自傲，甘于寂寞？这一瞬间，就是人性闪光的时刻。这种闪光时刻"点亮"的原因，不是偶然，不是随机，而是其背后的价值观。也是这样的闪光时刻，这样超越时空的价值观，造就了我们这个时代的英雄。我们要做的，就是抓住人性，抓住人性的那道光，抽丝剥茧般探究人物所作所为背后的价值观。然后将人物还原到最危急的时刻、最平凡的日常，展现他的选择、他的作为。

融媒体作品希望呈现的就是这种真挚的情感、这般真实的生命，并用人物真实的价值观凝聚起时代力量。这也奠定了融媒体作品的基调——质朴、简洁、大气，却有击中人心的效果。

出于对老人身体的考虑，加上之前关于张富清的相关报道已经比较充分，当地安排了集中采访。在密集的采访中，我和人民日报湖北分社记者程远州、人民网全媒体一部视频记者高媛迅速策划、提炼要点，确定了系列视频的思路。我们想以纪录片、读日记、沙画、老照片等创新形式全方位地呈现老英雄张富清。

因为时间紧迫，我们分解了各个视频的缓急。老照片和纪录片这两个视频制作显得更为急迫。纪录片需要拍摄现场，通过身边各个人的角度呈现张富清，所以要有现场的视频素材。此外，我们注意到张富清老人的字很不错，希望以老照片加手写体的形式，呈现张富清的人生。因为需要张富清老人手写的字体，所以必须现场跟老人沟通。

我们三个人熬夜梳理了张富清老人人生的时间线，提炼最有感染力的话语，并将这一句句话写在一张张白纸上，方便与老人交流。在跟老人沟通前，我们顾虑重重。因为集体采访媒体记者多，也要考虑老人的身体，我们不知道这个创意能不能实现。没想到，我们跟老人说了创意后，老人欣然同意，给我们写下了话。

"为劳苦大众而战""哪里有需要就去哪里""如果重来一次，我还是会加入中国共产党"，张富清这一句句朴素的话语感人肺腑，他留下的字迹也成为重要物料。当老人一笔一画写下这些话的时候，我们内心十分感动，也希望把这份感动通过融媒体作品传递给受众。24岁加入西北野战军，永丰战役中九死一生；30岁退役转业，主动选择到偏远地区工作……视频在张富清的每个人生重要阶段，都配上一句他专门为片子写下的字句，并通过朴素的质感、舒缓的音乐，传递出一种坚定而从容的力量。《张富清：我的经历》作为张富清系列视频的首个重磅作品，仅人民日报微博单个视频浏览量便超过200万，留言3000多条，人民网微博单个视频浏览量过100万。

2018年11月，湖北省来凤县退役军人事务局进行信息采集工作。张富清出示了一张《立功登记表》，由此揭开了张富清不为人知的红色过往。

24岁，加入西北野战军——手写文字：为劳苦大众而战

24岁，加入中国共产党——手写文字：中国共产党是全心全意为人民服务的

24岁，加入永丰战役，九死一生——手写文字：我没有想过是死是活，只想着完成任务

25岁，获得"人民功臣"勋章——手写文字：我的很多战友牺牲了

30岁，转业来到条件艰苦的湖北来凤县——手写文字：哪里有需要就去哪里

95岁，战功深藏60多年被发现——手写文字：原来我的经历也能为社会做点贡献

如果重来一次，我还是会加入中国共产党。——张富清

沙画，是此组视频的一大亮点。张富清系列视频《张富清的人生》就采用了沙画手段。在融媒体作品中，沙画其实并不是一个新鲜的手段。如何在沙画中出新出彩，是我们要解决的核心问题。经过交流和碰撞，我们决定在每个场景中加入一个核心意象，精心打磨台本，以隐喻的手法，通过意象来凝练张富清的人生阶段。

请看台本：

那是1948年3月，出身贫苦的陕西汉中洋县人张富清，在瓦子店光荣入伍，成为西北野战军的一名战士，开启了他人生的高光时刻。（在沙画

中加入红旗的画面）

　　那是1948年11月27日夜，陕西蒲城的永丰战役打响，战斗异常惨烈，作为突击组的成员，张富清勇炸碉堡，用手中的"枪"立下了赫赫战功。（在沙画中加入枪的画面）

　　那是1949年10月1日，新中国成立。向新疆行军途中的张富清对新中国充满了渴望，对和平充满了向往。（在沙画中加入和平鸽的画面）

　　那是1950年，张富清因为功勋卓著，被授予"人民功臣"奖章，奖章上，鲜艳的红旗金光闪闪。（在沙画中加入勋章的画面）

　　那是1955年，张富清响应党的号召，到祖国最需要的地方，来到湖北最偏远的来凤县，从此扎根基层留下一串串脚印。（在沙画中加入脚印的画面）

　　那是1985年，退休后的张富清在阳台上种下了仙人掌，过着简朴平常的生活。（在沙画中加入仙人掌的画面）

　　那是2012年，88岁的张富清截肢后，不停地用助步器练习走路，用一只腿，又一次站了起来。（在沙画中加入助步器的画面）

　　那是2018年，张富清的功绩，在退役军人登记时被发现，他的事迹迅速传开。面对荣誉，他说，我是一个共产党员。（在沙画中加入书本的画面）

　　由此，每一帧沙画有了核心意象，短视频也有了"魂"。伴随着制作精良的沙画，观众更直观地了解了张富清的人生。在张富清视频的制作和传播中，这个视频让人眼前一亮。

　　现场具有非凡的生命力。在采访中，我们发现张富清老人有记日记的习惯。日记上，除了学习笔记、人生感悟，他还记下了每次送来慰问金的数额。特别是，他在日记中写了一首自我画像的小诗："也曾靠边站，也曾挨过整，成天一脸笑，只知是老兵。"我们抓住日记这个重要物件，构思了一个读日记的创意视频。通过小学生、部队青年人等不同岗位的人读取张富清的日记，让张富清的精神与当下年轻人共振。视频离开了张富清的采访现场，从图书馆、办公室等各个不同的场景，通过不同身份的年轻人读日记，形成了一种跨时空的对话，也寓意着张富清精神在年轻人中传播、传承。

还要特别说明的是，全媒体时代，一个好的团队显得更为可贵和重要。与电视台相比，纸媒存在视频基础弱、人手少等问题。但纸媒的融媒体也有其独特优势，人民日报的融媒体作品有策划能力强的团队，还有体制机制的保障。程远州、高媛和我组成了一个前方小分队，人民日报政治文化部军事室主编、"金台点兵"工作室负责人倪光辉则在后方出谋划策、全力支持、协调全局。从策划、写台本、录制、沟通到落地、传播，我们默契配合，一连做了4期系列视频，充分发挥了人民日报全媒体的优势。

这组融媒体报道推出后，收获了不少的感动，有几位退役军人发来信息动情地说："含泪读完报道，感恩岁月，致敬英雄！"张富清并不是一个煽情的人物，报道也没有刻意用煽情的手法，但我面对张富清的时候，就会有一种扑面而来的感动。老人家的脸上特别干净、纯粹，眼睛虽然患有白内障，却仿佛有光。我在想，那是什么呢？是真，是善。报道希望呈现的就是这种真挚的情感、这般真实的生命，并用人物真实的价值观凝聚力量。

（作者：人民日报社政文部文化室　王珏）

第 25 计
"漫"天过海

军旅《那兔》，科普漫画"火"遍网络

"此生无悔入华夏，来世还生中华家""亲，你的眼泪冻住了；不要在意这些细节，注意潜伏"……这些源自《那年那兔那些事儿》中让千万青少年常常热泪盈眶的话语，就是互联网时代搞好网络国防教育宣传的成功范例。

军旅动漫《那年那兔那些事儿》（以下简称《那兔》）是一部通过二次元（泛指动画、漫画、游戏、小说等作品中表现的世界——编者注）的方式，进行爱国主义教育的动漫作品，由军事迷网民创作，描写了中国近现代史中重大的历史事件。

《那兔》中各种动物都被人格化，分别代表不同国家。谐音和相关习俗象征手法也十分巧妙。代表中国的兔子生活的家园叫种花家，兔子历经了种种磨难，凭借坚韧的意志，通过自己的努力和奋斗，最终变得强大。漫画里，兔子与淳朴的非洲河马是好朋友，为它提供无私的帮助——这用来描述被美苏孤立期间，中国积极援助非洲国家的外交战略。

这部动漫有着诙谐的语言表达和深入浅出的艺术手法，在社会上引起热烈关注。它不仅仅是一部近代科普动漫，更是一部饱含后人对先辈们的敬意，激励着后辈坚守初心、无畏困难、勇于冒险的爱国科普漫画。

爆款小档案

《那年那兔那些事儿》

改编自同名网络漫画。

制作单位： 厦门翼下之风动漫科技有限公司

发布时间： 2015年3月开播

这部军旅动漫用可爱、呆萌的"中华兔"形象，讲述了中国人民解放军发展史上的重大事件，共有黄埔军校与北伐战争、南昌起义等12集。截至2018年4月，《那兔》第一季的12集已在全网播出完毕，全网点击量逾1.2亿。

2009年，"中华兔"在军迷林超（网名逆光飞行、麻蛇）的笔下诞生。两年后，林超开始创作系列漫画《那年那兔那些事儿》。2013年，《那兔》连续5个月获得新浪微漫画激励计划一等奖，并获得第二届微漫画大赛一等奖；2015年3月，《那兔》动漫在全网播出，成为二次元世界中罕见的军事题材作品；2015年10月，《那兔》第二季开播，次年第三季开播……哔哩哔哩国产网络动画评分排行榜显示，《那兔》集均点击量为67.7万，成为国产动漫现象级作品。2018年1月17日，《那年那兔那些事儿·陆军系列》座谈研讨会由陆军政治工作部文工团与厦门翼下之风动漫科技有限公司联合举办，军队舆论宣传部门领导、文艺评论专家、各媒体及公众号代表参加。

经典语录

"别哭，你的眼泪会结冰的。"

"我们要回家，回去建一个花盆。"

"我们在这里吃雪炒面，让祖国拼十页甜咸豆腐。我们在这里钻防空洞，让祖国不再进防空洞。亲爱的朋友们，你的梦想，交给我们来守护。"

"每一只兔子都有一个大国梦，祖祖辈辈种下的苹果树，就靠我们继续守护了。"

"用自己的双手，打造一个吃得饱、穿得暖、不被人瞧不起的花农。"

"此生入华无憾，下辈子还是个花农。"

爆款炼成记

深度解析

一部军旅动漫为何"火"遍网络
——青少年国防教育宣传如何有血有肉

青年兴则国家兴，青年强则国家强。青少年是祖国的未来、民族的希望。然而，近年来，少数青少年国防意识弱化、家国情怀缺失，导致价值观发生偏移，一系列错误言行引发全民激烈讨论与反思，加强互联网时代青少年国防教育宣传任重道远。火遍全网的《那年那兔那些事儿》动漫作品，为搞好新时代国防教育提供了新的着眼点。剖析《那兔》作品，解读《那兔》现象，创作更多这样的作品，让国防教育宣传更有血有肉、鲜活生动，过好国防教育宣传的网络关、时代关，具有重要意义。

《那兔》：主旋律内核与商业化外壳的有机结合

"此生无悔入华夏，来世还生中华家""亲，你的眼泪冻住了；不要在意这些细节，注意潜伏"……这些源自《那年那兔那些事儿》中让千万青少年常常热泪盈眶的话语，就是互联网时代搞好网络国防教育宣传的成功范例。

2009年，"中华兔"在军迷林超（网名逆光飞行、麻蛇）的笔下诞生，自娱自乐了两年后，林超开始创作系列漫画《那年那兔那些事儿》，简笔画一般的画法、跳跃的叙事结构，看上去像是随笔涂鸦的作品，却获得了巨大成功。

《那年那兔那些事儿》里的各位主角是在我国近现代史中登场的各方势力，他们被幻化为"萌萌哒"的动物，上演了一场动物间的"爱恨情仇"。比如，讲到日内瓦会议时，动画里"中华兔"与"白头鹰"你来我往、"互吐口水、互扔板砖"，以此来表达中美双方在谈判桌前的激烈交锋；又比如，在地球"蓝星"学校里，有两个团体分别以"白头鹰"和"毛熊"为首，它们不许其他动物靠近"中华兔"，兔子却发现了淳朴的非洲河马，与它们做朋友、提供无私的帮助，用此描述我国积极援助非洲国家的外交战略……

2013年，《那兔》连续5个月获得新浪微漫画激励计划一等奖，并获得第二届微漫画大赛一等奖；2015年3月，《那兔》动漫在全网播出，成为二次元世界中罕见的军事题材作品，豆瓣评分也达到了8.8分的高分；2015年10月，第二季开播，次年第三季开播……

2018年1月17日下午，由陆军政治工作部文工团与厦门翼下之风动漫科技有限公司联合举办的军旅动漫《那年那兔那些事儿·陆军系列》座谈研讨会在华北宾馆举行，军队舆论宣传部门领导、文艺评论专家、各媒体及公众号代表参加了座谈。

军旅动漫《那年那兔那些事儿·陆军系列》用可爱、呆萌的"中华兔"形象，讲述了中国人民解放军发展史上的重大事件，共有黄埔军校与北伐战争、南昌起义等12集。截至2018年4月，该系列12集已在全网播出完毕，全网点击量逾1.2亿。

相比庞大的流量，更为重要的是追剧人群的年龄分布。全网有11个视频网站播放《那兔》，其中哔哩哔哩的播放量最高。哔哩哔哩是国内二次元用户的聚集地，主要用户年龄在16—23周岁，以高中生和大学生为主。哔哩哔哩的用户年龄相对较小，这部动漫缘何能抓住年轻人的心？

秘诀就在于——将主旋律内核和商业化外壳有机结合在一起。

受众在哪里，宣传思想工作的触角就要延伸到哪里。90后、00后是互联网时代成长起来的群体，深受二次元文化影响，有着新的审美范式，怎样用互联网思维和传播方式抓住他们的心？其实，在日新月异的网络时代，不只青少年，各个年龄段的人显然都需要形式更新颖、内容更易懂、画面更生动的国防教育作品。以往，不少党史、军史类影视作品往往有说教的痕迹，《那兔》贴近青少年的观赏需求，采用年轻人容易接受的轻松的叙事方式和卡通化的表现手法，激发受众的好奇心，不断吸引年轻人成为粉丝。

憨态可掬的胖兔子，戴着一顶配有红五星的绿军帽，走起路来肉嘟嘟、"萌萌哒"，怎能不让年轻人喜爱？更为关键的是，《那兔》在用动漫形式展现中国近现代史重大历史事件和军事科技发展的过程中，不仅有风趣幽默的桥段，也有细腻感人、催人泪下的情节，让人深受感动和教育。

描述抗美援朝战争长津湖战役时，"中华兔"在严寒暴雪中潜伏，开始冲锋时才发现有的兔子已经在原地冻死，剩下的兔子一边告诉自己不能哭，"眼泪也会冻住"，一边吹响冲锋号角冲向敌人阵地；时过境迁，接回志愿军忠烈遗骸时，一只挂满勋章的年迈兔子和早已牺牲的兔子战友叙旧，怀念当年英勇作战的场景，也说起现在富足的生活，说到动情处时，兔子哽咽着说："亲啊，我好想你，我们回家！"

这也成为《那兔》动画第一季中让无数人热泪长流的片段之一。

《那兔》是一种尝试，就是放下身段，讲人话，卖得了萌，能自嘲，能腹黑，能跟传播对象平等对话。这样的动漫，谁不爱？

溢出效应：激发实现强国梦的思想与行动共识

兔子很萌很搞笑，形象设计生动，含义丰富，是让广大青少年追捧的原因。然而，其背后的溢出效应更加值得点赞。

历史知识的大拓展。百度"那年那兔那些事儿"贴吧，目前已有近百万会员，每天都有粉丝聚在这里讨论漫画内容；在微博上搜索"那年那兔那些事儿"，也可以看到无数网民发言，有的感慨被感动到"泪奔"，有的催作者更新，还有不少人根据《那兔》的情节科普真实的历史中对应的事件和细节。因为《那兔》对我国历史产生兴趣、进行拓展阅读的人不在少数，《那兔》的故事中对很多历史细节进行了隐喻、引申的修饰，很多青少年觉得故事很有意思，却不明白到底指的是什么。为了理解漫画的内容，他们就自己上网查资料、翻阅历史书籍，因此对这部作品越陷越深。

治好了很多"愤青病""心理病"。很多青少年看完《那兔》，自觉推荐给周围的"愤青"同学，不知不觉中，他们的思想在转变，甚至这种效应延伸到军营。张权是一名普通战士，他看《那兔》时正赶上两年服役期满，面对去留，心里很纠结。"是'科研兔'们为了学习，不怕吃苦、不畏艰难的故事感染了我，我当时热血沸腾，备受鼓舞。最终选择留下，因为我觉得在部队里能更好地传承长辈们的这些精神。"在张权看来，虽然这是一部动漫，但写出了当时的背景，让处在当代的他们体会出当时的不易，能非常直接地感受到它的教育意义。

激发从军报国的价值追求、守护祖国的责任担当。该剧主要以视频网站为推广平台，口碑传播是其最大的特点，也是最大的优势。通过四季节目的积累，"中华兔"形象在网络上已经拥有了上千万粉丝。"每一只兔子，都有一个大国梦""此生无悔入华夏，来世还生中华家"，这些红遍网络的流行语便是网民在观看该片时的经典留言，更成为参军报国、守护祖国的责任担当。一传十、十传百，产生强大的口碑效应，这就是互联网传播的巨大能量。"我是看着你的漫画长大的！"在外面演讲时，林超有时会碰到同学冲他这样大喊，让他哭笑不得。也有人告诉他，因《那兔》的影响而上了军校或者参了军，还有人把动漫推荐给自己的老兵爷爷看。

建设中华家、守护中华家更是化为更多的民间行动。青少年不仅更加坚定了投身强国梦的信仰信心，更是用自己的绵薄之力去守护祖国。在网络上，经常可以看到各种头像是《那兔》的账号，他们没有组织，没有工资，却自发、自觉地在互联网上激浊扬清、净化网络环境，凝聚起爱国爱军的舆论氛围。"军功章已经斑驳，历史决不能任人评说"，他们面对解构历史、诋毁英雄的行为毅然亮剑。

《那兔》的背后：期待更多的林超涌现

《那兔》的作者"逆光飞行"，本名林超，他还有一个网名叫麻蛇——一种在南方很常见的无毒蛇类，他说自己就像这种小蛇一样，其貌不扬，没什么特殊之处。

实际上，《那兔》的漫画风格非常粗犷，用他的话来说，自己只是"幼儿园班长"的水平。但他从小就对各类飞机十分着迷，慢慢成长为一个军事迷。平时喜欢摆弄各种军事模型的林超，也喜欢在军事论坛里和同好们交流，而促使他拿起画笔的也正是一篇名为《小白兔的光荣往事》的网帖。帖子用戏谑的语气讲述了中国近现代史中的重要事件，这给了林超灵感。

一开始，林超把作品上传到军事论坛，新颖的形式和幽默的表达很快就赢得网民们的关注。虽然也有不少人吐槽作品的绘画水平，但还是有很多人因为喜爱而成为粉丝。其中不乏一些军事和历史方面的专业人士，他们时常会帮林超梳理重要史实、讲解历史八卦，也给他的创作提供了不少素材。

然而，改编成漫画，创作和推广需要资金支持。"最早，投资人都认为把这种以简笔漫画结合、既红又专的题材做成动画形式没有什么前途。"在说这个事情的时候，麻蛇演了一段当时见投资人的情景——霸道VC虐创业者的情景剧。

后来又经过几个朋友介绍，他终于找到投资人。然而，他坦言，"还是有很多的遗憾，第一季前几集关于朝鲜战争有很多东西没能表达出来"。麻蛇在谈到《那兔》第一季最火的前几集时这样说，他自己是个军迷，

《那兔》最早的灵感来自另一位军迷野狼之风的《小白兔的光荣往事》，觉得自己的历史知识不够丰富、不够全面也是一大遗憾。

目前，《那兔》的故事讲的是中国近代发展史，要将故事延续下去，一个重要问题是通过审核。在接受采访时，林超坦言，在创作第一季的时候，曾被实名举报……直到他牵手陆军部队，完美解决了故事情节中严谨性和尺度的问题。

《那兔》的成功说明，对于教育，不是年轻人不"感冒"，而是教育内容要走进他们的心灵深处，产生共鸣。因而，当这些平时看起来嘻嘻哈哈的年轻人，在屏幕前盯着"兔子"泪流满面时，新闻舆论工作者要思考的是如何创作更多这样的作品，让国防教育更有血有肉、鲜活生动。同时，我们的国防是全民的国防，国防教育社会化正在全面铺开，《那兔》取得了巨大成功，传媒人应该积极探索：通过军民融合的方式，调动广大群众开展国防教育宣传的积极性、主动性、创造性，为他们提供政策、理论、资金帮助，让更多的林超争先涌现。

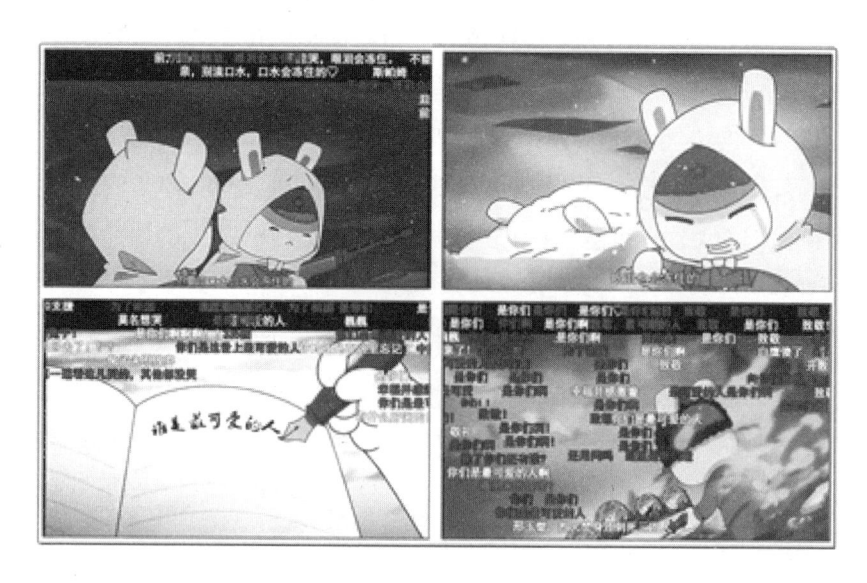

（原载于《中国记者》2018年第5期，作者：新华社驻军委国防动员部支社 贾启龙）

延伸阅读

国防教育这样过网络关时代关

"90后、00后是否比他们的父辈更爱国?"这是一个在网上很热的话题。近年来,部分青少年由于国防意识的弱化、爱国主义情怀的缺失,再加上受多元化社会思潮的影响,世界观、价值观发生偏移。加强全民国防教育、增强爱国主义情怀,迫在眉睫且任重道远。

《那年那兔那些事儿》动漫作品的横空出世,为国防教育找到了一个新的切入口。观看群体中,16—29岁年龄占比最高。《那年那兔那些事儿》的成功说明,对于教育,不是年轻人不"感冒",而是教育内容要走进他们的心灵深处,产生共鸣。因而,当这些平时看起来嘻嘻哈哈的年轻人,在屏幕前盯着"兔子"泪流满面时,我们要思考的是如何创作更多这样的作品,让国防教育更有血有肉,鲜活生动。

一个作品之所以受到大家欢迎,其思想内核如理想、信仰必定是能感染人的,其表达方式如平等的人与人之间的交流必定是让人乐于接受的。《那兔》系列动漫不仅是新形势下军事文化传播的成功案例,也是互联网时代对年轻人进行爱国主义教育的一次成功示范。

当国防教育碰上二次元,迸发出的火花,你喜欢吗?

——写在前面的话

中部战区陆军某排排长杨生昭

最早接触《那年那兔那些事儿》是在读大二的时候,这是一部充满了诚意和情怀的国产动漫作品。

观看《那兔》总体是轻松愉快的,但也有令人久久不能释怀的段落。《寒冬中的冲锋号》一集中,正值隆冬大雪,兔子们隐蔽在雪堆里瑟瑟发抖,而此时对面鹰酱正因不想吃罐头想要吃烤肉而大发脾气。兔子A不知不觉流下了口水,旁边的兔子B推了推兔子A:"不要流口水,口水会冻住的。""嗯。亲,你的眼泪冻住了。""不要在意那些细节,距离发起攻击还有多长时间?"

待到攻击发起时,兔子B再去推兔子A,怎么也推不醒,刚刚还互相勉励的战友已成了没有生命气息的雪堆。这时,兔子B抹去自己的眼泪,带着哭腔告诉自己："不能哭，眼泪也会冻住的！"

这反映的是抗美援朝时的长津湖战役，这是一场在超出了人类生存极限的恶劣环境下、武器装备对比悬殊的战争，兔子们穿着单薄的服装，拿着简陋的武器，在极端的严寒中冲锋，兔子们的想法很简单：保卫种花家，振兴种花家。

我不知大家还记不记得《那兔》第一集里城楼上的兔子说的话："亲，准备好了吗？虽然现在是我们当家了，但是一定不要忘了当初的那个约定，用我们自己的双手，去创造一个吃得饱、穿得暖，不被人看不起的种花家！"兔子的宏愿实现了，如今中国的综合国力不断提升，我们的军队有信心击败一切来犯之敌。

《中国国防报》记者鲁文帝

提及《那年那兔那些事儿》这部动漫，我的思绪不禁飘到我的大学时代。我是一名大学生士兵，退役返校后第一次担任军训教官时发现，不少同学对我军的历史知之甚少，甚至混乱，更不用谈对国际局势的理解和认知了。

面对扑面而来的各种军事问题，我该如何一一详解？灵光一闪，我当即推荐了这部动漫，因为这是我看过最简单、最直白、最生动的一部爱国主义科普动漫，"兔子"值得推荐。没想到，第二天我便在军训队伍中看到了大家互称"兔子"的场景，教官们更是成了一群"兔子"的首领"大兔子"。

还有一件事让我终生难忘。在担任预备役班长期间，有一次训练，我提前出了阵地做最后准备，在高炮掩体里面的4名预备役战士，对着被晒成黑炭的我居然唱了起来："一条大河波浪宽，风吹稻花香两岸……"我开始感觉纳闷，皮都晒爆两次了，哪来这么清凉的意境？后来一想，原来是《那年那兔那些事儿》里面，上甘岭战役中，外面炮火连天，防空洞里坚强的兔子们一起歌唱《我的祖国》时的情景。

班里几名预备役战士萌生了对军营的向往，训练刚一结束，男兵马佳鹏参军入伍，女兵常鑫瑶更是主动申请去了最偏远最艰苦的藏南地区服役，一个预备役班走出了两名战士，不可否认有"兔子"的影响因素在里面。

武警安徽总队战士胡一帆

"第一名，易思义；第二名……"我满怀自信地竖着耳朵，却迟迟没听见指导员点我的名字。作为新兵连战友公认的理论学习骨干，本想通过第一次理论测试打响自己下连的"第一炮"，没想到结果却是枚"哑弹"。

每次心烦意乱的时候，我都会想起《那年那兔那些事儿》。当初迷上这部动漫，是因为我姥爷的故事。我姥爷是抗美援朝参战老兵，曾经在枪林弹雨中出生入死，如今仍有几块弹片残留在体内没取出来。与抗美援朝将士和姥爷他们相比，我的"英雄梦"还有多远？脑海中突然蹦出这个问题，顿时引起了我的深刻反思。

（原载于《中国国防报》2018年3月12日第4版）

第 26 计

家长里短

动漫卡通形象　在微博讲趣事

2020年，军事博主"左拆家"在微博一夜走红，顶着一个可爱的卡通猪头，通过分享在部队服役时的"趣事"，以幽默、诙谐和"唠嗑式"的视频风格赢得了广泛关注。在开通微博后不到24小时，"左拆家"的粉丝量就达到20万，仅23天就成为百万博主，视频累计播放量超过1亿次，其中第一条视频播放量高达1326万次，登上微博全站日榜第一名，随后发布的一系列视频的播放量也非常可观。透过这些数据，我们发现，"左拆家"获得的热度不是转瞬即逝的，已经成功将原创视频的热度转化沉淀为自己的私有流量。"左拆家"是谁？其视频为什么能够获得如此大的网络关注度？

爆款小档案

"唠嗑式"动漫形象

军事类自媒体"左拆家"

爆红时间：2020年7月20日"左拆家"发布《部队里的传说》短视频

微博认证信息为"微博原创视频博主"，是2020超级红人节年度新锐红人、微博2020十大影响力军事大V。

微博粉丝：214.6万

爆款炼成记

> **亲历者说**

非典型视频红人　为何在微博一夜成名？

23天粉丝破百万，别人求之不得，他却诚惶诚恐。因为一夜成名的故事里，怎么都没想到自己成了主角。

网红经济蓬勃发展，在"人气=收益"的公式逻辑下，无论是高颜值的小哥哥、小姐姐，还是拥有一技之长的民间牛人，都在想办法成为网红。2020年7月，一头萌萌的"猪"在微博上火了，23天收获百万粉丝。随着人气的火爆，其经营的淘宝店铺订单也在短期暴增1000%。

在遍布"吸睛"高颜值和"恶搞"搏出位的短视频赛道里，特立独行的"左拆家""顶着"一个可爱的卡通猪头，通过分享过去在部队服役时发生的"趣事"，以幽默、诙谐和"唠嗑式"的视频风格收割了无数粉丝。

QuestMobile的数据显示，截至2020年6月，高达8.52亿用户每月都会观看短视频，越来越同质化的视频内容极易引发用户的"审美疲劳"，类似"左拆家"这种看似小众领域内容创作者的出现正在让这个世界变得更有趣，行业的长久繁荣也需要多元化内容作为基础。

推出视频号计划后，微博计划孵化1万个百万粉丝视频号，重点聚焦垂直领域，也就是说将有更多的"左拆家"诞生，及时卡位短视频多元化新风口，这个"老牌"社交媒体正在焕发新春。

非典型视频红人

按照主流视频红人的标签衡量，"左拆家"是一个不折不扣的非典型案例。

"成名"之前的"左拆家"是一名淘宝店主，接触短视频也是工作需要，日常只是拍一些"服装穿搭"视频给店铺引流。2月底的时候，由于店铺生意不好，闲着无聊的他开始与粉丝分享部队生活，没想到这一开始就停不下来了。目前，《部队那些没什么人知道的事儿》系列视频已更新到70多期，贡献出了"粑粑山一日游""猪骑兵""扔手榴弹"等名场面。

没有团队，没有脚本，所讲的内容都是在部队里亲历的故事。真实感、接地气，将大众眼中颇具神秘感的部队生活，以一种"好玩"的视角呈现出来。

"左拆家"首条微博截图

最初,"左拆家"在抖音上更新着这些故事,因为频频被删,又在哔哩哔哩开了一个账号。在微博上的走红充满戏剧性,7月20日这天,微博上加V认证为"知名幽默搞笑达人"的"幽默蓝孩"将"左拆家"的一段早期视频分享到了微博,很快收获了几百万次播放量。

此时"左拆家"的作品在抖音和哔哩哔哩的播放量都较为稳定,有些老粉丝在看,但一直不温不火。当"幽默蓝孩"分享的"左拆家"视频在微博引发巨大关注后,微博抛来了橄榄枝,帮助"左拆家"迅速开通微博账号,那条在哔哩哔哩不温不火的视频,却在微博短时间内收获了千万级播放量,开博当天就登上微博热搜,火爆出圈。

"幽默蓝孩"的"无心之举",微博的"慧眼识珠",加上"左拆家"的"厚积薄发",23天粉丝破百万,远超过他在其他平台过去半年的粉丝数。更为重要的是,微博好友的分享机制,让他的每个视频都能收获很高的播放量。

不到一个月的时间,微博视频博主"左拆家"发布了44条原创视频,累计视频播放量9448万次。

"左拆家"丰富的经历和正确的三观是其视频内容素材的重要来源,"唠嗑式"风格带来的陪伴感,是许多粉丝喜欢他的重要原因。

短视频这种内容形态,融合了文字、语音和视频,可以更加直观、立体地传播内容。除各种滤镜下的"卖美"和各种"绞尽脑汁"的搞笑之外,短视频还能承载更多垂直题材内容的输出。

"左拆家"在微博上的走红,就是一个"非典型视频红人"出圈的案例,更多的垂直领域的视频创作者,在微博有没有同样的机会?在短视频下半场中,这些问题非常值得探究。

一夜爆红背后探因

部队生活故事是一种特殊题材,目标用户本身就是小众人群,在大多数短视频APP中很难火起来。机器算法"把控"着一切流量的分配,小众的视频内容如何争取流量是个大问题。

回看"左拆家"在微博的走红，似乎有些偶然，但偶然中也有必然。深入思索会发现，其在微博上快速找到自己的目标圈层，源于微博的三个利好因素。

1.兴趣社交基因。近些年，短视频增速迅猛，内容同质化问题也越发严重。没有一个好颜值，不想尽办法"搏出位"，似乎很难在纯短视频APP里"混"出来。快手、抖音等短视频平台现在就像一个"草根大综艺"，不搞笑、不唱歌、不秀就很少有人看。克劳锐发布的《2020上半年短视频内容发展盘点》报告显示，抖音、快手上娱乐消遣、搞笑/音乐类内容的KOL和粉丝占比最高，军事题材这样的冷门受众很少。

抖音、快手创作者生态：TOP-1000 KOL 高重合垂类及其粉丝量占比

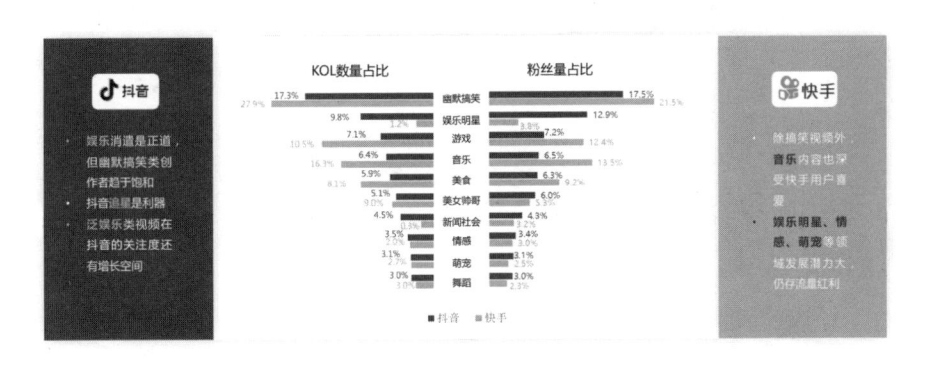

数据来源：《2020上半年短视频内容发展盘点》报告

相比之下，作为最早的全民舆论广场，微博用户结构更为多元，垂类内容深耕更为完善。几年前，伴随着用户规模的快速扩张，微博开始发力兴趣社交。目前已形成"广场社交+兴趣社交"的完整生态，既是全民热点、大事件的舆论场，也形成了以兴趣为纽带的不少"小"圈子。"左拆家"进入微博，很快就成为"军事榜"的上升新秀，数百万、数千万爱好军事内容的网民，通过分享、超话等方式，助推"左拆家"在短时间内快速吸粉。

2.广量用户。由于短视频流量的暴增，短视频APP的名气也水涨船高。但抛开这些光环，从用户数据上来看，微博仍然是领先大多数APP的社交媒体平台。其财报显示，截至2020年3月，微博的月活跃用户数达5.5亿，较上年同期净增8500万，其中移动MAU占整体MAU的94%；平均日活跃用户数为2.41亿，同比净增3800万。

3."视频号"计划红利。在"左拆家"入驻微博前，2020年7月10日微博发布了微博视频号计划，微博视频创作者全面升级为微博视频号，为此投入10亿精准广告投放资源以及300亿顶级曝光资源，并对外宣布要打造1万个百万粉视频号，扶植MCN机构，做到100家播放1亿，30家年收入1亿。

"左拆家"有强烈个人标识的内容和稳定的更新频率，契合平台新发布的"视频号"计划。在平台政策加持下，他不到一个月就爆火出圈。

"左拆家"在微博上看似偶然的爆红，背后是微博整个生态红利的一个释放。"左拆家"早期视频内容中提到最多的平台还是抖音，最近几期，"微博"出现频率更高。

如此看来，"左拆家"未来的运营已将微博作为主阵地。在互联网汪洋之中，类似的短视频创作者还有很多，"左拆家"的走红"出圈"能够批量复制吗？

"出圈"能否复制？

QuestMobile发布的《中国移动互联网2020年半年大报告》显示，短视频行业快速增长，其月活跃用户规模在6月已达到8.52亿。

行业高速发展的背后，短视频平台流量头部集中问题已经显现，后入局者越来越难出头。机器算法模式的传统短视频APP，平台端集中度高，拥有流量的最终分配权，意味着无论是创作端还是受众端，皆深受中心化的传播机制所影响。如今，快手、抖音等平台开始加强对垂类内容的扶持力度，最终的效果仍尚待观察。

辗转多家短视频平台，最终在微博上走红的"左拆家"无疑提振了大家的信心，对于拥有优质创作能力、长期深耕某一个垂直细分赛道的短视频玩家而言，微博或是他们实现"出圈"的优选。

从2013年秒拍诞生算起，8年中微博在短视频领域多次布局，从秒拍到小咖秀，再到直播产品一直播，微博一开始就是短视频行业的"旗手"。随着2020年7月微博视频号计划的推出，微博实现了对视频策略的再一次"重启"。

其实，不少大V在别的平台火后，也都会到微博开设账号，构建一个覆盖更广泛圈层的自我品牌。微博已是他们作为社交资产的基础设施，并不断在微博寻求更大范围的"出圈"机会。下一个十年里，短视频发展会依旧迅猛，融入人们的日常生活，需要更多接地气的内容和创作者。

"左拆家"是一个典型案例，微博未来会批量制造百万粉视频号。相信会有更多萌萌的卡通形象，成为许多网民生活中的陪伴。

"左拆家"的微博个人主页写着"一个走运的普通人"，浩瀚如海的互联网中，除了小姐姐、小哥哥，还有许多拥有有趣灵魂的普通人，属于他们的时代，或许已经开启了。

（原载于微信公众号"师天浩观察"，作者：师天浩）

延伸阅读

从"左拆家"的网络爆红谈讲好强军故事

按照主流视频红人的标签衡量，"左拆家"是一个不折不扣的非典型案例。成名之前的他是一名淘宝店主，由于生意不好，闲来无事就在抖音上分享部队生活，一直处于不温不火的状态。直到2020年7月20日，一条名为《部队里的传说》的短视频在被幽默搞笑博主转发后引发"病毒式"传播，随后"左拆家"在微博迅速开通账号，发布视频当天就登上热搜，火爆出圈。

打造个人化IP，满足受众好奇心

通过"左拆家"的讲述，以往在人们印象中庄严又神圣的军营忽然生活化起来。原来军人也会像个孩子一样幼稚，通过干杂活"出公差"的方法逃避站岗；原来他们站岗的时候真的会无聊，我们普通人每次路过哨兵时心中的疑惑终于得到了解答……

用幽默风趣的语言，绘声绘色地描述着趣味军旅生活，极大地满足了人们对于神秘职业的好奇心，这是"左拆家"迅速"出圈"的重要原因。没有团队，没有脚本，没有真人出镜，"左拆家"所讲述的内容都是亲历的军旅故事，通过接地气的讲述，将大众眼中神秘的军旅生活，以"好玩"的视角呈现出来，仿佛一下子拉近了距离，让大众看到了通过传统主流媒体看不到的一面，形成了社交媒体军事IP。

传递正能量，引发情感共鸣

互联网时代人人都有麦克风，人人都有话语权，人人都可以表达自己的观点。正能量内容积极向上，符合主流价值观，是人民群众喜闻乐见的，本身属性就决定它有广泛的受众群体。受众通过社交平台了解别人的生活，能从中获取积极向上的生活态度与正向的情感能量。在"左拆家"的叙述里，更多的是分享军旅生活的点点滴滴，与战友一起摸爬滚打的日日夜夜。打靶、挖掩体、紧急集合、冲坡、驻训、种菜、养猪、放羊、捞鱼、装修、补墙……他讲述的军旅生活既有苦也有乐，既单调又丰富多彩，这种真实性增强了视频的趣味，让受众看到了一个与以往报道不一样的"军人形象"，改变了部分社交媒体用户认为军队枯燥乏味、军人刻板无趣的固定印象。

"左拆家"视频中的讲述对象并非传统报道中的先进典型，他和战友们并不是"完美"的人，文化水平不高，自嘲"训练水平垫底得相当稳定"，但他们不怕吃苦，敢于担当，懂得感恩。在他的描述下，我们看到了一个个平凡人物的"不平凡"，塑造了吃苦奉献、勇于拼搏的军人形象，传递了积极乐观、努力不放弃的正能量精神，不仅符合主流价值观，也正向引导着受众，增强了传播的效果。

"左拆家"的视频语言幽默诙谐，构建接地气的环境与情境具有强感染力，容易让受众有代入感，尤其是对在部队生活过的受众来说，能够迅速拉满回忆，增强话题讨论度。而对于普通受众来说，这些真实人物身上的真实故事与普通人的经历发生重合的可能性较高，从而引发受众的情感共鸣。

借助公共议题舆论场，实现内容"破圈"

互联网社交媒体背景下，受众接收信息是动态连续的过程。受众不再是被动单向的信息接收者，而是升级为主动的信息搜索者、信息创作者、信息评论者、信息分享者。"左拆家"爆红的背后，"老牌"社交媒体微博的自身属性也发挥着不可忽视的作用：其平台众多粉丝带来的裂变式传播效应，成为天然的社会公共议题舆论场，也是"爆款"内容很好的破圈阵地。

近年来，随着新媒体技术快速发展，用户接收信息方式、传播渠道等都发生了深刻变化。在生产和传播实践中，短视频以其题材内容丰富多样和短小精悍的传播优势，极大地满足了人们泛娱乐、碎片化的阅读需求，也成为各类媒体竞争的重要手段。作为信息分享和交流平台，新媒体既注重信息传播的及时性和便捷性，也通过回复、评论、点赞和转发等方式搭建用户间与传播主体的互动平台。广受年轻人欢迎的微信、抖音、微博、哔哩哔哩等新媒体平台，兼具社交与媒体双重属性，内容形态融合了文字、语音和视频，可以更加直观、立体地传播内容。

"左拆家"的爆红，为我们如何在新媒体时代讲好强军故事提供了新思路：探索强军故事的社会化表达，推动传播方式趣味化、体验化和教育性，应当成为当下强军故事创作传播创新改变的主要方向之一。

讲好强军故事，既需要主流媒体的主旋律传播，也需要新媒体的接地气传播；既需要官方的"热点跟踪式"叙事，也需要个体的"垂直自发式"原创；既需要"高大上"的英雄人物，也需要可亲可敬的普通一兵。

涉军新媒体应积极适应社交媒体的传播规律和信息接收方式，转变自身角色，强化人格化特征，通过"网络语言+新媒体+社会热点"的运作方式，拉近军旅生活与社会大众的距离，让军旅生活变得更加可触可感。特别是伴随大众日益增长的话语平权渴求，涉军新媒体应更加关注受众视角，创新与粉丝的互动方式，多渠道、多维度、多方式地与受众进行更具精准性、话题性和互动性的传播。同时，更加注重发挥微博大V等意见领袖在信息传播上的"鲁棒效应"，持续强化互动，借势扩大宣传，进一步拓展交流空间和圈层，敏锐地回应大众对部队深度认知的诉求。

（作者：北京师范大学博士生　伊笑莹，国防科技大学硕士　杨阳、崔东浩）

第 27 计

创意海报

万里河山，有你皆安

　　通过设计类符号语言和简洁的文字，将信息直观地传达出去，巧妙地融入思想……海报这种有冲击力的传播形式，不仅有着鲜明的风格，更能用艺术的表达手法，完美地诠释出每一主题的独特意境。

　　简洁的话语，暖心的形象，一张海报透出更多的力量。

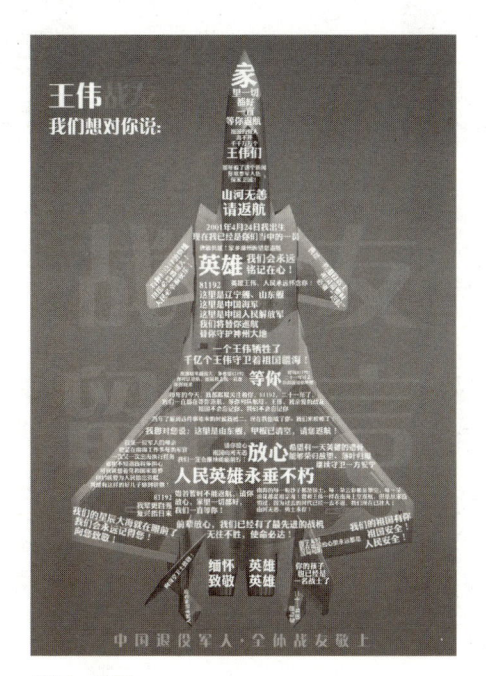

制图：杨轩

爆款 32 计
—— 现象级融媒传播案例背后的巧思

⊙ 爆款小档案

"万里河山，有你皆安"系列创意海报

2020年八一建军节前夕，为了向在加勒万河谷勇于斗争的卫国戍边英雄致敬，"金台点兵"工作室联合各军种宣传部门，推出一系列海报。

海报推出近一个月时间，全网阅读量近2000万。

技术制作： 人民日报媒体技术公司数据新闻与可视化实验室

"万里河山，有你皆安"系列创意海报

爆款炼成记

亲历者说

有创意的海报让人眼前一亮

创意，每一个都是灵光乍现，让人灵感爆发；文案，每一段都紧贴你的所思所见所想；设计，每一张都得绞尽脑汁去构思精巧画面……看似简单、实则独具创意的海报设计总会让人眼前一亮、印象深刻，有时候胜过千言万语。

（一）

2020年，历经用H5、短视频的方式成功推进国防教育宣传的"金台点兵"工作室，一直在琢磨如何突破，推出全新的融媒体产品。当年6月，加勒万河谷冲突给我们留下很深的印象，也引起共情。因为各种因素，不能进行过多的宣传，那么，简洁有力的传递态度成为我们宣传策划的方向。那时金台小兵形象已经确立，我们决定通过金台小兵三维形象，配上简洁有力的文字，制作一系列海报，在八一建军节前夕推出，向卫国戍边的英雄们致敬。从形象设计到文案确定，我们反复推敲每个军种的表述，请各军种宣传部门审核。"万里河山，有你皆安"就是受"大好河山，寸土不让"的标语启发而来。海报上线后，得到军内外一致好评，很多网民在朋友圈展示分享。据统计，包括下载在内的全网访问量近2000万次。

（二）

2020年八一建军节之际，结合防汛中军人的勇往直前，策划"陪你乘风破浪"系列海报，金台小兵置身防汛一线，让他作为我们的代表，带着大家想与子弟兵并肩奋战的心意，挑担子、钉木桩、扛沙包……跟战士们一起抗洪，系列海报在人民日报微博、人民网微博等平台发布后，阅读量超过1000万次。

这组海报的创作难点在于找到合适的照片，金台小兵要跟照片里的场景、人员相匹配，这并不是一件容易的事，金台小兵的这一系列表情和动作，都需要根据照片的场景单独设计和匹配嵌入。我们大概找了近百张照片，从中选出这8张，可以看到每一张都要有留白，要有金台小兵能够发挥的空间，比如钉木桩这张，需要在不改变原照片的基础上找木桩足够长的照片，让金台小兵有空间去扶木桩；再比如，推小车这张，需要照片尽量空旷，才能保证金台小兵能在后面帮忙推车……每一张都是团队认真设计的心血之作。

"陪你乘风破浪"系列创意海报

（三）

除了在重要的时间节点单独策划系列海报，为了日常增加曝光量，增强记忆点，与受众建立联系，我们也会做很多日常海报，比如春节、元宵节、端午节等节气海报，金台小兵总会以各种各样的姿态、口吻、形象出现在大众视野中。

再比如，创意海报《画里有话》栏目关注热点事件、聚焦社会现象，主打一句话评论，以创意海报的形式及时发声，呈现人民日报评论的观点。栏目推出20张海报，广受网民好评。仅"#人民日报评代拍乱象#"话题，阅读量就超过1.1亿次。

还有《微缩记忆》栏目，以微缩景观的视角切入，从不同的角度展现流动的中国。"一个流动的中国，充满了繁荣发展的活力。"该系列海报被众多网民点赞。

（作者："金台点兵"工作室）

金台小兵创意海报

中华人民共和国成立70周年，金台小兵穿56个民族服装表白祖国的海报（"金台点兵"工作室）

延伸阅读

实现"共情"，让新闻更有力量

移动互联网时代，主流媒体要想在错综复杂的媒体格局中赢得话语权，争得一席之地，必须及时跟上网络发展的步伐，从而走在媒体发展的前端。新闻海报作为一种创新性可视化表达方式，得到了广泛认可，越来越多的主流媒体开始在新闻海报领域排兵布阵，纷纷组建工作室、运营专班等。

美国社会心理学家巴特森认为，共情能搭建起自己同他人之间的情感体验以及与他人幸福感的普遍联系。近年来，"共情"成为欧美新闻实践中日益受到关注的话题，也对中国新闻实践产生了重要影响。主流媒体在新闻海报领域的探索方面，应当继续秉持"共情"原则，运用新闻海报，坚持正确价值导向，守牢舆论主阵地。

俗话说，酒香不怕巷子深，但是在互联网逻辑思维下，酒香也怕巷子深。即使再优秀的新闻海报，没有优质的渠道资源，还是无法实现有效精准传播。作为主流媒体，不能仅仅守着自己的一亩三分地埋头耕耘，更要学会借势，借助流量平台资源进行二次分发，达到立体式传播效果，使受众得以通过多种渠道看到海报，吸引受众自觉转发，形成N次传播效应。

一图胜千言。新闻海报在浓缩与升华、虚拟与现实之间提升了新闻的可视化表达与审美情趣，从而让传播变得更有生命力和趣味性。基于诸多媒体开始组建新闻海报专业团队的形势下，打造专属的新闻海报IP品牌将成为媒体之间新一轮博弈的重要切入点。

新闻海报在要求真实、准确、及时的同时，文案是否惊艳巧妙地契合主题，让人感到既在"情理之中"，又在"意料之外"，决定了能否达到"爆款"效果。制造"爆款"离不开流量加持，除去顶流平台账号本身自带的影响力，更离不开受众的二次传播产生的裂变式效应。

那么怎样才能吸引受众转发？其中很重要的一个策略，就是让新闻海报的态度成为受众的态度。什么是受众的态度？在社交媒体时代，比起面对面、点对点的倾诉，受众更愿意在微博、朋友圈发表自己的观点、立场、心情。当新闻海报的文案正中受众下怀，他们自然乐于传播。2021年8月，人民日报推出系列海报合集《隔空致敬！这就是中国体育的传承！》，以首位代表中国参加奥运会的运动员刘长春、首位闯进奥运百米决赛的中国人苏炳添的对比照，彰显勇往直前的中国体育精神；以中国奥运首金获得者许海峰、本届奥运首金获得者杨倩的对比照，表达"首金的荣耀"等多组对比照海报，展现无论时空如何改变，不变的是中国健儿在体育竞技场奋力拼搏的奥运精神，激励每一个中国人紧随奋进的脚步，不停歇、不止步、勇向前，阅读量轻松突破10万次。

古往今来的文化知识积累和信息传播，从来都离不开内容与形式的相辅相成。对新闻媒体来说，内容建设是根本，先进技术又是媒体创新发展的引擎。随着各种新兴技术的推广应用，新闻海报也从单一的平面设计，逐渐发展出手绘、有声、九宫格、动态、SVG（可缩放矢量图形）动效等多种形式。SVG海报也是近两年研发出来的新闻海报新形式，由于技术要求相对较高，与平面海报相比，属于重制作产品，更多应用于相对宏大的主题。

（作者：人民日报社　朱虹）

第 28 计

亦虚亦实

丰富表情包，惟妙惟肖传播

在最开始的社交上，人们往往会在心情好的时候，在纸上画个笑脸，表达自己内心的开心和愉悦。作为一个可将人的感受变得更加形象化和可视化的载体，尤其是随着智能手机和移动互联网的发展，表情包正在改变人们的交流习惯，一方面拉近了人与人之间的心理距离，另一方面使人与人之间的沟通变得更加随心。而表情包也就是在这个时候开始迎来春天，各种各样的元素再加上各种应景的段子和故事都被用来制作表情。

表情包具有一定的拓展性，可辅助使用者叙事；还具有很强的互动性，可激发话题等。这种别具一格的聊天方式深得现代人的喜爱。不得不说，表情包已经渐渐成为现代人网络社交的一部分。

爆款小档案

"金台小兵"表情包IP

创作策划： "金台点兵"工作室
技术制作： 人民日报媒体技术公司数据新闻与可视化实验室
上线时间： 2019年10月

"号号"表情包IP

创作策划： 中国退役军人
技术制作： 快手科技
上线时间： 2023年1月21日

爆款炼成记

亲历者说

让"表情"更丰富

表情包是一种产生于社交网络的网络文化。表情包是符号与图像等多种元素的组合，大部分为图片或者GIF动图，大多包含文字或符号。随着互联网时代的到来，数字化信息交流扩大，网络社交发展出一个新天地。人们更加想在社交上表露个人情感，随之而来的是附有个人情感的表情符号开始慢慢出现。

与此同时，IP的粉丝经济越来越火。IP是Intellectual Property的英文缩写，直译为"知识产权"，指权利人对其智力劳动创作的成果和经营活动中的标记、信誉所依法享有的专有权利。IP的五个基本要素呈现出一种由内而外、层层嵌套的"洋葱型结构",依次分别为价值观(Values)、形象(Image)、故事(Story)、多元演绎(Adaptation)与商业变现(Commercialization)。IP的形式可以多种多样,既可以是一个完整的故事,也可以是一个概念、一个形象,甚至一句话;IP可以应用于多个领域,音乐、戏剧、电影、电视、动漫、游戏……但不管形式如何,一个具备市场价值的IP必须是拥有一定知名度、有潜在变现能力的东西。

于是,我们将已有的IP与表情包结合,尝试以一种新的形式推广我们的融媒体产品。

(一)

在我们的设想中,金台小兵是一个成长型IP,比如在推出系列表情包的时候,描述是"去年还是个不想让爸爸走的黏人精,今年已经学会模拟敬礼、吹哨、投弹、回旋踢了,不信你看这组表情包"。这组表情包是日常用语和军人动作的结合体。比如,敬礼的动作,搭配的文案是"收到/敬礼";吹哨的动作,搭配的文案是"紧急集合啦"……我们希望打造一个一个又萌又有记忆点的形象,建立与受众的联系。我们紧跟时事,创作了金台小兵二维版的普通话版表情包和武汉话、广东话、四川话等不同方言版表情包。

感觉好点吗	 给自己加油	请您戴好口罩	 要听医生的话
你非常棒	 您恢复得很好	 要多喝水	祝您康复

普通话版本

四川话版本

（二）

我们知道，IP的实质是基于互联网与移动互联网的多领域共生，打造知名IP的粉丝经济，其核心可以是一个故事、一个角色或者其他任何被用户喜爱的事物，创作要点在于视觉符号一致。结合"中国退役军人"IP的具体内涵，我们延伸出一个全新形象——号号。

"我是一把军号，我很萌，也很猛！"人如其名，号号根据"中国退役军人"标志军号变形而来，于2023年1月21日上线。

IP采用圆乎乎、软萌萌、"卡通化"的设计风格，为一把小军号戴上红围巾、背上绿水壶、穿上作战靴，象征数字信息时代下的"中国退役军人"新媒体矩阵的声音和力量，既保留标志的形象，又兼具IP可爱动感的创意理念。

号号

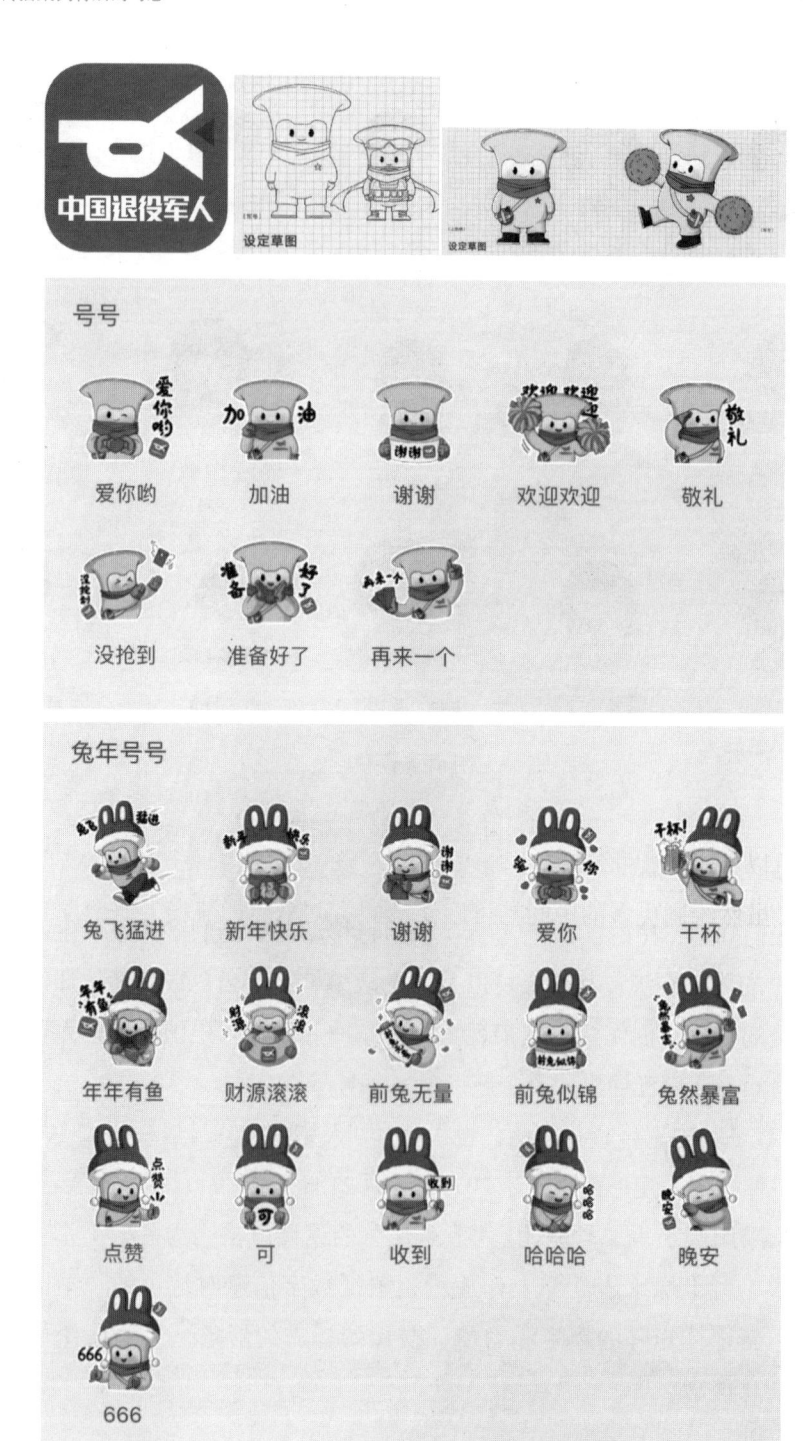

| 爱你哟 | 加油 | 谢谢 | 欢迎欢迎 | 敬礼 |

| 没抢到 | 准备好了 | 再来一个 |

兔年号号

| 兔飞猛进 | 新年快乐 | 谢谢 | 爱你 | 干杯 |

| 年年有鱼 | 财源滚滚 | 前兔无量 | 前兔似锦 | 兔然暴富 |

| 点赞 | 可 | 收到 | 哈哈哈 | 晚安 |

666

（三）

相关技术公司负责人介绍了表情包的制作过程：

1.二维表情包基于二维动画，常用的动画软件都可以制作。我们使用的软件叫TVPaint Animation，是一款法国开发的2D动画软件，后期会用到AE，最后用PS输出GIF。

2.动画制作上就是传统的动画制作流程，首先是定好帧率，手绘动画多数采用1秒24帧，在绘制动画的时候可以用1拍2或1拍3的方式绘制。拍2就是相同帧拍摄2张，也就是1秒需要总体绘制12张不同的图；拍3则是相同帧拍摄3张，1秒绘制8张不同的图。绘制多少张图是由画面内容及节奏决定的，并非画得越多越好。

3.绘制的第一步是动画草图，也就是动画设计阶段，先画出动作的关键姿势，不需要画得很细，重点是搭好动画大节奏的框架。

确定好动画节奏就可以进行第二步，专业术语叫"中割"，就是在两个关键姿势之间再绘制一张动画帧，这一步的绘制同样是草图即可。添加中间帧要解决的就是让动画看起来更流畅，绘制过程中会随时改动及调整，所以不必画得很细致。中割的原则实际上回到了最初的1拍2、1拍3原则。虽然绘制更多的中间帧可以使动画看起来更加流畅，但也没有必要做到每帧都是不同的画面。

第三步是描线，在草图的基础上新建图层进行细致的描线。

第四步是上色，同样是新建图层，将每幅画面进行上色，可以将颜色分为固有色、暗部色、亮部色三个色阶。完成上色阶段，动画的绘制工作就完成了。接下来就是将动画输出，进行后期处理。

第五步是后期，后期的主要工作是将绘制好的动画再做修饰，例如做"打光"、颜色处理，添加文字，表情包要求对图形做3个像素的白色描边也是在后期这一步完成的。

第六步是输出GIF，后期软件AE是不能直接输出GIF的，所以在后期处理完成后一般将动画输出PNG序列，再导入PS，最终输出GIF动画。

步骤图如下：

（作者："金台点兵"工作室　中国退役军人）

第 29 计

文学气派

诗词歌赋　亦可文章

辞赋、时代、纪实、西部军人……看似不搭界的词，在这里组合成曼妙的协奏曲。

辞赋作品由新媒体矩阵推送，能产生什么样的回响？"西陆强军号"融媒体中心是包括微信公众号、微博、抖音、快手等十余个平台账号在内，粉丝逾千万的军事融媒体矩阵。与广大网民携手走过这几年，属于矩阵的特色名片不在少数，其中辞赋作品无疑是最特殊的门类之一。这些作品植根于峰岳耸峙、江河纵横的苍茫西部，凝聚着西部军人的家国情怀，彰显着他们吃苦不言苦、知难不畏难的昂扬风貌。

且来尝试解读"辞赋"与"融媒体"如何相得益彰。

扫码阅读《西陆强军号赋》

🅖 爆款小档案

"西陆强军号"融媒体矩阵推出的辞赋作品，大致可分为"为纪念而作""为激励而作""为纪实而作"三类，均由"西陆强军号"总编辑孙利波创作。这些作品先经过配音、配乐、视频剪辑等针对性编辑加工，再经过广大网民"二次传播"，形成"裂变"效应，既成为名副其实的破圈之作，又为辞赋赋予了全新的、硬核又浪漫的含义。

🅖 爆款炼成记

> **亲历者说**

辞赋文化的融媒体传播

"辞赋"以其深远的文化影响和蕴含的中华民族的道德理想与审美旨趣，在陶冶情操、培育人格等诸方面有着不可或缺的作用。时代在发展，观念意识在同步迭代更新，"辞赋"这一传统文学形式经过当代意识产物包装，既能记录当下大事也能浓缩百年历史，既能抒发爱国豪情也能描写强军之志，高度凝练却又意韵深远，寥寥千字却"言有尽而意无穷"。

根据创作目的不同，本文选取的辞赋作品大致可分为"为纪念而作""为激励而作""为纪实而作"三类，先经过配音、配乐、视频剪辑等针对性编辑加工，再经过广大网民"二次传播"，形成"裂变"效应，既成为名副其实的破圈之作，又为辞赋赋予了全新的、硬核又浪漫的含义。

为纪念而作

作为行走在时代前沿的新媒体，"西陆强军号"始终牢记使命担当。每当党和国家发生大事要事，"西陆强军号"都及时推出代表性的辞赋作品，形成了区别于其他媒体的独特传播现象，既在重大历史节点上留下属于自己独特的一笔，也创造了特有的文化名片。

在抗美援朝胜利70周年纪念日，矩阵推送了《抗美援朝赋》，于这一重要历史节点回望70年前那场立国之战，以此缅怀英烈忠魂，祈愿世界和平。

文中谈到，当时我国百业待兴，却遇列强在我身旁肆意妄为。毛主席高瞻远瞩，决定以正义之师夺取共和首战的胜利。全国上下勠力同心，百万将士豪气冲天。然而，难以预料的困难接踵而至，地形陌生，军力悬殊，粮草短缺，天寒地冻，可即便如此，我军的士气未能褪去半分，毅然打破美军不败神话，摧其气焰，表明我泱泱大国不可侵犯。

抖音扫码欣赏
完整视频

微信扫码阅读
《抗美援朝赋》

回顾为了胜利牺牲的英雄们，无不是冲锋之姿，无不是顶天立地的豪杰，他们理应永远被铭记。再看当下的中国，爱好和平，善邻睦邦，不惧列强，以一个负责任的形象屹立于世界东方。

文章既有事实陈述、也有传情达意，既有对逝者的怀念、也有对当下的祈盼，配合生动的朗诵、珍贵的史料图，将这段往事如画卷般徐徐展开，让读者的心灵深处都能感受到这份浓浓的爱国情。

在庆祝中华人民共和国成立70周年当天，作者一边观看阅兵盛典，一边书写目之所见、心之所感。大阅兵结束，一篇《大阅兵赋》也随之书就。

《大阅兵赋》生动再现了阅兵全貌，展现了人民军队的威武雄风，表达了中国坚决捍卫世界和平、维护国家主权和领土完整的坚定信念。

抖音扫码欣赏完整视频

微信扫码阅读《大阅兵赋》

十月高秋，金水河畔，三军列阵接受统帅检阅，万众云集抒发赤子之情。文章以阅兵仪式壮观场景开始，展现人民军队建设发展成就。文中谈到，回顾曾经举步维艰，历经风雨，终有当下成就，更有对未来的展望。发展过程中，人民军队如卫国铁拳，护佑百姓安康，守卫国家安定。在新时代下，人民军队初心不改，信念如磐，正朝着强军目标不断前行。

伴随着《钢铁洪流进行曲》，文章词句缓缓流淌，浓缩着70年的风雨，饱含着拳拳爱国情强军志，既是在新中国成立70年这一时间节点的顺时之作，也和每名读者、每位战友共同感受大国强军之下每个人的义不容辞，鼓舞着你我道阻且长，排除千难奋勇向前。

在庆祝中国共产党成立100周年之际，矩阵推送了《大党百诞赋》，同样将百年征程展现在读者面前，经坎坷创大道，历风雨信念坚。我们历经苦难与辉煌，永远追寻光荣与梦想。

文中谈到，中国共产党在黑暗中诞生、在苦难中成长、在挫折中奋起、在奋斗中壮大，从一个只有50多名党员的组织，发展成为世界上最大的马克思主义执政党，让山河破碎的中国走向强盛，让备受屈辱的民族走近世界舞台中央。风雨沧桑，中国共产党为使命而生、循初心而行，引领中华民族走出一条迈向伟大复兴的人间正道；中国共产党高举真理旗帜、勇于求索创新，不断开辟马克思主义中国化时代化新境界；中国共产党始终以人民为中心，始终与人民血脉相连，凝聚起共创伟业的磅礴力量；中国共产党历经艰难险阻、百折不挠，在信仰旗帜下，挺起如钢似铁的精神脊梁。

抖音扫码欣赏完整视频

微信扫码阅读《大党百诞赋》

"公天下者无疆，为人民者万岁。"《大党百诞赋》横跨百年，让读者切身体会到中国共产党的历史担当和永恒追求。

为激励而作

扫码阅读《改革强军赋》

真正抵达内心的力量定能给予人前行的动力。"西陆强军号"推送的部分辞赋作品除纪念、纪实之外，更多的是给予读者内驱动力，在回望过去、立足当下的基础上，向着未来的目标继续整装待发，迈步前行。

2022年5月1日，是"西陆强军号"融媒体创办五周年纪念日。"西陆强军号"总编辑孙利波创作了《西陆强军号赋》，以此回顾五年来"西陆强军号"的发展历程。文中谈到，五年间，"西陆强军号"坚持走进基层一线，为官兵发声，记录改革之路，见证强军征程；始终坚守在军营这片热土，致力于惠及亿万读者，脚踏实地，以内容为王，勾勒与官兵同频的心声。

文章像是一面旗帜，标志着已走过五年风雨，也激励着矩阵向着下一个目标重新启程。回顾是为了找到经验与不足，在过往的经历中汲取精神动力，激励每个人在未来的道路中走得更远。

为纪实而作

好的作品，能够熔铸一段历史，传承一脉精神，展现一种风貌，激励一代官兵。

每一支部队，从创建至今都有一段不平凡的历史，都为民族解放、祖国建设立过熠熠功勋，都创造了代代传承、弥足珍贵的红色基因。"西陆强军号"总编辑孙利波在挖掘一支支部队红色基因的过程中，积极参与基层部队的文化建设，创作的许多辞赋作品都被勒石刻碑，既成为部队营区的亮丽风景，也成为一座记录历史的永恒载体。

2022年是西部战区陆军某旅"巾帼建功模范连"建连70周年，军地媒体先后对该连先进事迹进行了持续宣传报道。

其间，"西陆强军号"推送了《巾帼建功模范连赋》，文章像一条线，将70年间不同大事串联在一起，又像一幅图景，将一茬茬连队前赴后继的足迹展现出来，背后更融有战友间携手并进的感人故事。文章发布后，全连官兵争相背诵，对于连队官兵来讲，文章既让她们从中感怀先辈勠力付出，也激励她们接续向前。

抖音扫码欣赏完整视频

微信扫码阅读《巾帼建功模范连赋》

在享誉全军的"雪枫旅"军史馆前厅，一座镌刻着《雪枫旅赋》的大理石碑，被静静安放在这支部队的创始人、抗日名将彭雪枫将军的塑像前。文章用240个字，回顾了这支部队的历史，礼赞了这支部队的功勋，寄愿了这支部队的未来。

扫码阅读《雪枫旅赋》

在"雪枫旅"，每当新兵入伍、新干部入营，首先是参观军史馆，学习并背诵《雪枫旅赋》。每当社会各界来"雪枫旅"参观，《雪枫旅赋》的大理石碑刻和书法作品都是主要景点。《雪枫旅赋》已成为这支部队历史文化的一部分。

"辞赋"与融媒体如何相得益彰

在当下的传播环境，融媒体已成为辞赋作品传播的重要平台，二者相辅相成，前者借助后者的深远意蕴和顺势顺时之特点，拓宽内容渠道；后者借助前者平台广泛、形式多样的包装，可极大提升宣传质效。

具体来看，一是要有仪式感。在上文论述的"纪念""激励""纪实"三个方面中，共同点是以重大事件或客体为依托，在应当宣传的时机做好推送，形成宣传势头，在读者间凝成宣传共识。例如，《西陆强军号赋》在创号五周年之际推送，尽可能让更多的网民透过此文章了解平台的过往，关注平台的发展，形成平台与粉丝携手向前的良好局面。

二是创造多元成果。融媒体平台在传播快、范围广的基础上，还有"二次传播"的优势。辞赋作品的宣传也是如此，除了作品本身，音频、视频都是直观的衍生作品，将辞赋二度推向宣传高潮。例如，当年由彭雪枫将军创建的拂晓剧团，去年不远千里从上海来到"雪枫旅"。27名两鬓斑白的老兵走上舞台，激情朗诵《雪枫旅赋》，让全旅官兵深受震撼和鼓舞。

当下，融媒体代表的新时代产物已经和辞赋代表的传统文学形式形成共融共生的良好局面，传统内容在新的包装下更具时代特点，新的形式中同样包含深刻的意蕴。

（作者：解澄澄、李珊）

第 30 计

以梦为马

关山冷月　夜读哨所

随着融媒体时代到来，军队各级纷纷在微信公众号平台开设账号，夜读栏目也随之兴起。

当前，受众对新闻传播需求日益多元化，受众需求地位越来越凸显，军队新媒体夜读栏目也要推陈出新，紧跟时代，才能抓住受众的眼球。

听众主动转发并回忆军旅，既成为夜读节目的受众，也成为夜读节目的二次创作者，听众形成正能量舆论，在社交领域广泛传播，使之成为一堂不断衍生、裂变的，润物细无声的思想政治教育课。

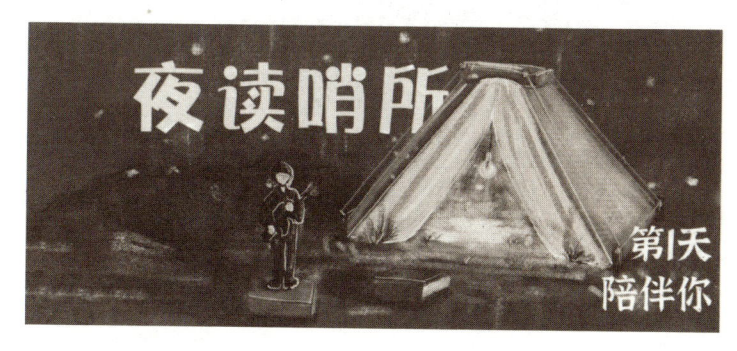

扫码观看《夜读哨所》栏目

爆款小档案

微信公众号"西陆强军号"的"关山月"夜读栏目，于2019年4月21日正式上线。植根于西部厚重的军旅文化，浸润着铁血忠勇的边塞风骨，"关山月"讲述着西部军人的动情故事，通过优美的文字、悠扬的旋律，陪伴读者度过每一个夜晚。

《夜读哨所》是退役军人事务部宣传中心于微信公众号"中国退役军人"推出的互动类音频节目，是一档针对退役军人开设的音频互动类网络节目。主播朗读现役军人、退役军人"哨所来信"，辅以场景化军旅音乐及声音效果，引发受众共情，让听众享受沉浸式的情感体验。其中《战友，你是在部队入党的吗？》这一期，推出于中国共产党成立100周年之际，由主播朗读"全国模范退役军人""贵州省最美退役军人"王焱刚从军校到部队、从部队到地方、老兵永远跟党走的故事，由网民接力评论、转发，通过互动形成二次创作裂变内容，形成了一期具有典型性、代表性的服务现役军人、退役军人及其他优抚对象、退役军人工作者的互动类音频节目。

爆款炼成记

亲历者说

夜读栏目的实践与思考

本文以微信公众号"西陆强军号"的"关山月"夜读栏目为例，从栏目特点、传播策略、发展建议三个方面讲述"关山月"夜读的运营实践和对未来的思考。

一、栏目特点

2019年4月21日,"关山月"夜读栏目正式上线。植根于西部厚重的军旅文化,浸润着铁血忠勇的边塞风骨,"关山月"讲述着西部军人的动情故事,通过优美的文字、悠扬的旋律,陪伴读者度过每一个夜晚。

(一)故事内容

"关山月"夜读的故事内容以西部军营的官兵为主角,讲述的是他们的军旅生活。其中,既包括官兵的个人成长故事,也有他们背后家庭的故事,这些故事就是官兵生活的真实写照,因此更能打动读者。总结起来,有以下三个特点:

一是吸引人。"关山月"第1916期稿件《火箭军中尉娶了西陆中士》,点击量"19万+",成为阅读量最高的稿件。标题言简意赅,介绍两名不同军种的军人之间擦出的爱情火花,激发读者阅读兴趣。全文讲述了两名军人相隔两地,因为执行任务时常失约,却始终相互理解、彼此支持的故事。读者大多是军人或军属,都经历过军恋的不易,更能对此类文章产生共鸣。因此,文章取得了良好的效果。

扫码阅读《火箭军中尉娶了西陆中士》

二是感动人。"关山月"第1754期稿件《玉树地震救援战士,如今已是一级上士》,写在玉树地震12周年之时。已是一级上士的刘志强,在12年前参与了地震救援,难忘的记忆在此刻翻涌,解放军拼尽全力救人的故事也感动了很多读者。

扫码阅读《玉树地震救援战士，如今已是一级上士》

三是传递抵达人心的力量。"关山月"第1963期稿件《在缺氧的边关，我读懂了呼吸的意义》，是作者在高原执行任务期间的感悟，讲述了边防军人一呼一吸间蕴含的深意。呼吸是每个人片刻不可缺的生命需求，当呼吸都裹挟着痛感，人类生命最基本的需求面临考验时，这份感受一定会激荡每一位读者的心。一位读者在留言中写道："呼吸，一个对于普通人习以为常的词，对于身处'生命禁区'的战士却成为一个极为奢侈的词。在缺氧的边关，留下了很多年轻战士的生命，留下了很多年轻战士的血汗。国家无战事，军人有牺牲，希望大家能够好好珍惜这来之不易的和平！"这就是好故事带给人的思考与力量。

扫码阅读《在缺氧的边关，我读懂了呼吸的意义》

（二）主要亮点

一是精心编辑音频。"关山月"的主播众多，编辑会根据不同的故事类型选择合适的主播诵读，把导语"明月出关山，苍茫云海间"和尾语

"用美丽的文字和声音，传递抵达人心的力量"作为主播录音的开头和结尾，打造"关山月"品牌。在主播录音结束后，音频会融入与文章呼应的歌曲，给读者留下更多的遐想空间，起到安抚情绪、荡涤心灵的作用。

二是用心编排内容。精心设置栏头，每一张图片都融合了"关山月"栏目的标志性图片和文章的主体图片，既突出整体感，又体现个体的特点。内容分为导语、正文、尾语三个部分，文章导语会用单独的边框装饰，开头以红色字体标注；正文部分的背景颜色与导语边框颜色一致，在不同的段落插入图片区分意群；尾语则用分隔符隔开，提升导引效果。整体排版设计美观大方，给读者以较好的视觉感受。

二、传播策略

（一）坚持内容为王，讲出好故事

大众媒介肩负着环境监测的重任，是受众认识世界的窗口。人们通过大众媒介掌握周围环境的变化，认识世界，指导生活。不论时代如何变迁、新媒体如何发展，只有将"内容为王"作为第一信条，才能经受住时代的淘洗，始终立于不败之地。在信息迅速更新迭代的"微时代"，坚持"内容为王"，不断满足受众的信息需求仍是所有媒介活动的第一要义。

英国作家毛姆说，不讲故事，如同"扔掉了人性中最为渴望的东西——听故事的渴望可以说和人类一样古老"。作为夜读栏目，讲述军队好故事，让读者从故事中收获抵达人心的力量，就是坚持"内容为王"。

如何讲述好故事？一是框架上，注意构建大格局与微内容。大格局是恒久的行为价值，对于军事新媒体而言，要弘扬强军主旋律，释放积极正能量，但不能在表达上像评论那样直抒胸臆，更不能像上政治课那样直截了当；而是要专注在微内容中，通过角度选择、结果设置、情节发展等，将主题含而不露、娓娓道来，达到润物细无声的目的。"关山月"第1833期稿件《陈红军送他上军校，毕业后又回高原》，讲述了士兵魏旭凯考学成功，毕业后以排长身份再次回到高原的故事。全文没有主观色彩，只将故事娓娓道来，却让读者从中读出了军人的赤诚信仰与牺牲奉献，在故事中巧妙融入了作者想要传递的价值导向。

扫码阅读《陈红军送他上军校，毕业后又回高原》

二是人物选择上，注意突出角色的人格化与命运感。角色人格化，就是让人成为故事的主角。稿件要见人，其中含义非常丰富，有一个重要方面就是要见人情，以人情叩击读者心弦。角色命运感，就是故事人物的情节化，展现的是对人物命运的关怀。"关山月"第1557期稿件《兵王即将退役，儿子考上军校》，讲述了一家三代从军的故事，服役期满30年的"兵王"，其父亲就是退伍军人，如今自己即将退役，又收到了儿子考上军校的录取通知书。一家三代的命运紧紧相连，故事情节动人饱满，让读者感受到梦想传承的力量。

扫码阅读《兵王即将退役，儿子考上军校》

三是语境上，注意营造与还原。语境优先于话语，它是话语的"容器"。营造语境离不开细节描写，用细节传情，通过细节反映人物的性格特征和情感变化，反映生活的"原生态"，更能激发读者的情感共鸣。"关山月"第1324期稿件《杨司令和她的"大兵小将"》，讲述了某旅人力资源科杨干事每天带车接送军娃，在路上发生的温暖故事。文章这样描述军属和军娃："这时候'大兵小将'陆陆续续从各个单元门里冒头，一个牵着一个，小步子跟不上大步子，大步子扯着小步子。""上了车，暖气舒筋骨，'大兵'怀里的'小将'慢慢蠕动，扒开口罩围巾露出一张张白里透红的小脸。"这些描写将读者很快带入军娃上学的场景中，"冒头""蠕动"等动词刻画出人物特征，将军娃的可爱和古灵精怪展现得淋漓尽致。

扫码阅读《杨司令和她的"大兵小将"》

讲述好故事最终目的是实现价值同构，和读者之间形成价值认同。"关山月"第1496期稿件《士兵郭豪牺牲三周年，北京中学生为他发来祭文》，许多读者读完潸然泪下。有读者留言："今后，我决心用余生致力于烈士家人的探访慰问行动。因为有他们，我才能健康幸福地活着。"这就是彼此形成的价值认同。我们发出此文，是为了让大家怀念可爱可敬的郭豪烈士，这份情感不因时光之河而稀释，不因岁月流逝而远去。读者读到此文，把心中的感动与敬意转化为慰问烈士家人的实际行动，一个好故事的意义就在于此。

扫码阅读《士兵郭豪牺牲三周年，北京中学生为他发来祭文》

（二）秉持创作初心，传递正能量

"关山月"作为夜读栏目，讲述的更多是西部军人、边防军人的故事。2018年7月30日，西部战区陆军某旅战士郭豪在高原演习中心搏骤停不幸牺牲，年仅19岁。2020年6月29日，西部战区陆军某旅原火力科科长倾志明倒在了海拔4500米的青藏高原。每一年的这两天，"关山月"都会发出纪念文章，怀念我们亲爱的战友，也借此致敬驻守在西部大地、可爱更可敬的士兵。每一年，读者都会在纪念文章后留言，深情悼念他们，并从中汲取新的力量。

扫码阅读《清明，悼郭豪》

> **又有一位战友，倒在了离天最近的地方**
> 又有一位战友，倒在了离天最近的地方作者：孙利波 主播：木易今天是公元202...
> 2020-6-29 阅读10万+
>
> **那个牺牲在高原的少校，今天举行葬礼**
> 倾志明生前所在的某旅代表、曾任职的原青海省军区独立团战友代表分别宣读了...
> 2020-7-10 阅读7.6万
>
> **今天，倾志明离开我们一周年**
> 倾志明离开我们一周年作者：孙利波 主播：朱 勇一场急雨在晚饭后不期而至，...
> 2021-6-29 阅读2.1万
>
> **夏至，写给雪域的祭文**
> 了解倾志明的故事，始于他的葬礼。慕名赶到陵园的我并不在计划的名单内，事...
> 2022-6-28 阅读1.7万
>
> **三年祭，我们永远铭记**
> 西部战区陆军某旅少校军官倾志明倒在了高原训练场上。倾志明牺牲后，西陆强...
> 2个月前 阅读1.2万

这样的"仪式感"，在"关山月"还有很多。当在这里工作过的主播、编辑奔赴新的工作岗位时，离别之际，"西陆强军号"主编会写下告别文章，以独有的方式为战友送行。这里也成为大家的"情感驿站"，传递着温情与感动。

"关山月"作为夜读栏目，是基于新闻创作的文化情感栏目。"明月出关山，苍茫云海间"，如同它的名字一样，是一种美好意境的展现，寄托着编辑团队的情感与情怀。"关山月"第1731期稿件《袁家有三女，全是军嫂》，动情讲述了袁家三姐妹嫁给了同一单位的三名军人，顾小家为大家，为丈夫擎起后方一片天空的故事。读者被"一门三军嫂"的奇缘吸引，听过故事后,又被袁家三女儿默默奉献、无私付出的精神所感动。"关山月"夜读栏目的定位,是希望在夜晚,在读者一天中最柔软的时刻,当看到推送的稿件时,如同明月朗照、清风拂面,收获心灵上的温暖、前行路上的勇气。

扫码阅读《袁家有三女,全是军嫂》

(三)建立良好关系,培养读者黏性

媒体在运营微信公众号时,要注意和读者建立关系,并让关系在流动中维护与发展。

一是唤起读者的集体记忆。第1969期稿件《军营里的帮厨》,讲述了军旅生涯难忘的几次帮厨经历,这是军人共有的集体记忆。通过这些故事,媒体和读者可以在共同体中获得关怀和温情,达成共识和认同。

扫码阅读《军营里的帮厨》

二是创造机会让受众成为"主角"。"关山月"常会以温情信箱的角色出现,展示一些家信。这些家信中,有军嫂写给丈夫的,有军人写给军娃的,作者通过这些信件遥寄相思,传递关心与问候。很多读过信件的读者,也会把自己的故事和信件分享出来,我们将其整理刊发,让读

者也成为故事的"主角"。"关山月"第1967期稿件《快把信拆开,退伍老兵急了!》,刊出的是军嫂耿雅莉写给退伍老兵的一封信。耿雅莉的丈夫是一名连长,她随军住在部队家属院,和连里的战士产生了深厚的感情。当他们即将退伍,耿雅莉动情讲述了她和战士们之间的故事,一言一语中,将温情传递,也让读者们认识了这些可爱淳朴的面庞。"关山月"第2009期稿件《那个收到妻子来信的班长,投稿了!》,来自一位读者的留言。他是一名驻守在雪域高原的二级上士,看到"关山月"文章有感而发:"我和妻子已经有150天没有联系了,今天我刚收到她寄给我的信,感觉很幸福!"我们联系上了这位读者,并邀请他讲述自己的故事,最终将稿件刊发。"关山月"第1677期稿件《粉丝一封信,看哭了西陆强军号编辑部》,是"西陆强军号"粉丝小敏写给编辑部的一封信。信件中的一字一句,无不饱含深情,抒发了粉丝小敏对西部军人的尊崇,"关山月"将信件编排刊发,并邀请优秀主播诵读,这也是我们与读者之间的"双向奔赴"。

扫码阅读《快把信拆开,退伍老兵急了!》

扫码阅读《那个收到妻子来信的班长,投稿了!》

扫码阅读《粉丝一封信，看哭了西陆强军号编辑部》

三、发展建议

（一）进一步深耕内容

一是见事见人，彰显人性光辉。军队作者在讲述身边的故事时，有时为了宣传人物的先进性，会刻意把人物推向一个道德高峰，这样苛求完美，往往会适得其反。一个好的故事，一定要抓住故事主角和广大读者能够合拍、能够产生共鸣的点，即共通的人性。真实的故事、最贴近生活的故事，才能勾起读者生活中的回忆，唤起他们的真挚情感。

二是注重细节，提升整体品质。好的故事，要求每一个细节都很精致，用细节来说话，用细节来打动人。着眼点要小一些，抓住最有表现力的典型细节，见微知著。同时，多用动词能让故事活起来，使事态、物态、情态跃然纸上，给读者以动态美。故事细节化、动词化，才能提升稿件的整体品质。

三是投入情感，力求引起共鸣。"录音机无法听到人的心跳。"作为运营编辑，要把自己的情感投入故事中，才能激发更多好的灵感、好的创意，并应用在构思题目、撰写导语、选择主播、音频设计和文章排版上，取得好的效果。

（二）打造形象，构建"陪伴者"角色

一是把准栏目定位。"关山月"作为读者朋友们的"情感驿站"，在每个夜晚准点推送，以安静舒适的阅读场景、专注投入的听读体验、温暖感人的内容风格被读者所喜欢。把"关山月"打造成"陪伴者"形象，让其

成为"西陆强军号"新媒体平台一张清新、温情的"文化名片",能吸引更多读者、网民的关注。

二是及时反馈受众评论。将每晚的推送拟人化,通过与读者建立"小编模式"的朋友关系,把"关山月"创建成一个"陪伴者"角色。及时反馈受众评论,与读者互道晚安,建立情感连接,引导读者将栏目作为倾诉对象,分享自己最近的生活、心情。

"用美丽的文字和声音,传递抵达人心的力量。"这是"关山月"的运营宗旨,我们也将带着这样的初心,始终对官兵的情感世界和意义世界保持敏感,捕捉西部军人发生的动人故事、感人瞬间、高光一刻,讲好新时代强军故事,积极传递正能量。

(作者:孙利波、马媛、李珊)

第 31 计

微叙事深表达

文艺执念微电影，家国情怀大传播

微电影的出现，打破了传统电影的表现模式，它以短小精悍、灵活多样的表现形式，拓展了电影艺术的形式与维度。在互联网新媒体技术的加持下，微电影以自由灵活的创作方式，为电影艺术提供了更多的可能性。优秀的微电影作品，强化主题表达、促进文化传播，还可以为人们提供美的享受和思想的启迪，丰富人们的精神世界。

小故事里含着大情怀，平凡举动中显着大担当。女兵们一年四季扎根三尺机台，她们的故事令人感动，她们的精神令人钦佩。

爆款小档案

微电影《边关来电》

制作单位： 西陆强军号
上线时间： 2022年10月
故事梗概： 以西部战区陆军总机"1081"台站为背景，讲述了值勤话务员通过总机为边关营长和怀孕产子的军嫂架起亲情热线的感人故事。当在边关执行任务、无法与爱人联系的营长拨通"1081"时，话务女兵怀着深情找到了军嫂；当怀孕待产的军嫂需要紧急救助时，话务女兵凭着过硬的专业技能调动救援力量。在边关呼啸的风号声中，那一声婴儿的啼哭，通过电波传到风雪边关，整个世界仿佛都安静下来。新生命降生的祥和与安宁，为这个故事画上了圆满的句号。

传播效果： 上线首日播放量超200万，成为各大网络平台的热门视频，部队官兵好评如潮。在人民网、新华网、央广军事、微信公众号、今日头条、微博、抖音、快手、腾讯微视、知乎、爱奇艺等多个平台上，广大网民纷纷留言点赞。

爆款炼成记

亲历者说

一部军旅微电影的成功实践

《边关来电》采取"兵写兵、兵演兵"的方式，打破了传统叙事思路，采取独特的艺术形式，成功实践了军民融合制作军事传媒产品的合作模式。影片先后入围多个电影节的微电影评选单元，是一部现象级的军旅微电影作品。

在网络视频产品争奇斗艳的今天，这部加上片头前奏和片尾花絮不足10分钟的短片何以感人，何以引起如此积极反响？我认为主要有以下几方面的特点：

真诚之作，温情讲述——
剧本创作源于真实故事，角色皆由士兵本色出演

《边关来电》由西陆强军号融媒体拍摄制作。影片的两位主演——二级上士蒋夏、下士张蔚，都是战区陆军某旅话务连的女兵。

"写过上百万字的作品，做电影类的短片还是头一回。一想到要把这个电影呈现给广大网民，心里就像小学生交作业一样忐忑。"编剧孙利波对电影的积极反响有些意外。《边关来电》的原型故事是孙利波在采访西部战区陆军话务总机"1081"台站时了解到的，他撰写的报告文学作品《呼叫1081》在《解放军报》刊发，而电影中的故事只是话务女兵漫长值勤生活中无数感人故事之一。

电影导演袁宏大校曾拍摄过多部军旅电视剧，在他看来，不论是大剧作还是微电影，都要秉持着对军旅影视艺术的那份初心，拿出百分之百的热忱去创作。袁宏说："《边关来电》这部电影，小故事里含着大情怀，平凡举动中显着大担当。女兵们一年四季扎根三尺机台，她们的故事令人感动，她们的精神令人钦佩。"

对另一位导演刘刚来说，《边关来电》完成了他一个多年未了的心愿。这位曾服役于西部战区陆军某红军部队的老兵，退役后到北京电影学院进修学习，曾参与多部影视剧、电视纪录片的拍摄制作。这次他将所有工作都为《边关来电》让路，带着团队来到军营。刘刚说："我从士兵中走来，更懂兵的生活，《边关来电》是一部诚意之作，也是圆梦之作。"

影片的成功，离不开演员的付出。最早筹备电影时，主创团队就定下"兵演兵"的基调。扮演两位女主角的蒋夏、张蔚分别是话务连的二级上士和下士，当确定由她们参演影片时，两位女兵的内心是慌乱的——毕竟都是头一遭。在主创团队的培训和引导下，蒋夏和张蔚从背记台词、熟悉角色开始，逐渐进入了状态。电影中的她俩，与其说是在表演，倒更像是在进行着自己本真的生活。蒋夏说："这次'触电'经历，让我对岗位的职责和意义有了更深的思考。"张蔚说:"电影中的我不只是我,而是代表着所有和我一样战斗在三尺机台的战友。"

心之弥诚,品质益佳。在电影中扮演军嫂的李晓,是一名军队文职人员,虽然只是声音出演,但她为了使声音更形象,把自己扮演成身形肥大的孕妇,像电影中的角色一样在地上挣扎着说台词。扮演婆婆的吕淑萍是一位军人的母亲,从未有过表演经历的她把自己关在房中一遍遍尝试,直到完全满意为止。影片中营长、医护人员的声音扮演者,都是和吕淑萍一样从未有过表演经历的现役军人。参与演出的8位话务女兵,有的在镜头中只有模糊的背影,但她们一丝不苟,把最好的状态留给了《边关来电》。

文艺执念,家国情怀——
单一场景呈现感人故事,草根创作追求艺术高度

故事情节如何推进,场次怎么设置,如何不拘于传统套路?虽是一个初次制作网络电影的草根团队,但为了达到最好的艺术效果,主创团队彻

夜讨论，反复打磨，数易其稿方才满意。

《解放军报》的评论文章认为，微电影打破了多场景拍摄的传统模式，通过电话接转联通边关、家人、医院等不同地域，既给人无限遐想，又具有较强的艺术魅力。

影片注重以镜头变化推动叙事发展：平移镜头为故事发展的不确定性营造紧张气氛，特写镜头细化主人公的表情细节，近景镜头表现话务员的工作环境和状态。还有一些颇具感染力的大特写镜头，如话务员听到产妇摔倒时攥紧的拳头与皱起的眉头，听到婴儿啼哭后湿润的眼眶和欣慰的笑容。这些镜头让人物的内心活动被放大，同时渲染了紧张与温情并存的氛围。

片中，富有张力的对话为塑造人物形象起到积极作用。由于影片设置为单一场景，因此电话另一端的人物形象由对话塑造，人物关系也因对话展开，凸显了声音对时空的拓展能力。话务员的冷静温柔与产妇的慌乱无助形成对比，将产妇等待救援的故事空间和话务员实施帮助的工作空间联动起来。当边关电话终于顺利转接到军属耳边，婴儿的啼哭声让观众揪着的心终于放下，新生命的诞生为这个故事画上了圆满的句号。

一次边关来电构筑起了军人与家属、前线与后方的坚实桥梁。影片紧贴官兵实际生活，真实展现了话务员的日常工作状态：在不同的电话情境中快速辨别有效信息并果断处置。只有扎实训练"脑、耳、口、手"基本功，才能在每一次执行任务时有条不紊、临危不乱。

《边关来电》将镜头定格于三尺机台，通过一个温情故事展现了话务女兵扎实过硬的业务素质和积极负责的工作态度，也反映出广大军属胸怀祖国、心系国防的奉献精神。

战区陆军某部领导观影后表示："《边关来电》的最可贵之处就在于根植于官兵生活，饱含着兵情兵韵，容易引起大家的情感共鸣。"

大国小家，共情共鸣——
一部短片链接家乡与边关，褒评点赞饱含崇敬与祝愿

笔者也是一名西部军人，长期工作战斗在高原边防，参加过边防斗争，也曾和边防战士一起巡逻站岗。曾经历过最漫长孤寂的寒夜，也曾徒步登上过海拔最高的战位。高原热土、边关军营、边防战友，永远值得我们用全部的能量去跋涉、去书写，去关注、去讴歌。

《边关来电》讲述的是一个关于"家乡与远方"的故事，这其实是发生在漫漫边防线上的千万个故事之一。边关官兵最怕的不是百水千山、万里层云的时空远隔，而是牵动情丝、捶打心灵的灵魂空荡。工作的事情不能讲，任务的话头不能提，吃苦受累也忍着不说。可是长此以往，远方和家乡，会不会变成两个世界？相差太大的生活状态会不会变成无法弥合的矛盾？人与人之间的理解，情感的共鸣回响，会在孤独和困难袭来时发挥作用吗？

电影中的接线员女兵正是扮演了这一难以察觉却关乎至深的角色。她沉着的神态、真诚的关切以及亲和的笑容令人印象深刻，但更为可贵的是她和战友应对事态的过硬素养。9分多钟的片长里，电影既捕捉到了边关将士的沉重凝思，也展露了一个平凡岗位绽放光彩的场景。不能直接拨通的电话隐喻了难以跨越的时空障碍，交互在电话线路间的边境、家庭和医院等场景铺陈出一个解决问题的出路——答案其实就在于每一个普通官兵都珍视和践行自己的岗位，将它视为宏大事业的重要一环，从而牵动起全局条条线路的共振。

在《边关来电》中，奔波忙碌的营长和孤独无助、临产在即的妻子，矛盾张力达到了极致。但在接线员姑娘娓娓耐心的温柔话语里，在她一皱眉一微笑的同心共情里，一句"我们都是您的家人"，把远方带回家乡，把家乡搬到远方。没听到营长和妻子一句直接的对话，但我们心知那一刻，在话音的流淌中，他们已得到慰藉。

"你守着国，我守着你""岁月静好，因你们在负重前行"……在无数网民的评论中，我们读到了许多感人至深的话语，饱含深情的赞美之词让主创们感动落泪，这既是对影片的肯定，更是对中国边防官兵坚守与付出精神的一种共鸣。影片最后，当尘埃落定后，接线员姑娘露出自豪而欣慰的笑容。她眼里闪烁的光，胜似柔和的月光，同时照耀着家乡和远方。

（作者：影片策划人　孙利波）

第 32 计
声画亦歌

音视频MV，寓教于乐

"思念随风化雨，你的名字看见山河"，2023年清明节，一曲清明版《如愿》真诚动人；

"我的心中国，执着的信仰啊"，2019年国庆节，一首《心中国》广为传唱……

歌词朗朗上口，歌曲清亮婉转！音视频类MV作为声画一体的媒介形式，将音乐之美与画面之美巧妙结合，让用户在"听歌看剧"中轻松愉悦地接受主题宣传。

MV有利于主流媒体将高端专业的主题用通俗易懂的方式呈现出来，让主流传播走进网民心里。成功"出圈"的MV融媒体作品，或许主题各异，但在歌曲、歌词、演唱者、画面镜头四大组成要素以及传播推广方面，具有可借鉴的共通之处。新型的寓教于乐，就是把艺术作品作为传播介质，其核心是更加易于感知和接受的传播内容。

爆款 32 计
——现象级融媒传播案例背后的巧思

✍ 爆款小档案

清明版《如愿》

策划制作：退役军人事务部宣传中心、共青团中央宣传部、全国少工委办公室

联合拍摄：福建省退役军人事务厅、厦门第六中学

上线时间：2023年清明节前夕

传播效果：MV在微博、抖音、快手、哔哩哔哩等视频平台重点推送，多家门户网站置顶推荐，全网129个平台播出，累计观看量达2757万次。

《心中国》

策划制作：人民日报媒体技术公司、人民日报社团委、"金台点兵"工作室等

音乐出品：乐伢音乐、逍遥·美杰音乐等

上线时间：2019年国庆节前夕

首发平台：人民日报全国党媒平台

传播效果：为庆祝中华人民共和国70周年华诞创作，《心中国》被选为中央广播电视总台"启航2020"跨年盛典主题曲。MV上线24小时内，获得多

家国家级主流媒体平台关注并转发，全网播放量突破千万，辐射影响数以亿计人群。MV先后获得由人民日报社团委与新媒体技术中心联合举办的"我爱你中国"新媒体视频创新大赛创新大奖和2019年全国微视频短片年度优秀奖。

《心中国》歌词

有种感动　在我心中
经历之后　我们与岁月同舟
有种光荣　心手相融
多载之后　我们为理想奋斗
曾经苦难已远走　如今坚韧昂首
不管在何时去回首
那份骄傲一直在我左右
我的心中国　执着的信仰啊
对她的牵挂　无论在哪里啊
爱她的沧桑　风雨中亦挺拔
爱她的端庄似江山如画
我的心中国　与生的信念啊
对她的依恋　是唯一的回答
如她的坚强　逆风中更强大
如她的慈祥一生守护她
荣辱与共勇敢的民族啊
带着最初之心重整出发

爆款炼成记

亲历者说

寓教于乐，传播更易于感知和接受

对于艺术家来说，MV 本身是一种非常重要的表达工具。它通过音乐、舞蹈、场景、服装和造型等多种表达方式，让艺术家能够将自己独特的个性和创造力展示给观众，真实地展现形象和才华，传达自己的观点和情感。在全媒体时代，MV 也成为用音乐和艺术进行主题传播的重要推手，可以引领时尚潮流、推动审美趋势，影响和塑造年轻一代的价值观和文化观。

"思念随风化雨，你的名字看见山河"，2023 年清明节，一曲清明版《如愿》真诚动人；"我的心中国，执着的信仰啊"，2019 年国庆节，一首《心中国》广为传唱……

成功"出圈"的 MV 融媒体作品，或许主题各异，但在歌曲、歌词、演唱者、画面镜头四大组成要素以及传播推广方面，具有可借鉴的共通之处。新型的寓教于乐就是把艺术作品作为传播介质，其核心是更加易于感知和接受的传播内容。

（一）

70 年披荆斩棘，70 年风雨兼程。一路走来，中国人民创造了举世瞩目的中国奇迹，让许多不可能成为可能。千千万万的劳动者、追梦人一起拼搏、一起奋斗，在不断奔跑中创造美好生活。

一个引人入胜的故事和概念是至关重要的。考虑如何通过音乐、影像与剧情的结合，传达出强烈的中国情怀和主题，在庆祝中华人民共和国70周年华诞之际，我们邀请小提琴演奏家吕思清携手来自各行各业的100多位普通劳动者出镜，唱出对"心中国"的祝福。

歌曲《心中国》是由乐伢音乐出品的原创歌曲，被人民日报全国党媒信息公共平台选为庆祝中华人民共和国成立70周年献礼作品《国是心中国》的主题音乐。歌曲表现方面运用了时下流行的时尚音乐元素，展现歌曲大气磅礴的同时更具传唱性，在编曲上邀请了音乐制作人马洪波老师担任《心中国》歌曲的编曲，歌曲演唱邀请的并非专业歌者，而是医生、解放军战士、工人、公交车司机、学生、退休老人、消防战士、记者、海外学子、退伍老兵、武警战士、高铁列车员、公安民警……他们是各行各业的先驱者，是最朴素的人民群众，并且在录制过程中邀请了小提琴演奏家吕思清、电吉他手冯冲、贝斯手伢子、鼓手王斌、木吉他手胡晨等完成录音工作。

在视觉设计方面，我们把中国传统元素和现代设计手法相结合，创造出独特的视觉效果；运用先进的摄影技术，如航拍、特殊镜头等，同时注意光线的运用和画面的构图，以增强视觉冲击力。在MV中，勇于创新和个性化表达，音乐与影像的融合至关重要。我们尝试运用新颖的拍摄手法、特效技术和剪辑风格，打造出独具特色的MV作品《心中国》。选择适合主题和情感的音乐，通过音乐的节奏、旋律和声音设计，与影像紧密结合，共同营造出富有创意、情感共鸣和文化内涵的视听体验。

（二）

清明版《如愿》MV，则采用了许多富有创意和感染力的创作技巧，并传递出慎终追远、思念英雄的深远意义。MV中，老英雄与新时代青年跨越时空对话："春天很好，我好想您！"

《如愿》通过娓娓道来的方式，讲述了一段跨越时空的精神传承与弘扬故事，以诗意的比喻展示了年轻一代对英雄精神的传承。旋律和歌声在关键时刻响起，增强了情感的表达，使观众更深入地感受到歌曲和故事所传递的情感。MV运用唯美的画面和清亮的色彩，音乐与影像完美融合，打造出富有感染力的视觉风格和思念山河的深情氛围。

清明版《如愿》MV不仅是一部音乐作品，更是一部具有深刻的国防教育意义的艺术作品。它传递了对传承、奋斗和爱国的思考，激发了观众的共鸣和思考，也表达了对老一辈英雄的敬意和感激之情。MV运用丰富的象征和隐喻表达主题和情感。例如，"山河无恙，烟火寻常，你如愿地眺望"这句歌词，山河、烟火等元素象征着祖国的安宁与繁荣。总的来说，《如愿》MV通过其独特的创作技巧和意义深远的主题，成功地打动了观众的心灵。

（三）

发挥主流媒体舆论引导作用，是党媒义不容辞的责任与担当。然而主题宣传需要不断创新，否则就会给人说教、灌输、刻板的印象，传播效果也会大打折扣。近年来，寓教于乐作为提升新闻传播效果的一个重要方式，在主题宣传中被广泛采用。传统的寓教于乐是将价值观蕴藏在艺术作品中，而新型的寓教于乐则是把艺术作品作为传播介质，其核心是更加易于感知和接受的传播内容。

两首歌曲属于新闻主题的MV，都在重要的时间节点前推出，寓教于乐，具有重要的宣传教育意义。新闻主题MV在传播中具有独特的作用：

首先，通过视觉和听觉的结合，以更加生动、直观的方式展现新闻事件或主题。它们可以运用影像、音乐、文字等多种元素，创造出强烈的视听冲击力，吸引观众的注意力，使新闻主题更加深入人心。

其次，突出新闻的重点和要点，帮助观众更好地理解和记忆新闻内容。通过有针对性的剪辑和配乐，MV可以强调新闻中的关键信息，引导观众的关注点，从而加深观众对新闻的印象和理解。

最后，能够激发观众的情感共鸣。通过音乐的渲染和影像的呈现，MV可以营造出与新闻事件或主题相契合的氛围和情感基调，引发观众的共鸣和思考，使新闻传播更具感染力和影响力。

总的来说，新闻主题MV在新闻传播中发挥着重要作用，它们寓教于乐，能够以更加生动、形象的方式呈现新闻内容，吸引观众的关注和理解，并激发观众的情感共鸣和思考。在全媒体时代，新闻主题MV可以成为传播的重要手段，通过多元化的表达形式提升新闻的传播效果和影响力。

（作者："金台点兵"工作室　端倪）

附录：关于媒体融合的探讨

全媒体时代，既要大流量，更需好声音

倪光辉

"要把网上舆论工作作为宣传思想工作的重中之重来抓。宣传思想工作是做人的工作的，人在哪儿重点就应该在哪儿。""过不了互联网这一关，就过不了长期执政这一关。"

当今世界，网络信息技术日新月异，全面融入社会生产生活，深刻改变着全球经济格局、利益格局、安全格局。微博、微信、短视频……不断推出的新技术、新业态，意味着舆论新阵地不断变化。那么，我们的阵地在哪儿？

中国互联网网络信息中心发布的第51次《中国互联网络发展状况统计报告》显示：截至2022年6月，我国网民规模达到10.51亿，互联网普及率达到74.4%，其中使用手机上网的比例高达99.6%，全国网民平均每周上网时长达29.5小时。这些数据真实地表明，移动互联网已经成为信息传播主渠道。

根据测算，10.51亿网民平均每天要花4.21小时在互联网上。网民在不同应用程序上的占比数量不一，其中，短视频的用户占比为91.5%、即时通信用户占比为97.7%、网络新闻用户占比为75%、网络直播用户占比为68.1%、在线医疗用户占比为28.5%。

附录：关于媒体融合的探讨

一

这个世界唯一不变的，就是变化——因势因时因事而变。

党的十八大以来，我们进入了一个新的历史方位。在这一历史方位里，思想宣传领域有个比较显著的特征，就是媒体融合。2013年习近平总书记提出媒体融合发展任务，2014年中央制定《关于推动传统媒体和新兴媒体融合发展的指导意见》，把媒体融合作为国家战略提出。党的二十大报告明确提出"加强全媒体传播体系建设，塑造主流舆论新格局"，表明这一内容上升为国家战略，进入顶层设计阶段。在中央和国家层面的不断推动下，我国媒体融合发展进入新阶段。

新时代，新技术，新变革……精彩纷呈的新时代扑面而来，令人目不暇接。从大数据、云计算到移动通信技术的发展，带来媒体传播方式的深刻变化。媒体的技术环境正在发生剧烈变化：媒体融合化、内容数据化、传播立体化。任何媒体想要达到影响受众的目的，必须获得受众的注意力。如何获得受众的注意力，怎样扩大作品的传播力？

随着计算机信息技术的飞速发展和移动网络的不断普及，媒体传播领域催生了一场又一场全新的革命。以微博、微信、抖音为代表的自媒体开始渗入人们的生活中，进而改变人们的生活方式；同时不同媒介之间的藩篱与壁垒逐步消融，呈现出你中有我、我中有你的全新格局。2023年伊始，由人工智能实验室OpenAI发布的对话式大型语言模型ChatGPT在各大中外媒体平台掀起了一阵旋风。继AI绘画之后，ChatGPT成了新的流量收割机，也引发了网民的一系列"花式整活"，写代码、写情书、写文章、做课题……

全媒体时代，数字技术彻底改变了传统的媒体传播模式。

二

习近平总书记多次在不同场合强调，要利用新技术新应用创新媒体传播方式。"推动媒体融合发展、建设全媒体成为我们面临的一项紧迫课题。"2019年1月25日上午,习近平总书记在主持中共中央政治局集体学习时强调,要运用信息革命成果,推动媒体融合向纵深发展,做大做强主流舆论,巩固全党全国人民团结奋斗的共同思想基础,为实现"两个一百年"奋斗目标、实现中华民族伟大复兴的中国梦提供强大精神力量和舆论支持。

微博、微信、抖音等平台上的自媒体账号大量涌现,使得媒介与个人生活进一步融合,媒介真正成为"人的延伸"。在这一过程中,一些受众特别是年轻人并不希望被动地进行信息接收,他们更希望参与到视听、阅读、评论中,根据自身的兴趣选择新闻。融媒体环境的一个重要理念就是"受众为本",将受众作为"合作伙伴",使其能够主动参与到新闻报道的传播、转发和热点凝聚的过程中来。

如今,一部小小的手机就可以满足人们获取资讯的需求,报纸、广播、电视等传统媒体的受众面和影响力受到严重影响,主流媒体要完成举旗帜、聚民心、育新人、兴文化、展形象的使命任务,就必须加快抢占互联网这个舆论主战场,坚持内容为王,打造融媒体精品力作,以现象级"爆款"敲响主流媒体的"定音鼓"。

三

如何将新闻故事讲好、讲清楚,提升报道的吸引力与感染力?利用微博、微信、微视频,运用图解、H5、动漫、表情包、数据新闻、VR直播等新技术,制作出一批让用户自主传播的融媒体"爆款"新闻产品。

融媒体报道的发展改变了以往人们对于信息的渴望与获得途径,使信息在今天变得触手可及。受众对于信息的选择也不再像以往那样只要求快速、准确,而是要求好看、生动。新闻报道故事化已经普遍存在于当今的媒体报道中,原因在于故事化叙述能在很大程度上决定新闻的传播效果,既能满足读者的心理需求,又能使新闻报道更具可读性和趣味性,实现受众的"注意力经济"。

"要推动融合发展,主动借助新媒体传播优势。要抓住时机、把握节奏、讲究策略，从时度效着力，体现时度效要求。"党的十八大以来，以习近平同志为核心的党中央高度重视传统媒体和新兴媒体的融合发展，为媒体融合发展绘就路线图。党的十八大以来，习近平总书记高度重视新闻舆论工作，曾在多个场合阐述新闻舆论工作的重要性，并强调要因势而谋、应势而动、顺势而为，加快推动媒体融合发展，使主流媒体具有强大传播力、引导力、影响力、公信力，形成网上网下同心圆。

习近平总书记提出的新闻舆论工作"48字方针"中，居于首位的"高举旗帜、引领导向"不仅是新闻工作者的职责使命，而且使"正确舆论导向获得根本性保障"。在迈向第二个百年奋斗目标的新征途上，新闻舆论工作必须高举中国特色社会主义伟大旗帜，引领群众对走中国式现代化道路、以中国式现代化推进中华民族伟大复兴的实现方式有信心、有恒心。

党的新闻媒体是建设社会主义意识形态的重要阵地，肩负着重要使命，发挥着不可替代的作用。作为党的媒体，广大新闻工作者尤须把政治方向摆在第一位，牢牢坚持党性原则，牢牢坚持马克思主义新闻观，牢牢坚持正确舆论导向，既要持续推动媒体深度融合发展，创新传播方式，利用新的平台、渠道传播好党的声音，讲好人民的故事，不断提升主流舆论传播力、引导力、影响力、公信力；同时也要转变观念，放宽视野，利用新媒体传播手段，以昂扬的中国自信和崭新的话语表达，推动中华文化更好地走出去，让世界看到一个欣欣向荣的中国。

"上连党心，下接民心。"对新闻工作者来说，只有不断增强脚力、眼力、脑力、笔力，不断掌握新知识、熟悉新领域、开拓新视野，增强本领能力，才能"自觉承担起举旗帜、聚民心、育新人、兴文化、展形象的使命任务"。也正是如此，习近平总书记多次强调，宣传思想工作者要有"几把刷子"。

四

全媒体是融合文字、声音、图像、视频、动画等多种媒体表现手段，通过报刊、广播、电视、网络、移动终端等多种媒介形态，针对用户的需求进行全时空传播的媒体形态。随着车联网、物联网、AR/VR、抬头显示技术日渐成熟，未来的媒体形态将发生革命性变化，万物互联、万物皆媒时代正在加速到来。未来媒体的核心应当是以价值判断和专业能力为基础的一种有效信息供给。

新需求催生了新技术，新技术也推动了新需求。技术重塑采编流程，加强新技术形态适应性运用，全链条内容生态服务覆盖。技术加持融媒内容生产，积极引入4K、AR/VR、3D、交互、AI算法等多元技术手段，赋能内容生产更加沉浸式、智能化的体验。持续拓展场景传播，打通线上与线下，提供更好的全媒体验。技术赋能效能提升，海报产品实现从手工到一键生成，再到训练AI批量创意生产的演进。

在数字化发展越来越快的背景下，新闻传播格局和舆论生态发生着重要变化，互联网逐步成为新闻舆论的主阵地，媒介信息的生产传播方式不断转型重构，媒体深度融合战略重要性更加凸显。媒体融合是当前各大媒体的重点发展战略，几乎所有的新技术、新平台都卷入媒体融合的旋涡中。在这样的背景下，几乎每一项新技术、每一个新平台出现，只要对传播领域有实质性的影响，都会成为传媒业竞争的焦点之一。着眼全媒体时代新形势、新任务、新要求，积极联动系统内外各大平台，加强与主流媒体和社会化平台的沟通合作。针对短视频，业内人士表示："短视频的出现，让媒体传播手段、信息交互方式等发生了本质性的变化，主流媒体不把握这个机会就会没有未来。"短视频平台借助人工智能、大数据等技术，可以为用户提供精准内容推送服务，为用户带来良好的阅读体验。随着5G时代的到来，内容逻辑从传统的用户生产逐渐过渡到专业生产，短视频的内容质量越来越重要。短视频平台在制定提高内容质量的战略时，应将"人情味的表达""弘扬正能量"放在首位，正能量、高质量的短视频内容应该是短视频平台下一步发展的重点。

五

什么是现象级传播作品，现象级传播作品好在哪儿，现象级传播作品是怎么炼成的？

现象级是一个外来形容词，由英文phenomenal直译过来，意思是卓越的，一般是形容超级优秀的人或事件。

现象级作品，能够给人一种很奇妙的感受，口碑相传的效果给人忘不了的享受。要成为"现象"，不只要在市场上获得一定的关注热度，在社会舆论中形成一股话题效应，更要对文化建设有所创新、突破，给创作生产带来启发、引领。不仅是流量上的成绩，更有艺术上的建树和思想上的创新，能对主流价值构建和社会发展作贡献。

全媒体时代是以社交属性为核心的时代，要求主流媒体必须打破过去的传播壁垒，强化交互性、海量性、共享性和参与性；在新技术、新业态、新模式层出不穷的复杂态势下，不断创新理念和方法手段，革新重大主题、重大事件的全媒体传播实践。

创意就是灵感的累积和爆发，灵感就是知识积累到一定程度的爆发。《快看呐！这是我的军装照》《谁是站到最后的人》，这些作品除本身的创新外，也有相互的碰撞——创意点都是大家一起碰撞产生的。2017年建军90周年，如何以一款融媒体形式展现人民解放军的发展历程？《军装照》H5、《谁是站到最后的人》应运而生。全媒体时代，依然内容为王。在大家还在为百万阅读量欢欣鼓舞的时候，我们推出的融媒体产品都是以亿来计。"用正能量赢得大流量，让好声音成为最强音。""发现微光，记录永不褪色的你。""让尊崇成为风尚！"

2023年1月4日召开的全国宣传部长会议提出，"以数字化为宣传思想工作赋能"。这是一个伟大的时代。以人为本，技术赋能，拓展融合发展新空间。一个好的舆论场是党心民心同频共振，网上网下同心共向。坚持用服务聚拢用户，探索"新闻+服务"新模式，不断拓展媒体边界，延伸服务功能。全媒体时代，要着眼大局，共荣互通，不断提升传播力，才能有效传达主流价值。

六

"全媒体时代，要让文字从优秀到精致"，全媒体时代对新闻工作者提出了更高要求，"一招鲜"不能吃遍天，"多面手"才能适合时代需要。

全媒体时代，新闻更新更加注重时效，舆论受众与记者互动更趋于多元、新闻容量趋于无限，只有正视工作能力上的差距，发挥好聚焦中心作用，用全新视角在活动中找新闻、在新闻中找故事、在故事中找细节，才能更好地发好声音。

真正好的宣传必须是"润物细无声"的，尤其是正能量的宣传更要让受众爱听爱看，产生共鸣，才能起到引导人、激励人的作用。"媒体人的视角决定新闻作品的深度。"在信息发达的今天，信息媒介与传播渠道已经不是制约新闻传播的技术瓶颈。在网络时代，人人都可以是一个传播中心。要做出有深度的报道，不该拘泥于体裁与形式，而是要找到独特的切入点，做出走心的作品，来提高新闻作品的深度与广度。

变革的时代，变是永恒的，时代在变，环境在变，技术在变，形式也在变。用创新发展的勇气去开拓进取，拥抱变化。当然，变中有不变，坚守不变的初心，内容为王、创意是金的法则不变。用守正坚持的初心忠诚奋斗。不变也有变，什么样的内容，什么样的创意，也要与时俱进。坚持以技术撬动、数据驱动推进融合发展，从"移动+"迈向"智能+"。通用型人工智能将对传媒行业产生迅速、直接且巨大的影响：随着技术对新闻行业链条的影响，支点日益向上游迁移，主流媒体的功能可能将更多地成为精准信息的打捞者、媒体价值观的塑造者、个性化风格的训练者、新闻事实的核查者。

兵者，国之大事，死生之地，存亡之道，不可不察也。世界上最早的兵法著作《孙子兵法》集中概括了战略战术的一般规律。孙子曰："凡战者，以正合，以奇胜。故善出奇者，无穷如天地，不竭如江海。"全媒体时代，守正创新，巧用战法，必能起到出其不意的传播效果。让正能量赢得大流量，让好故事变成好声音！

现象级"爆款"产品如何打造

倪光辉

提　要：人民日报社政文部军事室"金台点兵"工作室联合人民日报客户端创意并推出的H5产品《快看呐！这是我的军装照》，以及短视频《谁是站到最后的人》和《老兵》，成为现象级"爆款"新媒体产品，在受众中产生了强烈反响，深受欢迎。其主要经验有四点：第一，讲政治、提质量，严把内容关口；第二，抓时机、跟热点，提升爆款可能性；第三，抓住情感点，以受众为中心，提高舆论共识度；第四，巧借力，传播讲策略，口碑延展广度。

关键词："金台点兵"；新媒体产品；传播策略

将作品立意与互联网传播特点结合起来，把握四个着力点——严把内容关口、准取情感落点、紧跟时机节点、巧借各方力量，借助三重保障——融媒理念、受众思维、分发渠道，出爆款便有了可能。

现象级爆款频出

建军90周年前夕，"金台点兵"工作室联合人民日报客户端创意并推出H5产品《快看呐！这是我的军装照》，成为现象级爆款，全球访问量突破11亿次。

今年1月29日，"金台点兵"工作室联合"学习大国"工作室制作推出短视频《谁是站到最后的人》，3月29日发布国防短片《老兵》。两个视频都引爆了舆论，一周全网播放量均突破1亿次，包括人民日报、央视、国防部网站、中国军网、央广、腾讯、一点资讯等数百家媒体转发、客户端首页推荐，多家地方电视台播出，而不少机场车站流动公众平台循环播发次数还未统计在内。"军人优先""老兵"关键词进入热搜榜前列。

自2017年1月成立以来,"金台点兵"工作室目前已经推出70多件产品,除3个爆款外,短视频《燃!"四极"官兵八一宣言》单日访问量近50万次,H5产品《我为祖国升国旗》国庆7天访问量达4312万次。这些音视频、动漫产品,在军内外都引起不小的反响。

近年来,随着互联网空间的不断延伸,舆论生态的网络化越发明显,尤其是微博、微信、资讯APP的普及,舆论传播越发呈现"圈层化"现象。我国网民数量达7.72亿,手机网民规模达7.53亿。在瞬息万变的网络舆论生态下,主流媒体如果不能打造出爆款,就谈不上弘扬主旋律、传播正能量。

人民日报社"中央厨房"是面向受众、面向国际、面向未来的新一代内容生产、传播和运营体系。李宝善社长说,"中央厨房"要实现策、采、编、发的"自我革命"。作为人民日报"中央厨房"旗下的融媒体工作室,一年多来,"金台点兵"工作室努力根据李社长提出的要求进行"自我革命",在涉军新媒体战役上坚守阵地,不断更新观念,创新传播方式,弘扬主旋律、传播正能量。

经过一年多的探索,我们认为,舆论引导要从策略和技巧上转变思路、提升战法。只有将好的作品立意与互联网传播特点结合起来,创新话语表达和传播方式,找到大众的"痛点""趣点",才能引发舆论共鸣,增强权威话语的传播力、影响力。

爆款的四个着力点

作为广为传播的新媒体产品,爆款的打造往往需要从以下四个方面着手:

讲政治、提质量,严把内容关口

主流媒体如何做好互联网传播?讲政治、负责任,牢记使命,高效传递主流价值观,这是永远的初心。

主流媒体在改革新闻生产体制机制、再造采编发流程、加速推进深度融合的过程中,要"顶天立地",承担社会责任。这是主流媒体社会价值的突出体现，也是推进融合发展的目的所在。

社会公众对主流媒体如何担当社会发展的"推进器"、社会的"黏合剂"和道德"风向标"作用充满期待。无论新旧媒体形式，融媒体工作室出品的所有产品在一定程度上都会被社会认为是人民日报的声音，这就要求工作室产品必须严格把关，尤其是政治把关。

作为传统媒体人，我们的优势在于良好的选题判断能力，讲政治、负责任，牢记使命，在坚守阵地的前提下，不断更新观念，创新传播方式。无论媒体融合怎样推进，弘扬主旋律、传播正能量的作用都不能削弱；无论媒体形态如何变化，不断巩固和壮大主流思想舆论的责任都不能忘记。

涉军舆论引导是我军政治工作的一项重要任务，是塑造与维护军队形象的重要手段。无论是《军装照》《升国旗》，还是《站到最后的人》《老兵》，我们都希望为公众提供表达自己爱国拥军情感的平台。军装、天安门、国旗、护卫队等元素都是国家概念、国家形象的代表。实际上，我们要做的是一种爱国主义教育，体现了中国梦、强军梦的召唤，起到凝聚社会共识、弘扬核心价值的作用。

抓时机、跟热点，提升爆款可能性

现象级传播事件绝非横空出世，而是契合了当前的舆论背景和舆论节点。

2018年3月29日的国防部例行记者会上，新闻发言人在回答组建退役军人事务部时，通过播放《老兵》短片向退役军人致敬，吸引了媒体的聚焦。

据统计，全国目前共有5700万名退役军人，意味着每24个人当中，就有一位退役军人。短片采访了5名退役军人，分别为保安队长、大学生、飞行员、记者以及抗战老兵，讲述了他们脱下军装后在不同的岗位上继续奋斗、不忘初心的感悟，就像短片中所说，"脱下军装，脱不下担当，他们依然是最可爱的人"。没有华丽的辞藻、震撼的场面，这部短片却引爆了网民对"老兵"话题的热切关注，成为又一个现象级传播产品。

2018年1月23日，有网民爆出高铁上一批军校学员将座位让给没有买到坐票的乘客，引发了网民对于"军人该不该让座""军人该不该优先"等话题的讨论。

舆论高涨之际，我们推出了《谁是站到最后的人》短视频，从侧面做回答——让军人依法优先，就像在战场上他们优先一样。不仅避开了"说教式回应"可能引起的网民不适感，还通过巧妙的情绪引导，激起网民对于军人身份的理解和尊崇，让"军人依法优先"成为无须辩驳、合情合理的社会常识，大幅提升了舆论引导的效果。

党的十九大报告指出，组建退役军人管理保障机构，维护军人军属合法权益，让军人成为全社会尊崇的职业，成为这两个短片受到高度关注的舆论背景。

同样，《快看呐！这是我的军装照》选在建军90周年前夕推出，《我为祖国升国旗》在国庆68周年前夕推出。这些产品符合用户在特定节点的共同心理需求，故能受到普遍欢迎。

因此，媒体产品的推出要讲究时机，抓住特殊节点。天时地利人和都具备，产品的传播力和影响力才能达到理想状态。

接地气、抓情感点，以受众为中心，提高舆论共识度

在网上看视频时，各种弹幕让人眼花缭乱。随着用户自我意识、自主意识与消费意识的快速提升，用户更加重视消费过程中的感官体验与心灵感受。单向传播时代已经一去不复返，互动式传播要求媒体将用户的需求与体验放在第一位。

舆论回声源自共同记忆。《老兵》摄制组选取的5位被采访者有不同的岗位、不同的身份、不同的年龄，但他们都有"退役老兵"的共同身份，呼应了视频片尾"人生的舞台可能会不断转换，但为人民服务的本色永远不改"，唤起了更广泛群体的共情。实际上，"老兵"话题的热度从未消退。2015年9月3日大阅兵，由300余名抗战老兵、英烈子女组成的"老兵方队"就曾引发舆论高度关注。《人民日报》发表文章《以国家的名义，致敬英雄》，高度赞扬了抗战老兵的牺牲与贡献，新浪微博"#老兵方队#"话题阅读量更是突破千万，举国上下纷纷对抗战老兵们致以崇高的敬意。近年来，民政部不断完善退役军人的安置工作，加强"两参老兵"的优抚工作，切实改善老兵群体的社会待遇，受到舆论好评。

《快看呐！这是我的军装照》《我为祖国升国旗》戳中了每个人心中的"从军梦""在天安门升国旗梦"。《谁是站到最后的人》视频以一组勇气测试游戏为切入口，从"敢一个人走夜路吗""如果在公共场所看到小偷，你会上前制止吗"到"你从未质疑过自己的信仰""你对自己所从事的事业从不后悔"，问题循序渐进，难度由浅入深，随着游戏的不断深入，引导观众主动思考，视频在探究勇敢的含义的同时凸显了军人职业的特殊性，结尾以"让军人依法优先，就像战场上他们优先一样"点出主旨，内容触动人心。

主流媒体要想在与新媒体的竞争中立于不败之地，就要关注用户需求与体验，增大用户对主流媒体的认可度和黏性，并借助新技术、新形式，增加用户对主流媒体的全方位体验。

巧借力，传播讲策略，口碑传播延展广度

新媒体时代，传播方式的重要性日益凸显。传播方式和传播策略是否得当，将决定传播是否成功。除创新产品形式之外，还要推动内容优势向传播优势转变。新媒体传播的自主性、即时性、多样性和互动性改变了原有的传播方式。因此，选择能够有效调动公众参与积极性的传播方式是成功的一半。

2018年3月29日，国防部发布的《老兵》短片也在微博、微信等自媒体渠道上引发网民热议，@人民日报、@军报记者相关微博的网民评论中，"若有战，召必回""短片很感人""舞台虽不同，本色永不改""推广老兵精神""应加强老兵待遇"等代表性观点较多，网民们以各种方式表达了对老兵群体的敬意与关心。

一方面，《快看呐！这是我的军装照》《谁是站到最后的人》《老兵》借助人民日报客户端、微信公众号和"中央厨房"等用户基数巨大的渠道进行传播；在互联网时代，流量巨大的微博、微信、客户端等资讯平台以及粉丝量庞大的自媒体人，扮演着意见领袖的角色。

另一方面，在产品设计上，三款产品都充分考虑用户参与互动，"看看你的军装照""你敢参加勇敢测试吗""你知道身边的1/24吗"通过满足用户对外展示的愿望，刺激用户进行转发和分享，从而形成裂变式传播，提高了传播的到达率和实效性，最终使得这三款产品迅速刷屏朋友圈。

爆款的三重保障

分析新媒体时代网络舆情规律，探索相应的引导策略与引导技巧，可以为我军打赢舆论宣传攻坚战提供参考和依据。

国防教育的舆论引导也需要真正的受众思维。只有抓住受众痛点、把准事态脉搏、运用网络技巧，润物无声才能直抵受众心灵，增强权威话语的传播力、影响力。

在未来的新媒体战场上，我们仍然要加强融媒体观念的自身修炼。"金台点兵"工作室成立时推出的第一个产品，是一个107岁老红军的故事。先在新媒体上推出，效果不错，夜班领导要求我们当天将它改写成一篇报道稿件，"倒灌"到《人民日报》。融媒体观念从工作室成立的第一天就存在了。

理念先行，三点操作层面的做法可以继续探讨——

较强的融媒思维与选题判断能力，有助于爆款的产生。在融媒体思维框架下，蹭热点制作充满正能量的短视频等产品，正面回应网民关切，及时介入舆论引导，体现鲜明的编辑策划意图，往往能取得较高的关注度。

真正的受众思维，有益于爆款的制作。互联网时代，信息高速更替，舆论引导更需"抓住受众眼球"。以往传统主流媒体的宣传视频，大多数内容都是镜头片段的堆砌与拼接，"宣传片"痕迹明显，故事性、趣味性不足，难以吸引观众注意。因此，短视频、手绘漫画、H5动画等新形式更受网民欢迎，理应成为传统主流媒体舆论引导的重要手段。

理解并拥抱新媒体内容分发渠道，有利于传播的广泛到达。在今天，再好的内容如果不能及时送达受众，传播效果也会大打折扣。新媒体资讯平台不是洪水猛兽，而是需要传统媒体真正理解、认真考量，并加以合理利用的对象。

《论语·八佾》曰："子谓《韶》：'尽美矣，又尽善也。'谓《武》：'尽美矣，未尽善也。'"用今天的话说就是既要政治过硬，也要本领高强。尽善尽美，也是"金台点兵"工作室的追求。

（原载于《新闻战线》杂志2018年8月刊，《军事记者》2018年9月刊同步转载，作者时任人民日报社政文部军事室主编、"金台点兵"工作室负责人）

在报网融合中讲好军中故事

倪光辉

提　要：在纪念红军长征胜利80周年报道中，人民日报注重报网融合，从思路、内容、技术等方面，在融媒体报道上做了积极探索，制作推出了多款融媒体产品，多形式、多手段、多途径唱响继承和弘扬长征精神主旋律。

关键词：纪念长征；报网融合；军中故事

解放军报社、解放军电视宣传中心"雄关漫道·纪念红军长征胜利80周年融媒体报道"启动时，我就开始关注。应该说，这次报道是相当成功的，确实搞得有声有色，影响广泛。两家军队主要媒体跨界融合，整合了版面资源、屏幕资源、网络资源，运用现场采访、历史影像、对话老红军及其后代，各种元素穿插运用、紧密衔接、相得益彰，打造"时空对话"概念，形成组合式规模传播，让人过目难忘。《人民日报》在纪念红军长征胜利80周年报道方面，在融媒体上做了积极探索。

（一）

今年是长征胜利80周年，各媒体相关宣传同台竞技，各展所能，各有各的特点。《人民日报》推出了大量宣传报道，图文并茂，多种形态展示，在社会上产生了广泛影响。从8月起,《人民日报》相继推出《听老红军讲长征故事》《长征路·新故事》《长征记忆,寻访红军部队》3个专栏,及纪念特刊"丰碑—足迹—追寻—记忆—初心—传承—新篇"等版面,刊发稿件200余篇。人民日报客户端、微博、微信公众号,以及"人民日报政文"与"学习大国"等公众号专门推出相关专题和报道产品。

中央宣传部《新闻阅评》指出,《人民日报》在纪念大会当天浓墨重彩推出8块版特刊,配合社论、特稿,形成版面强势,把纪念红军长征胜利80周年报道推向高潮。特刊立意高远,以"我们每代人都要走好自己的长征路"为主题,把几代中央领导同志对长征的精辟论述摘要刊登在头条位置,既高瞻远瞩,又有时代引领,进一步阐明"走好新的长征路"的内涵。阅评还分析到,纪念长征报道形式与内容相结合,长征历史与现实相结合,历史事件与人物相结合,权威论述与精彩故事相结合,"既注重历史事实的发掘,又注重可读性,牢牢吸引了受众目光"。

内容为王,有腔有调。从10月8日起,《人民日报》推出"长征记忆·寻访红军部队"系列报道,站在历史的高度,紧盯当前改革强军的时代主题,走进红军长征著名的战场,重温奇绝惊险的历史,寻访红军种子部队的足迹,为读者开启不一样的长征记忆。每一篇稿件,都在《人民日报》头版头条、报眼等重要版面和位置推出。这组报道借用新媒体传播,引起强烈反响,100多家网站、微信公众号、微博持续转载。开篇《突破乌江,书写伟大转折》,"学习大国"微信公众号当天推出专题《这场战斗被称为长征十大胜战之首,背后的故事你知道多少?》。网民认为,这一组报道堪称长征组歌新重唱,有腔有调!"学习小组"公众号推出视频《长征胜利80周年:理想是走出来的》,视角新颖,孩童与老红军王定国穿梭时空般的对话,润物无声,长征精神已经深入人心。

技术引领,反响强烈。人民日报纪念长征的全媒体产品获得了热烈反响:解读习近平总书记重要讲话的新媒体稿件被全网广泛转载;"大地为证"系列报道澄清谬误、弘扬正气;"快闪"视频《长征原来如此青春》播放量超过5000万次;"我心中的长征纪念地"参与评选的80个候选地总

附录：关于媒体融合的探讨

得票数超过1.7亿。人民日报社全媒体平台从10月18日到10月23日，连续推出《航天长征人，为你读长征任仲平》《收藏！萌萌哒小红军表情包你值得拥有》《长征记忆：看看长征路上那些热血的战斗标语》《青山有幸——长征路上红军墓》等作品。

思路创新，开拓新路。在媒体技术公司的支持下，人民日报社进行了一系列新的尝试，首次推出了长征任仲平全媒体产品。任仲平精彩段落专业人士朗诵版和讲述版，播放次数过万。"长征路上红军墓"手绘动画H5作品，展现红军战士"既已出发，就不怕倒下"的牺牲与奉献精神，点击超过20万次。

社长杨振武表示，这些多媒体产品的成功推出，跨部门、跨媒体、跨领域的生产机制试水探路初尝胜果，这也标志着人民日报社中央厨房"融新闻工作室"的实质性启动，在融合发展长征路上迈出新步伐。

（二）

融媒体时代，逆水行舟，不进则退。同样一篇稿件，放在报纸上，阅读量多少看不出来，一旦放到网上，就有几十上百万次的点击量和转载量。

最新的统计数据显示，《人民日报》的发行量为316万份，人民日报法人微博粉丝8700万，微信公众号关注量722万，客户端下载量1.47亿。可以看出，发展融媒体报道方式，可以更好地在深刻变化的媒体格局中守好党的新闻舆论阵地，不断巩固和壮大主流思想舆论。

面对融合发展大潮，媒体人当然要热情拥抱。当前，中央军委职能部门、各军种、各大战区微信公众号风生水起，军中个人公众号也层出不穷，各领风骚。比如，"军报记者""军视网""东线瞭望""向党看齐""一号哨位""三剑客""讲武堂"等。新媒体技术早已改变原有的新闻生产方式，坚守舆论阵地，主流媒体的新闻作品需要更多元地传播出去。

人民日报社编委会很早就认识到这一发展趋势，把媒体融合发展看成是关系报社长远发展的大战略、大方向。在构建舆论引导新格局方面，近些年人民日报社做了积极探索：从理念创新到技术创新，从相加到相融，

351

从"报网互动"到"报网融合",从"你是你,我是我"到"你中有我,我中有你"。对运行机制进行改革,以重大报道为契机,比如习主席访美、两会报道等,启动运用全媒体平台,大力推进机制创新。

传统媒体和新媒体,以前好像一个大杂院,一家一户,各买各的菜,各做各的餐。现在要把每家每户的小灶改成大厨房,让大家汇聚一堂。"中央厨房·人民日报全媒体平台"一次采集、集体加工、多元生产、分众传播,覆盖用户3.5亿。"中央厨房"给国内媒体平台提供的数据分析、报表,不仅能帮助媒体更加准确地找到新闻"点",还能做到"一鱼多吃"。

从以往以报纸为终端的单向采编流程,到现在强调报纸与新媒体并存的双向采编机制,人民日报媒体融合的探索一直在路上。

(三)

在舆论环境、媒体格局、传播方式深刻变化的大势下,坚持创新不仅是技术要求,更是政治要求;不仅是业务素养,更是政治素养。作为党中央机关报军事报道的一分子,就必须争做改革创新的传播尖兵。要把握好时度效,利用网络创新传播形式,用心用情讲好中国军队的故事,唱响主旋律、弘扬正能量。

第一,充分认识自己的职责和使命。《人民日报》是中国共产党的机关报,作为治国理政的重要资源,要发挥中流砥柱和定海神针的作用。也正因此,《人民日报》的军事报道在立场、观点、方法和导向上,坚定地反映着中国共产党的宗旨、原则和政策意志,充分地表达着中国人民对人民军队建设、改革和作战的关注。《人民日报》是站在党和人民的角度看军事,遵照党的治国理政方略指导新闻实践的,也是由一帮不穿军装的人写军事,按照社会媒体的科学逻辑策划报道思路。这就决定了《人民日报》的军事报道具有主流性、导向性和大众性,是军事方面强大正能量的倡导者、创造者。

第二,充分了解报道领域的生态和形势。改革,是当前国防军队建设的关键词,各项改革举措逐步出台。这些新变化会产生什么样的影响?

这都是媒体需要向社会传递的信息。"改革创新"是现在国防军队领域报道的特点和新生态。各军媒也激发了创新活力,转变报道思路,利用新媒体传播,比如"军报记者""军视网"微信公众号等,报道方式令人耳目一新。这些变化,对我们既是挑战,也是促进。《人民日报》的军事报道,必须展示时代元素,扣准时代脉搏,引领国防军队领域的舆论导向。纪念红军长征胜利80周年报道,军事室主动作为,提前策划、精心谋划,全员积极参与,全方位采访、全景式展现、全媒体报道,营造了良好舆论环境。

第三,依靠创新驱动,继续增强军事报道的创新能力与传播实效。习近平总书记强调,"做好党的新闻舆论工作,要遵循新闻传播规律,创新方法手段,不断提高能力和水平。提升政治家办报的能力和水平,关键要看新闻舆论工作的创新能力与传播实效"。这些年,我们的军事报道已经进行了创新和探索。比如:改进文风,善于朴实表达;改进典型报道,多用细节故事;周刊抓问题导向,对热点新闻的深度报道。尽管取得了一些成绩,但我们也要清醒地看到,目前的军事新闻报道在满足公众需要、回应时代呼声、创新表达方式上,还有很大努力和提升空间。

首先,对接"天线"和"地线",找准"结合点",增强军事报道的传播实效。只有"顶天立地",吃透中央精神,立足军队实际,才能打造落地有声的作品。在报道中,既要有问题意识,更要做到讲问题与讲成绩的辩证统一。

其次,要继续深入一线,更多地接接地气,用生动的细节讲好故事。虽然人手紧张,但我们依然把脚底板踏实。为中华民族伟大复兴凝聚起强大的动力,展现当代青年官兵朝气蓬勃、坚守奉献的青春形象,这是我们的责任。

最后,要善于利用新媒体,进行立体传播,讲好中国军队的故事。在关注国防军队改革的报道过程中,我们尝试通过周刊、人民日报客户端、人民日报政文公众号同步推出,取得了良好的传播效果。在这次纪念红军长征胜利80周年报道中,我们与新媒体中心一起推出多款融媒体产品,多形式、多手段、多途径唱响弘扬长征精神主旋律。

（原载于《军事记者》2016年第12期，作者时任人民日报社军事室主编）

军营新媒体缘何异军突起

倪光辉

假期，在军人的字典里很模糊；春节，对广大部队官兵而言，就是坚守岗位。

岁末年初，一大拨儿涉军微信公众号成了军营"网红"，让大家触摸到基层官兵的情怀，吸引了近百万人订阅。《军人心里，都藏着一张回家过年的票》《军爸军妈，我有话给您说》《致敬！所有不能回家的军人》等让读者大呼过瘾，把不少人的心烧得热腾腾、暖暖的。

在第三届世界互联网大会上，习近平主席指出，互联网是我们这个时代最具发展活力的领域。2015年7月，原四总部颁发《关于进一步规范基层工作指导和管理秩序若干规定》，从此，智能手机终于获得"入营许可证"，军营开始迈入移动互联网时代。微信作为这个时代最流行的符号，自然成为官兵的首选。

实现强军目标，基础在基层，活力也在基层。《军改靴子落地，基层关心这5件大事》，从基层官兵的聊天中展现他们拥护支持改革的所思所想。正如"三剑客"微信公众号所言，"保卫基层、深度解读、侠肝义胆"，与基层广大官兵零距离沟通，以一个小窗口展现了强国强军的大境界。诸如此类的军事类公众号紧跟军队动态，及时推出一系列的政策法规解读文章，回应官兵关切。如《士官转业安置到底拿多少钱》《岗位津贴如何发放》等，图文并茂，让大家一看就懂，拿来就用。

与此同时，浓郁的军味战味、军威士气也扑面而来。"东线瞭望"等公众号推出的《如果战争爆发，你会上战场吗？》《火箭军发来一份"来自导弹阵地的报告"》《陆海空火同场竞考联合作战指挥基本功》《面向大海，中国各型战机密集出动》等，让人大快朵颐。

习近平主席指出，政治工作过不了网络关就过不了时代关。当前，各类新媒体正朝着多元化全覆盖的方向发展，在人人都有麦克风、个个都是通讯社的移动互联时代，军事新媒体的成长呈现炸裂态势。不少涉军新媒体，特别是微信公众号异军突起。政治工作传统单向的"我说你听"已经过时，互动交融的军队"众媒时代"即将到来。

军事新媒体是一项开创性的事业，也面临不小的挑战。全国宣传思想工作会议强调，要把网上舆论工作作为宣传思想工作的重中之重来抓。当前，互联网涉军敏感舆情频繁出现，是不同政治立场、意识形态、价值观念的博弈和较量，呈现出空前复杂的网络舆论生态。如何提高涉军网络舆论引导能力，打赢网络意识形态斗争主动仗，是当前军队面临的重大课题和紧迫任务。

据不完全统计，目前涉军微信公众号已达数千个。除"军报记者""当代海军""东线瞭望"等官方运营的账号外，更多的是和"一号哨位""三剑客"一样由个人或小团体运营的自媒体。

作为进入移动互联网这个"风口"比较晚的军事新媒体，如何一方面应对炸裂式增长带来的矛盾问题，另一方面克服自身理念观念上的掣肘，这是亟须突破的方向。军事新媒体作为开展网络舆论引导的重要阵地，在网络意识形态斗争前沿发挥着"短兵相接"的重要作用。如何科学有效地发现舆情、分析研判、开展引导，是军事新媒体必须重点把握的关键环节。

兵者，国之大事也。微信就像一杯混合果汁，融合各种语言元素和思想文化，但军事话题无小事，关系国家安全，涉军微信应该以"姓军"为核，为安全添力，成为讲述好中国军队故事、塑造好中国军队形象的平台。主动作为、悉心打造网上红色部落，吸引更多的人关心国防建设、支持强军兴军事业，从而扎实推进强国强军战略的实施。期盼有情怀的军事类公众号，不妨再多一些！

（原载于《人民日报》2017年2月5日）

新媒体传播环境下的知识产权保护

国家知识产权局　倪光勇

爆款融媒体产品《快看呐！这是我的军装照》（以下简称《军装照》）H5的传播过程并非一帆风顺，2019年7月31日出现了一场"小风波"。网上出现了一些帖子称，这个H5是冒充人民日报客户端的网络诈骗新手段，服务器位于加拿大，是为了获取公民个人信息实施诈骗。

人民日报客户端快速响应，针对疑问发布辟谣声明，谣言很快消散。但这场风波是"危"更是"机"，翻看人民日报统计的浏览量就能发现，7月31日，在声明发布的半天时间，H5浏览量翻了一倍，7月31日上午突破1亿，7月31日17时突破2亿。连人民日报客户端相关负责人都表示："预料到会火，但没想到会这么火。"

新媒体传播环境下，作品的传播不受时间和空间的限制，使得好的作品传播量能够实现指数级跃增，在其影响力增加的同时，融媒体产品的知识产权保护也越来越重要。

知识是创新驱动中最核心的因素，而知识产权是关于人类在社会实践中创造的智力劳动成果的专有权利。知识产权的英文为"intellectual property"，也被翻译为智力成果权、智慧财产权或智力财产权。保护知识产权就是保护创新，有利于激发人们从事科研和创作的积极性，促进科技进步和人文发展，最终促进人类社会发展。在媒体行业，每一件作品都凝结着创作者的智慧和劳动，对其的保护体现出对创作者劳动的认可与尊重，是促进社会文化发展的重要手段。

当今时代，在网络技术的发展下，各种新兴传媒技术和资源日益发达，新媒体产业迅速发展，为快速便捷地获取和传播作品提供了诸多便利渠道，也对知识产权的保护提出了新的挑战。2006年5月18日，国务院颁布《信息网络传播权保护条例》，其中规定了信息网络传播权是指以有线或者无线方式向公众提供作品、表演或者录音录像制品，使公众可以在其个人选定的时间和地点获得作品、表演或者录音录像制品的权利。《条例》

的颁布进一步促进了新媒体的发展。

一、新媒体传播环境下的知识产权

我国法律对"知识产权"权利范围的明确表述最早出现在1986年的《民法通则》第三节，明确知识产权包括：著作权（版权）、专利权、商标权、发现权、发明权和其他科技成果权。

2021年1月1日实施的《民法典》中第一百二十三条规定："民事主体依法享有知识产权。知识产权是权利人依法就下列客体享有的专有的权利：（一）作品；（二）发明、实用新型、外观设计；（三）商标；（四）地理标志；（五）商业秘密；（六）集成电路布图设计；（七）植物新品种；（八）法律规定的其他客体。"知识产权是私权，是民事权利，以性质划分，分为人身权和财产权两种；以内容划分，从狭义角度看，主要包含著作权（版权）和工业产权（专利权和商标权）。

随着信息网络技术的发展，社会跨入了新媒体时代，知识产权制度也随即进入了一个全新的环境。

新媒体是相对于传统媒体而言的。一般认为，传统媒体是指图书、报刊、广播和电视等，其特点是单向传播、被动接受、受时空限制较多。新媒体是软硬件和信息资源结合的，采用数字、存储、处理、通信、显示等技术，表现为有线与无线网络、固定与移动设备通信的和多媒体形式信息显示的传播媒体。联网的电脑、手机和数字电视等都是新媒体设备。新媒体的核心技术是数字技术，它和传统媒体最大的不同是信息的传播不需要物质载体的流动，只需要电信号的传输。它的最大特点是"即时、互动、个性化"。

无论新媒体还是传统媒体，其传播的内容主要都是作品，显然其涉及的知识产权是著作权。新媒体的传播需要电子设备作为硬件基础，需要信息技术作为实现手段，还需要通信协议软件作为信息载体。电子设备如手机、电视、数字电视、IPTV、移动电视等，信息技术如互联网协议、算法、通信协议等，软件如虚拟社区、博客、播客、搜索引擎、门户网站、网络游戏、手机短信、网络（电子）期刊和报纸等。这些软硬件产品中会应用到科学技术，即利用了自然规律的技术方案，其涉及的知识产权主要是专利。而在作品中往往能够产生具有代表性或标志性的文字或图案等，可以作为商标注册，用于识别和区分商品或者服务来源的标志。

以"军装照"现象级事件来分析一下其中蕴含的知识产权。

《军装照》H5页面，由它所引发的全民晒"军装照"现象级事件，据统计，截至8月18日，《军装照》H5浏览次数突破10.46亿，独立访客累计1.63亿，一分钟访问人数峰值达117万。作为互联网时代的新型传播产品，一款H5产品浏览次数超过500万，就已经是"爆款"，超过1亿的罕见。而现在超过10亿次的浏览量，极有可能创下"世界之最"。

首先，这个现象级事件由人民日报社新媒体中心策划完成，其中形成了一系列的策划方案，这种具有独创性的智力成果就是一种作品，根据《著作权法》，策划方案完成就自动拥有版权，无论其是否发表。

其次，这个策划方案的实施，需要以H5为载体。H5是指第5代HTML，也指用H5语言制作的一切数字产品。显然，H5是一种技术，其相应的技术方案可以申请专利保护。并且，在实施过程中，由于要更好更逼真地呈现每位参与者的军装照，其中的图像处理技术也可以申请专利保护。此外，如何在一分钟访问人数峰值达117万的情况下，做到及时响应用户需求，快速处理照片，提高用户体验，其中必然也会涉及很多技术改进，其技术方案同样可以申请专利保护。

由于此款H5产品的浏览量超过10亿次，当时人人皆知，使该产品具有很高的知名度，如果此产品为一款商业推广，在推广之前，申请一些特殊图案或文字作为商标，并将其植入《军装照》成品图片中，将使该商标具有非常大的商业价值。

当《军装照》推广之后，很多媒体人借此热度对其撰写了相关报道或文章，显然这些报道或文章也是具有独创性的智力成果的作品，受到《著作权法》的保护。

二、新媒体传播中知识产权的侵权形式

新媒体给信息传播带来的变化是革命性的。信息的传播摆脱了时间、距离、传统物质载体及其流转的束缚，真正变成了"零距离"传播，世界上任何地方的用户对作品和其他信息的浏览、上传、下载、复制都可以足不出户。网络和新媒体为知识产权提供了绝佳的施展环境、机遇和条件，但同时，侵权行为也在新环境下有了新发展。网络和新媒体使知识产品的某些性质和特征得到了进一步的彰显和扩张，特别是复制性与传播性的空前加强，也为侵权行为提供了新的机会和条件，侵权行为凭借新工具和新技术的支持呈现出许多新变化。

与传统侵权行为往往表现为对对象的侵占、妨害和毁损不同，知识产权侵权行为主要表现为直接地擅自使用他人知识产品的行为，如剽窃、篡改、盗版、擅自实施、仿冒等，和间接地为侵权行为提供帮助的行为，如故意避开或破坏技术措施等。

具体地，在新媒体传播中，涉及的知识产权问题主要包括以下几个方面。

1.版权（著作权）：在使用他人的文字、图片、视频、音频等内容时，需要获得其授权或者遵守相关的版权法律法规，不得侵犯他人的版权权益。在分享自己或他人的原创作品时，要确保已经获得了版权许可或使用权，否则会涉嫌侵权。

2.商标：在新媒体传播中使用商标时，需要注意不得侵犯他人的商标权利，避免误导消费者或者产生商标混淆的情况。在使用商标时，应当遵守相关法律法规和商标权人的权利，否则可能引起商标侵权纠纷。

3.专利：在新媒体传播中如果涉及发明创造或者其他技术创新，需要注意相关的专利权利和保护措施，不得侵犯他人的专利权利。在销售或使用他人专利产品时，应当遵守专利法规，并获得相关权利人的许可。

4.域名：在新媒体传播中，选择合适的域名是非常重要的，需要确保自己的域名不侵犯他人的商标、著作权等知识产权，同时也要避免自己的

域名被他人侵犯。在注册域名时，应当确保不侵犯他人已经注册的域名权利，并遵守相关注册规定。

5.商业秘密：在新媒体传播中，需要遵守相关的保密法律法规，保护自己和他人的保密信息，不得泄露重要的商业秘密或个人隐私。在转载或传播他人的个人信息时，应当遵循隐私保护相关法律法规，确保不侵犯他人的隐私权。

我国对知识产权侵权行为基本采用法定原则，法律对知识产权侵权行为有明确规定，如《著作权法》第四十七条和第四十八条一共规定了十九种著作权侵权行为，《商标法》第五十七条、《商标法实施细则》第四十一条以列举的方式规定了侵犯商标专用权行为，《专利法》和《专利法实施细则》对专利侵权行为有明确规定，《反不正当竞争法》对商业秘密侵权行为进行了相应规定。

在网络和新媒体环境下，侵犯知识产权主要表现在对著作权的侵害上，涉及音乐、视频、图片、文字及软件等，其次是对商标、专利和商业秘密等权利的侵害上。

以著作权为例，依据我国《著作权法实施条例》的规定，作品是指文学、艺术和科学领域内具有独创性并能以某种有形形式复制的智力成果。可见，作品必须具有独创性，由作者自行创作完成，并有一定的创作高度。所谓创作高度，是指作品应当具有最低限度的文学艺术美感或学术思想含量。判断在新媒体上发表的内容能否构成《著作权法》上的作品，应当以独创性为要件、以创作高度为标准，而不能简单以字数多少为尺度。如果构成《著作权法》上的作品，则具有了可能被侵权的客体。

需要指出的是，主流媒体在时事新闻上进行创作的新闻产品是作者及版权方对相关事件的讲解、采访、评论，应当保护新闻工作者在新闻稿件中的独立思考及独创性的评论分析。2021年6月1日，第三次修订的《著作权法》实施。其中，第五条将不适用《著作权法》保护的"时事新闻"修改为"单纯事实消息"。这一修改意味着，"时事新闻"只要能构成著作权意义上的"作品"，即受《著作权法》保护。

三、新媒体传播中知识产权的保护方式

《专利法》第七十一条规定，侵犯专利权的赔偿数额按照权利人因被侵权所受到的实际损失或者侵权人因侵权所获得的利益确定；权利人的损失或者侵权人获得的利益难以确定的，参照该专利许可使用费的倍数合理确定。对故意侵犯专利权，情节严重的，可按照上述方法确定数额的一倍以上五倍以下确定赔偿数额。权利人的损失、侵权人获得的利益和专利许可使用费均难以确定的，人民法院可以根据专利权的类型、侵权行为的性质和情节等因素，确定给予三万元以上五百万元以下的赔偿。

《著作权法》第五十四条规定，侵犯著作权或者与著作权有关的权利的，侵权人应当按照权利人因此受到的实际损失或者侵权人的违法所得给予赔偿；权利人的实际损失或者侵权人的违法所得难以计算的，可以参照该权利使用费给予赔偿。对故意侵犯著作权或者与著作权有关的权利，情节严重的，可以按照上述方法确定数额的一倍以上五倍以下给予赔偿。权利人的实际损失、侵权人的违法所得、权利使用费难以计算的，由人民法院根据侵权行为的情节，判决给予五百元以上五百万元以下的赔偿。

由此可见，在赔偿金额方面，侵犯专利权、著作权有最高五倍的惩罚性赔偿。并且，除了在民事上的惩罚性赔偿，侵犯他人商标权、专利权、著作权，还可能被处以刑罚。

《刑法》第七节侵犯知识产权罪规定，侵犯他人商标权、专利权、著作权、商业秘密，最高可判处10年有期徒刑。具体地，《刑法》中规定了假冒注册商标罪、销售假冒注册商标的商品罪、非法制造、销售非法制造的注册商标标识罪、假冒专利罪、侵犯著作权罪、销售侵权复制品罪、单位犯侵犯知识产权罪的处罚规定。

四、新媒体传播中知识产权保护建议

在当前新媒体传播环境下，主要是对作品的知识产权保护，建议做好以下几个方面。

首先，清楚合理使用的范围，即哪些是不会被追责的，给自己的使用提供方便。

所谓合理使用，是指无须征得著作权人同意，又不必向其支付报酬而使用他人作品的情形。合理使用的目的在于确保公众对社会信息的知悉权，法律采取著作权限制手段保障公众自由获得信息的利益。同时，合理使用既充分发挥了作品的使用效益，也协调了公众使用要求与作者权利主张的关系。

合理使用应当注意：合理使用仅限于已发表作品；合理使用是一种无偿使用，不允许他人以营利为目的使用受《著作权法》保护的作品；合理使用所需满足的其他条件。

在常用的使用方式中，转载和引用是最常见的。在新媒体环境下，通过剪切、粘贴、转载之类的简单劳动，即刻就能"创作"出作品。

关于转载。转载必须是欣赏、学习、研究等非营利性的个人目的，而不能是商业性使用。不以营利为目的的转载，不论传播范围是否广泛，一般不作侵权认定。但如果著作权人声明不允许转载，或著作权人提出删除、屏蔽、断开链接等要求后仍不照办，则构成侵权。

关于引用。第一，引用的目的仅限于介绍、评论、报道，并注明出处，不能与自己的作品相混同。第二，所引用的部分不能构成该作品的主要部分或实质部分。第三，不得损害被引用作品著作权人的利益。使用作品的数量不多但属实质性部分，可能构成侵权；相反，引用大部分作品甚至全部不一定构成侵权。

其次，对于网络服务提供者（新媒体平台）来说，可以合理适用"避风港原则"。

根据《信息网络传播权保护条例》第二十一条，网络服务提供者为提高网络传输效率，自动存储从其他网络服务提供者获得的作品、表演、录音录像制品，根据技术安排自动向服务对象提供，并具备下列条件的，不承担赔偿责任：（一）未改变自动存储的作品、表演、录音录像制品；（二）不影响提供作品、表演、录音录像制品的原网络服务提供者掌握服务对象获取该作品、表演、录音录像制品的情况；（三）在原网络服务提供者修改、删除或者屏蔽该作品、表演、录音录像制品时，根据技术安排自动予以修改、删除或者屏蔽。第二十二条规定，网络服务提供者为服务对象提供信息存储空间，供服务对象通过信息网络向公众提供作品、表演、录音录像制品，并具备下列条件的，不承担赔偿责任：（一）明确标示该信息存储空间是为服务对象所提供，并公开网络服务提供者的名称、联系人、网络地址；（二）未改变服务对象所提供的作品、表演、录音录像制品；（三）不知道也没有合理的理由应当知道服务对象提供的作品、表演、录音录像制品侵权；（四）未从服务对象提供作品、表演、录音录像制品中直接获得经济利益；（五）在接到权利人的通知书后，根据本条例规定删除权利人认为侵权的作品、表演、录音录像制品。第二十三条规定，网络服务提供者为服务对象提供搜索或者链接服务，在接到权利人的通知书后，根据本条例规定断开与侵权的作品、表演、录音录像制品的链接的，不承担赔偿责任；但是，明知或者应知所链接的作品、表演、录音录像制品侵权的，应当承担共同侵权责任。这些条款规定了网络服务提供者不承担侵权责任的情形，此即网络服务提供者"避风港原则"。现实中，应正确使用该原则，严格遵循这些条款中所设定的条件，否则将承担侵权责任。例如，如果新媒体平台运营者对所提供的信息进行分类、排行等筛选行为，就超出了信息网络服务提供者范畴，成为实实在在的内容提供者，就不能适用"避风港原则"。

最后，对侵权行为妥当处理，尽量实现价值最大化。

当发现著作权被侵犯时，可以采用如下处理方法：一是及时留存证据，必要时进行证据公证或证据保全，特别是网络证据，其取证注意事项较多，证明难度较大，最好由律师来协助处理。二是判断侵权对自己造成的损失，以及估算给对方带来的不当收益，以便在后续程序中对侵权赔偿金额有足够支持。三是判断维权时机和成本收益比，是放长线钓大鱼，还是及时止损，需要根据实际情况进行合理判断，以实现价值最大化。四是自行协商解决，简单快捷。如果双方能在侵权行为发生之后和解，则既可以使著作权人迅速有效地实现和维护自己的权益，也可以使侵权人避免声誉的损害。不愿意协商或者协商不成，当事人可以直接向法院提起民事诉讼。五是通过第三方调解解决。双方当事人可以在第三人的协助下协商解决纠纷。可以选择著作权行政管理机关、人民调解委员会、律师等双方信任的机关或者个人来主持调解。但调解必须建立在自愿原则的基础上，只要有一方不愿意进行调解，则不可以强行调解。六是申请仲裁解决。如果双方签署了合作协议，双方当事人可以根据达成的书面仲裁协议或者著作权合同中的仲裁条款，向仲裁机构申请仲裁。七是通过民事诉讼解决。如果双方不愿意协商或者协商不成；不愿意调解协议或是调解后反悔的；或者当事人没有书面仲裁协议，没有在著作权合同中订立仲裁条款的；或是虽经仲裁裁决但人民法院认为仲裁裁决有法定不应执行的情形的，可以直接向人民法院起诉。

后 记

岁月如梭。整理编写这本小册子的时候，我已从人民日报社转岗到退役军人事务部，虽然身份转换，但为国防和军队建设鼓与呼的信念没有变，守正创新传播正能量的劲头没有减。回想写作、编辑、整理的点点滴滴，感慨良多。

这本小册子由中央宣传部宣传思想青年英才项目支持，集纳了我所亲历或见证的若干新媒体作品，包括获得中国新闻奖的H5《军装照》和《老兵》，产生广泛传播的创意短视频《谁是站到最后的人》《人民英雄》《他在》等，军种宣传片《中国武警和你在一起》《深蓝深蓝》《天空之上》，还包括在退役军人事务部宣传中心策划推出的"山河锦绣 英雄归来""军创英雄汇"等网络直播。为了更有实操性，本着理论联系实践的思路，我从类别上梳理了"H5""短视频""网络直播""科技赋能""可视化创意"方面的探索案例，从体例上设计了"爆款宝典""理论微课堂""爆款小档案""爆款炼成记"（"亲历者说""深度解析""延伸阅读"）等板块。

说实话，动笔之初我是犹豫的。一来，日计有余，岁计不足，平常琐碎的日常工作中，抽出时间归纳整理新媒体制作的心得体会是非常艰难的事情，尤其是刚完成拙作《探秘"中国之极"》和《岁月静好只因有你》之后，也想休息一下。二来，我还是新媒体制作的新兵，即使做过一些所谓的现象级爆款，但也绝非厚积薄发、梅花苦寒的日积月累。

我是新闻专业科班出身，新闻传播也是我挚爱的事业。我热爱它的生机勃勃，也热爱它的考验和挑战。立足当下，回望过去，是为了开创未来，走好今后的路。

全媒体时代，主流媒体必须打破过去的传播壁垒，强化交互性、海量性、共享性和参与性；在新技术、新业态、新模式层出不穷的复杂态势下，不断创新理念和方法手段，革新重大主题、重大事件的全媒体传播实践。

现象级爆款，不仅要在市场上获得关注热度，在社会舆论中形成一股话题效应，更要对文化建设有所创新和突破，给创作生产带来启发、引领，形成某种正向激励。

流量指标背后，是价值指标。与"产品颜值"相比，我们在打磨融媒体产品时更注重"产品气质"，尝试找准内容与技术的结合点，在内容可视化上寻找好角度，在形式创新上把握好尺度，在立体式传播上体现好力度。

时代在变，环境在变，技术在变，形式也在变。用创新发展的勇气去开拓进取，拥抱变化，是我在新闻实践工作中坚守不变的理念，也是我想在这本小书中表达的内容。通过回溯案例的脉络，还原当时的心情和探索，回味曾经的感动和欣喜，找寻思想的轨迹，获得创新的智慧源泉和规律，写作的冲动再次萌发。学思践悟，才能体味守正创新的真正滋味。

王国维说过，事无大小，无远近，苟思之得其真，纪之得其实。我不是一个有学问的人，文章也不见得好，但至少我说的话是真实的，是发自内心的。这些案例因为创意至今仍在闪光，因为真实而倍感亲切，因为真情而仍有温度。

最后，真诚感谢案例中所有参与的人，是这些小伙伴并肩作战，作品才能精彩纷呈地亮相，才能有数以亿计的传播量，才能演绎出"正能量＋大流量"产生的巨大力量。感谢我未能提到的幕后英雄，并向他们致以最崇高的敬礼！

本书有很多前沿的新闻传播和媒体融合方面的理论知识，专门编辑了理论微课堂。这部分内容得到中国传媒大学、北京师范大学等专家老师的指点，特别感谢伊笑莹博士的整理。

感谢人民日报社政治文化部主任张毅、人民网总裁叶蓁蓁、人民日报社新媒体中心、人民日报媒体技术公司等各位领导、同事的帮助和指点，

后记

感谢退役军人事务部宣传中心主任傅雪柳的亲切鼓励，感谢各位亲朋好友的支持。感谢我的家人，让我全身心投入学习、思考和整理中。感谢人民日报出版社，精美的设计让本书增色生辉。

一切向前走，都不能忘记走过的路。谨以此书献给所有热爱新闻、热爱创新的人！

2024年10月于北京车公庄23栋